중동의 불씨
# 유일신은 없다

# 유일신은 없다
## 중동의 불씨

**초판 1쇄 발행** 2024년 4월 26일

**지은이** 카나드연구회
**펴낸이** 장길수
**펴낸곳** 지식과감성ⁿ
**출판등록** 제2012-000081호

**교정** 이주희
**디자인** 오정은
**편집** 오정은
**검수** 한장희, 이현
**마케팅** 김윤길, 정은혜

**주소** 서울시 금천구 벚꽃로298 대륭포스트타워6차 1212호
**전화** 070-4651-3730~4
**팩스** 070-4325-7006
**이메일** ksbookup@naver.com
**홈페이지** www.knsbookup.com

ISBN 979-11-392-1789-6(03230)
값 16,700원

- 이 책의 판권은 지은이에게 있습니다.
- 이 책 내용의 전부 또는 일부를 재사용하려면 반드시 지은이의 서면 동의를 받아야 합니다.
- 잘못된 책은 구입하신 곳에서 바꾸어 드립니다.

지식과감성ⁿ
홈페이지 바로가기

중동의 불씨
# 유일신은 없다

카나드연구회 지음

# 순서

## 머리글
합리성과 보편성의 문제 / 15
보편적 실천의 문제 / 19
종교적 무죄 / 22
유일신의 오용 / 25
카나드 / 29

## 증거 1. 우상숭배의 모순
1 유일신은 숭배가 필요 없다 / 38
　영광목적론
　영광 앞세우기의 모순
　영광의 무실효성
2 숭배의 귀착 / 42
　성전과 순교
3 이스라엘의 우상숭배 대가 / 47

## 증거 2. 원죄론의 허구성
1 원죄는 유일신에게 있다 / 54
　내리사랑의 근원
　실존의 자율성
2 변명에 따른 지속적 추락 / 63
　행위언약
　자유의지
　교훈론
3 상위이성론 / 71
　동식물의 이성과 정당성
　인간의 이성과 정당성
　존재의 정당성과 책임

### 증거 3. 구원론의 허구성
　　　대리적 속죄의 필요성과 효과
　　　대속의 내용
　1 등가성 문제 / 90
　　　'믿음'이란 자충수
　　　'믿음 선물'의 차별성
　2 등목적성 문제 / 99
　3 등시성 문제 / 102
　　　통전적 인간관의 모순
　　　거짓 사랑

### 증거 4. 카나드
　1 생명의식의 고유성 / 112
　　　생명의식의 생물학적 증거
　　　의식에너지
　　　생명의 기원과 '물질회유'
　　　독립의식
　2 다중법칙과 그 통약 / 122
　　　동일근원(포괄근원)
　3 카나드 / 125
　　　카나드와 카나즈
　　　카나드의 근원
　　　물질의식
　　　인간의식
　　　인간의식의 속성과 기능
　　　환생과 윤회
　4 상상신조와 운집에너지 / 139
　　　상상신조
　　　운집에너지

### 증거 5. 천국의 허구성
　1 천국과 부활은 없다 / 147
　　　보편구제론
　　　창조의 하자
　　　윤리의 동기
　　　천국, 지옥, 부활의 모순
　　　영적 공간
　　　미발생 통계
　　　다양한 변명
　2 종말과 심판도 없다 / 160
　3 인류의 구원 / 163
　　　대견한 삶
　　　올바른 진화

### 증거 6. 하나님의 실수와 예수의 한계
　1 하나님의 실수 / 171
　　　불민한 아담 창조
　　　이스라엘 선택 오판
　　　이스라엘의 용도폐기
　　　인류의 발전 저지
　　　어록의 악령성
　2 예수의 한계 / 180
　　　세계복음화 모순
　　　거짓 사랑
　　　경쟁하는 예수
　　　예수는 이단의 왕

## 증거 7. 하나님은 분쟁자

1 아말렉과 가나안 도말 / 193

2 십자군 전쟁 / 198

3 인디언 박멸 / 204

4 흑인 노예 / 208
    노예선
    식민지 농장
    노예제도 폐지

5 인디오 도살과 착취 / 214
    도살하는 기독교도들
    수탈의 참상
    엥코미엔다
    아시엔다
    인디오가 인간이냐?

## 증거 8. 성령과 은혜는 미끼

1 성령과 은혜의 특징 / 231
    영들과의 교통 사례
    성령의 특징

2 이스라엘의 미끼 / 239

3 대성령, 소성령 / 243

4 개인의 미끼 / 255
    은혜 없는 대가
    신앙의 기복성
    은혜의 엉터리 순서
    운명의 미끼
    은혜 있는 대가
    은혜의 착각
    은혜의 결말
    내려놓음의 인간성 말살
    보상의 허상

## 마 침 글

머리글

# 머리글

유일신이란 우주의 유일한 창조신 혹은 최고신을 말한다. 그리고 유일신론은 유일신이 자연을 초월하여 스스로 존재하고, 전지전능으로 우주를 창조하고 운행한다는 이론이다. 최초의 유일신은 대개 B.C. 1350년경 이집트 '아텐신'Aten으로 추정되고 있다.[1] 그리고 B.C. 6~7C 페르시아 조로아스터교(배화교)의 '아후라마즈다'Ahura Mazda도 유일신으로 등극한다. 그리고 조로아스터교의 영향으로 이스라엘 민족의 유대교에서도 기존의 민족신 '야훼'[2]를 점점 더 유일신으로 숭배한다. 그 후 1C경 사랑을 강조하는 예수Jesus와 그 제자들에 의해 유대교를 탈피하여 기독교로 발전한다. 그에 따라 차츰 '성경'[3]이 구성된다.

한편 B.C. 7C~A.D. 2C 인도의 힌두교에서는 브라흐마Brahma 또한 최고신으로 등극한다.[4] 그리고 7C경 아라비아반도의 마호메트Mahomet Mohammed에 의해 성립된 이슬람교에서도, '알라'Allāh라는 이름의 유

---

1) 당시 파라오 아케나텐은 이집트 만신전에서 아텐신을 최고의 신으로 선언했다.
2) Yahweh. 혹은 여호와jehovah라고도 하며, 가톨릭에서는 하느님, 개신교에서는 하나님이라고 한다.
3) 聖經. 구약전서, 신약전서로 이루어졌다.
4) 《우파니샤드》에서 처음 브라흐만이 기록된다. 즉 범아일여라 하여 브라흐만(범계 = 브라흐마)과 아트만(개아)은 동질적이라고 본다.

일신을 따로 등극시킨다. 그리하여 이슬람교는 교단국가敎團國家를 형성하기 위해, 성경을 각색하여 부족한 전승傳承과 서사敍事를 보완하고 '코란'[5]을 구성하게 된다.

이렇듯 유일신은 대부분 종교적인 신으로 나타난다. 그리하여 과거 신학이나 철학에서의 유일신도 대부분 특정한 종교의 유일신을 논리적으로 추인하려는 호교적護敎的 자세로 진행되었다.

대표적으로 기독교를 보자. 기독교는 유대의 전통적인 전쟁신이었던 야훼가, 1C경 예수와 그 추종자들에 의해 각색되어 주변 나라로 전파되면서 국제적인 유일신으로 세계화에 나서게 된다. 그 후 초기 신학자들에 의해 플라톤의 철학[6]과 접목하여 기독교 신학이 발전한다. 나아가 중세에는 아리스토텔레스의 철학[7]까지 버무려 기독교 신학의 완성도를 높이고자 하였다.

즉 전지전능한 하느님(가톨릭의 야훼. 개신교에서는 하나님)은 세상을 창조하였을 뿐만 아니라, 이 세상을 인격적으로 운행한다는 것이다. 그리하여 세상이 부조리하더라도 하느님의 크신 뜻이 있을 것으로 간주하고, 부족한 인간으로서는 신앙을 우선하는 것이 가장 바람직하다고 하는 것이었다.

그러나 원시 신앙에서부터 신앙이 시작되듯이, 신은 주로 신화에 의한 것이며 신화는 상상에 의한 것이다. 그리하여 전지전능한 '최고선'最高善, 至高善인 유일신은 세상의 부조리나 불합리에서부터 '자기모순'이 나타나는 것이었다. 따라서 현대철학에서의 신은 심리적 위로나 풍자

---

5) Qur'an. 꾸란, 성전聖典이라고도 한다.
6) 이데아론의 형상과 질료는 천국과 세상이라는 이분법이 된다.
7) 제1원인, 부동의 원동자가 유일신의 존재 증명에 사용된다.

를 위해 남는 정도가 되어 가고 있다. 즉 과거 플로티노스205~270의 일자, 칸트의 최고선, 헤겔의 절대정신 등도, 모두 근거가 부족한 추상으로서 마무리된 것으로 객관적, 논리적으로 추인되기 어려운 것들이다. 그리고 앞으로 계속 거론되겠지만 더 큰 문제는 유일신교는 그 교의들의 끊임없는 변명에도 불구하고, 인류의 자유와 평등을 병들게 하고 있다는 것이다.

여하튼 이 책의 제목 '유일신은 없다'라는 말은 필자가 신에 대해 종교, 철학, 과학을 오랫동안 연구한 결론이다. 물론 그 이유는 본문에서 설명하듯이 수없이 많지만, 우선 여기서 유일신의 주요한 문제점 네 가지 정도를 먼저 거론하고 나머지는 맨 뒤 '마침글'에서 마무리하도록 하자.

1) **전체주의와 결정론**: 유일신의 창조론과 영광목적론은 '전체주의'[8]이고 '결정론'[9]이다. 즉 기독교 교의에서는 하나님이 우주와 인간을 창조하였으며, 그 목적은 '영광'을 받기 위함이라고 한다. 그러나 그것은 오히려 하나님의 위대함을 추락시키는 교의이다. 왜냐하면 상대적으로 벌레만도 못한 인간의 영광은, 모든 것이 완비된 하나님에게는 아무짝에도 쓸모가 없을 뿐만 아니라, 사랑하는 자녀를 괴롭히는 일일 뿐이기 때문이다.

그러므로 이러한 모순이 나타나는 것은 실제 우주가 전체주의적이지도 않거니와 결정론적이지도 않기 때문이다. 즉 그것은 '증거 4 카나드'에서 설명하듯이, 우주는 '카나드'Conad라고 하는 단위적이고 개별적인 '의식에너지'Conscious Energy의 모임이기 때문이다. 따라서 우주는 카나

---

8) 개별적인 자유와 의사보다 전체의 목적과 진행이 중요하다는 이념.
9) 세상의 진행이 이미 결정되어 있다는 이론.

드의 개별적인 선택에 따라 나아가는 것이다. 즉 세상은 의식에너지들이 과거의 선택에 기반하여 미래의 선택으로 나아가는 것이다.

그 개별성의 증거는 진화의 진행이나 인류의 역사나 우리의 삶에서 분명히 나타나는 것이다. 따라서 혹자들이 말하는 우주에서의 필연과 우연도 모두 상상일 뿐이다.

2) 자기거리: 전지전능全知全能, 영원무궁永遠無窮, 무소불위無所不爲하며 최고선이신 하나님으로부터 어떻게 이 세상의 악과 고통, 부조리와 불합리가 배태될 수 있는가이다. 따라서 기독교 교의가 하나님을 높이 옹립할수록 '자기거리'[10]가 점점 멀어지게 된다는 것이다. 더군다나 하나님을 드높인 표현들은 모두 현실에서는 경험할 수 없는 상상적인 표현이다. 전지, 전능, 영원, 무궁, 무소, 불위, 최고선, 최고성, 완전성, 로고스(신의 이성 혹은 말씀) 등. 따라서 하나님에 대한 상상을 크게 할수록 점점 현실과의 괴리가 커지고, 허구성이 두드러지게 되는 것이다.

3) 진화와 멸종: **생물과 인간은 진화 중**이다. 그에 대한 여러 증거가 있지만, 특히 고등동물일수록 인간과의 'DNA 동일률'(유전자의 같은 정도)이 높아지는 것으로 알 수 있다.[11] 그런데 생물이 진화한다는 것은 창조의 불완정성을 의미한다. 특히 과거 생물종의 99%가 '멸종'에 이른 것은, 최고선의 선한 창조와 정면으로 배치된다. 그런 관계로 유일신론자들은 진화를 절대 인정하지 않는 것이다.

그러나 생물의 진화와 멸종은 과학적 사실로 받아들여져야 한다. 왜

---

10) 自己距離. 전지전능하게 옹립된 신과 그 신이 펼치는 실제 세상과의 거리. 즉 유일신이 선할수록 자신이 창조한 이 세상의 악과 괴리가 나타나는 현상.

11) 인간은 하등동물과는 아주 낮은 DNA 동일률을 보이지만, 침팬지와의 동일률은 99% 정도에까지 이른다.

냐하면 객관적인 과학을 부정하는 것 또한, 인간에게 이성을 부여한 유일신을 부정하는 것이기 때문이다. 따라서 최고선이시고 완전하신 하나님이 불완전한 생물들을 창조하여, 어려운 환경에 적응케 함은 선한 것이라고 볼 수 없다.

더군다나 멸종된 생물종이 다시는 나타나지 않았다는 것으로 보아, 창조행위가 정면으로 부정될 수밖에 없는 것이다. 그러므로 유일신의 창조행위가 '얼치기'이거나 피조물을 '희롱'하는 것이 아니라면, 진화와 그에 따른 멸종이 나타나서는 안 되는 것이다.

4) 초월적 신: 앞에서 지적한 유일신교의 모든 모순에 대해, 호교가護敎家들이 주장하는 마지막 방패가 있다. 그것은 바로 신은 초월적이어서 우리가 그 존재 외에는 아무것도 거론할 수 없다는 것이다. 즉 인간은 너무 부족하여 인간의 이성으로는 도무지 신의 진행(세상의 부조리 등)을 이해하지 못한다는 것이다. 그러니 무조건 믿는 것이 뒤탈 없이 유리하다는 것이다.[12]

그렇다면 기독교 교의가 말하는 전지전능, 영원무궁, 무소불위, 최고선, 최고성, 완전성, 로고스, 거룩, 구원, 천국, 지옥, 심판, 종말 등은 어디서 확인할 수 있단 말인가. 그들도 하나님이 존재한다고만 말해야지, 이러한 부차적인 능력과 진행을 붙여서는 안 될 것이다.

또 신이 이해할 수 없는 존재라고 하는 것도, 신이 없으므로 이해할 수 없는 것이라는 반대의 주장과 같은 것이다. 왜냐하면 둘 다 아무런 객관적이고도 논리적인 증거가 없는 것은 마찬가지이기 때문이다. 나아가 사탄, 바알, 아스다롯, 알라, 브라흐마, 아후라마즈다, 제우스, 옥황상제

---

12) '파스칼의 내기'처럼 '신이 있다'에 걸어 믿는 것이, '없다'에 걸어 믿지 않는 것보다 유리하다는 것.

등도 우리의 이성으로 충분히 이해할 수 없으므로, 그 존재를 인정하고 모든 것을 바쳐 무조건 믿고 보는 것이 안전할 것이다.

그리하여 본문에서 이러한 문제들을 좀 더 깊이 파헤쳐 볼 것이다. 그러면 먼저 종교란 무엇이며 어떻게 발생하며 유지하게 되는지부터 알아보자. 일반적으로 종교란 인간의 문제를 신에게 의탁하여 도움과 위로를 받으려는 활동이다.

그리고 종교의 기원에 대해서는 다양한 이론이 있지만, 대개 유사 이래 미래에 대한 불확실성과 기복적 심리 때문으로 생각된다. 또 어떤 종교가 유지되고 발전하는 것은, 그 종교에 대한 기대가 유지되고 증가하기 때문이다. 그런데 이와 더불어 필자는 종교에 대해 우리의 의식을 중심으로 한번 생각해 보았으면 한다.

첫째, 종교란 인간이 행복을 위해 부족한 의식을 메우려는 시도이다. 본문에서 거론되겠지만, 인간은 그 바라는 바에 비해 '부족한 의식'으로 인해 시달리고 고통받는 존재다. 인간은 존재의 근원과 이유에 대해 알기 어렵고, 그 미래에 대하여도 거의 예측할 수 없다. 그리하여 인간은 부족한 의식을 메우기 위해 부단히 노력해 왔다. 아마 행복을 위해 부족한 의식을 메우려는 것이, 인간을 포함한 모든 생명의 숙명일지 모르겠다.

따라서 인간은 지성을 사용하여 과학을 하고, 이성을 사용하여 철학을 하며, 신앙을 가지고는 종교 생활을 하는 것이다. 즉 종교란 능력이 있으리라 생각되는 어떤 상상된 신을 믿음으로써, 자신의 부족한 의식을 메우려는 것이다. 물론 그중에 주가 되는 것은 기복신앙祈福信仰일 것이다.

둘째, 역사적으로 볼 때 대부분 종교는 철학과 과학 이전에 선행되어 나타남을 알 수 있다. 즉 인도에서 철학적 가치로 가장 유서 깊은 《우파니샤드》Upaniṣad는 최고신 브라흐마에 대한 제사 의식인 여러 '베다'véda마다 가장 뒷부분에 자리한다. 이것은 은연중에 제사를 우선시하는 행태를 의미한다. 따라서 이러한 '종교선행'宗敎先行 현상은 고통받는 인간에게는 당장 위로가 필요하게 되고, 그 시급성으로 인해 우선으로 신앙을 가지게 되는 것이다. 따라서 철학과 과학은 충분한 연구와 기술이 발달한다면 모르겠지만, 당장은 도움이 되기 어렵다고 보는 것이다.

그러므로 대개 종교는 여타의 방법으로는 어려운 의식충족을 위해, 어떤 신을 상상하여 의탁하는 현상이다. 지구상 대부분 산과 골짜기에는 나름대로 신앙이 존재해 왔다. 그리하여 세상에는 아직도 원시 신앙이 넓게 분포하고 있다. 즉 여러 경로로 상상되는 정령精靈들의 도움을 바라는 것이다.

이처럼 원시 신앙은 기복을 위해, 거의 자연발생적으로 나타났다고 보인다. 이러한 원시 신앙은 보편적으로 철학과 과학이 발달하지 않은 지역에서 더욱 열렬하게 나타나고 있다. 아직도 인류는 철학과 과학이 충분치 않고, 앞으로도 상당 시간 그럴 것이다. 따라서 종교는 의식의 부족을 메우기 위해 여전히 필요로 하게 되는 것이다.

그러나 종교의 역사에서 보듯이 어떤 종교가 비대해질수록 차츰 철학과 과학의 설득력을 껴안아, 그 이론을 객관화·논리화·조직화하여 합리성과 보편성을 획득하기 위해 노력하게 된다. 즉 감성적 믿음이 우선되는 '표층 종교'에서 이성까지 아우르는 '심층 종교'[13]로 가고자 하는 것이다.

---

13) 오강남, 《예수는 없다》, 현암사, 2017년 참조.

## 합리성과 보편성의 문제

　그런데 이러한 관점에서 면밀하게 살펴보면 한 종교가 성립되기 위해서는, 이상하게도 인류에게 나타나는 합리성과 보편성이 무시되어야만 한다는 것을 알 수 있다. 즉 합리적이고 보편적이면 종교가 성립되기가 어렵고, 그러한 종교는 성립되더라도 오래갈 수가 없다.

　왜냐하면 첫째는 어떤 종교가 그 생명을 유지하려면 우주 질서의 항상성이 무시되는 '기적' 같은 비합리적인 소망에 근거해야 한다. 둘째로는 우리 삶의 보편성을 뛰어넘어 특별히 그 종교만이 인생의 문제들을 해결해 줄 수 있다고 주장해야 하기 때문이다.

　그래야만 사람들이 경제, 건강, 심리 등 여러 인생 문제를 해결하기 위해 그 종교를 지속적으로 추종하게 되는 것이다. 따라서 과거의 수많은 종교가 짧은 기간에 명멸한 이유는 이러한 인생 문제를 기적적이고도 지속적으로 해결해 주지 못했기 때문이다.

　그런데 원시 신앙에서 다신교를 지나 점점 유일신교를 자처하다 보면, 그 합리성과 보편성의 무시에 대한 문제점이 뚜렷이 대두된다. 즉 유일신이란 창조신으로서 우주 만물이 오로지 그 전지전능한 신에 의해 창조된 것이 된다. 그리하여 그 창조기획에 따라 현재의 우주 자연과 인간 세상에 진행되고 있는 일관된 합리성과 보편성을 부여한 신도 바로 그 유일신이 되어야만 하는 것이다.

　나아가 보통의 우리네 부모가 자녀에게 자비롭듯이, <u>유일신의 창조 행위도 선한 것으로 간주된다</u>. 왜냐하면 '악령'[14]의 악한 창조와 운행

---

14) 惡靈. 이것도 사실상 인간이 창조한 악의식임을 본문에서 밝히고 있다.

은 우리 인간의 이성, 양심, 정의 등에 배치되어 우리가 지속적으로 따를 수는 없기 때문이다. 그리하여 플라톤과 아리스토텔레스 등은 신이 선하기에 숭배의 대상이 된다고 말한다. 따라서 최고선인 유일신의 창조한 바대로 사는 우리의 일상적 삶이 합리적이고 보편적이어야만 하는 것이다.

그러므로 최고선 유일신이 부여한 합리성과 보편성을 스스로 무너뜨리는 일은 모순된다. 그러한 일은 불합리한 일이므로 유일신에게는 있을 수 없을 것이다. 왜냐하면 그러한 불합리는 유일신 자신의 창조행위를 부정하는 일일 뿐만 아니라, 그로 인한 혼란은 애초에 우주 자연과 인간을 창조하지 않음만도 못한 것이 되기 때문이다. 즉 신의 '**의지의 불변성**'이 필요하게 되는 것이다.

이에 따라 이성의 합리성이 무시되면 아무것도 올바르게 설명할 수 없을 것이다. 물론 인간의 이성은 아직 신을 정의하기에는 부족할지 모른다. 즉 **진화 중인 인간**은 이성의 합리성이 매우 부족하다. 그리하여 감성에 휘둘려 과도한 투쟁과 전쟁을 일으키기도 한다.

그렇다고 애초에 이성이 무시되어서도 안 되는 것이다. 왜냐하면 이성이 무시되면 유일신 부재의 주장에 대해서도 효과적으로 반박할 수 없기 때문이다. 즉 이성이 무력화되면 유일신에 대한 체험을 강변한다고 하더라도, 그 체험이 무가치하고 비루한 것이라는, 반대 주장에 대해서도 반박하기 어렵다는 것이다. 그리하여 우리의 학문과 철학은 이성의 논리에 따라 형성될 수밖에 없으며, 미래는 가능한 한 합리적으로 개척되어야 시행착오가 적은 것이다.

결국 우리의 이성은 창조신의 '모상'[15]일 수밖에 없으며, 이성을 무시

---

15) 摸象. 모방한 모습.

하면 합리적인 하나님을 무시하는 결과가 되는 것이다. 이에 루드비히 포이어바흐1804~1872는 "이성에 모순되면, 신에게도 모순된다."⟨#1⟩라는 것이다. 나아가 이성을 무시하면 삶의 모든 합리성이 무시되고, 결국 자신의 주장도 무시하게 되는 셈이다. 그리하여 중세 기독교 신학(스콜라 철학)의 완성자라고 일컬어지는 토마스 아퀴나스1225~1274는 신앙과 이성을 조화시키려고 노력하였다. 나아가 감리교와 성결교의 비조 요한 웨슬리1703~1791도 말한다. "이성을 부인하는 것은 종교(자체)를 부인하는 것과 다름없다. 종교(기독교)와 이성은 병존하며 <u>비이성적 종교는 거짓 종교이다.</u>"⟨#2⟩라고까지 하였다.

그러므로 성령과 은혜, 조명照明과 법열法悅 같은 종교적인 신비한 감성도 이성의 도움을 받아야만 올바르게 사용할 수 있는 것이다. 그렇지 못하면 종교적인 분쟁과 무질서가 인류를 더 교란할 것이다. 따라서 결국 유일신을 믿는 종교라면 인간의 이성이 추구하는 만물에 대한 합리성과 보편성이 무시되면 안 되는 것이다. 쉽게 말하자면 그 합리성과 보편성이 떨어지는 정도에 따라 유일신교로부터 멀어져 점점 다신교多神敎 혹은 잡신교雜神敎가 된다는 의미이다.

그리하여 유일신교들은 그 종교가 다신교가 아니라는 의미에서, 합리성과 보편성을 가지고 있다고 줄곧 주장하게 된다. 즉 점점 합리적인 철학과 객관적인 과학에 맞춰 유일신교를 보완하고자 하는 것이다. 따라서 유대교를 모태로 기독교가 발생한 이후로 2,000여 년이 지나는 동안, 많은 기독교 신학자와 호교가들은. 기독교가 유일신교로서 합리성과 보편성을 지닌다고 주장하기 위해 수없는 논리를 개발해 왔다. 그리하여 그 가장 주요 교리가 된 것은 바로 하나님은 모든 사람을 사랑하고 모든 사람을 구원코자 한다는 것이다.

그러나 아무리 합리적으로 조직하려 해도, 그러한 기독교 교의는 결국 이율배반적일 수밖에 없었다. 왜냐하면 상상에 기반한 '믿음'과 실재적 이성은 사실상 양립할 수 없기 때문이다. 즉 앞에서부터 설명해 왔듯이, 기독교가 유일신교라고 강조하기 위해서는 일상이 합리적이며 구원이 보편적이라고 주장해야 하고, 또한 그 종교적 생명력을 유지하려면 기적 혹은 '특별계시'(성령, 은혜, 신유 등)와 같이 비합리적이고도 무보편적이어야 하기 때문이다.

물론 기독교의 어떤 조직신학(벌코프 조직신학)에서는 아담의 원죄 이후 보편적인 **'원계시'**[16] 상태가 무너져 버려 특별계시가 필요하다고 변명한다. 그러나 본문에서 원죄의 부당함이 제시될 것이다. 나아가 원계시의 영생이 무너져 **'특별구원'**[17]이 필요하였다면, 진즉 그리스도가 나타났어야지 4천 년이 지나 예수가 나타난 것은 납득하기 어려운 것이다. 그리하여 예수 이전의 사람들에게는 기회의 불평등이 나타나는 것이다.

이같이 유일신 야훼가 특정한 민족을 위하여 홍해를 가르고 특정한 개인을 위하여 특별구원을 한다고 하는 것은, 전 인류를 사랑하여 그 전반적 해결을 모색한 것이 아니라, 어느 한 민족과 한 개인을 위해 자신의 합리성과 보편성을 무너트린 것에 불과한 것이다. 그리하여 다른 민족들과 다른 개인들은 상대적으로 피해를 보거나 어려움을 당할 수밖에 없는 것이다. 따라서 이런 점을 잘 살펴보면 지구상의 유일신교들은 그 주장에도 불구하고 합리적이며 보편적이라기보다, 아주 원시적인 상태의 비합리적이고도 무보편성에 있는 것이다.

---

16) 原啓示. 원죄를 짓기 이전의 낙원 상태.
17) 천국은 특별한 신자들만 갈 수 있다.

그리하여 결국 16C 이후 과학이 발달함에 따라, 기독교는 그 신화적 모순이 적나라하게 드러나기 시작한다. 예를 들어 코페르니쿠스의 지동설地動說과 케플러의 행성의 타원공전橢圓公轉은, 야훼의 창조를 정면으로 부정하는 것이었다. 왜냐하면 '성경'을 근거로 한 기독교 교의는, 인간이 창조된 지구가 우주의 중심일 뿐만 아니라 공전을 해서는 안 되는 것이었고[18], 완벽한 야훼에 의한 공전은 완벽한 원으로 돌아야 한다고 믿었기 때문이다.

따라서 이러한 점으로 볼 때 다시 포이어바흐의 "신은 인간이며, 인간은 신이다." "신적 본질은 인간의 본질에 불과하다." "종교는 인간의 자기분열이다." "종교는 인간의 자기 갈등이다."⟨#3⟩ 같은 말에 무게를 더하게 한다. 즉 신은 인간의 상상이 만든 인간의식과 다름없다는 것이다.


### 보편적 실천의 문제

더군다나 실천적인 면을 볼 때, 종교라는 것은 상품 판매방식 중 피라미드 판매방식과 비슷한 것이다. 즉 종교와 피라미드 판매방식 둘 다 논리적으로 그럴듯하지만 실제로는 합리성과 보편성이 매우 미흡한 것이다. 먼저 피라미드 판매방식의 논리를 보자. 피라미드 판매회사의 피라미드 판매방식에 관한 요지는, 만약 한 명의 최초판매원이 두 명의 판매원을 모집할 수 있게 되면, 그 두 명의 판매원이 다시 네 명의 판매원을, 네 명의 판매원이 다시 여덟 명의 판매원을 모집할 수 있게 된다는 것이

---

18) 프톨레마이오스의 천동설.

다. 즉 최초판매원의 하부에 기하급수적으로 판매원이 늘어날 수 있다는 것이다. 그리하여 최초판매원은 두 명의 하부판매원만 확보하여 잘 관리하면, 그 이후로는 자기의 하부판매원이 자연스럽게 기하급수적으로 늘어나게 되어, 자동으로 최초판매원의 수익 또한 기하급수적으로 늘어날 수 있게 된다는 것이다.

단순히 생각하면 그럴듯하다. 그리하여 대개의 최초판매원은 충분히 두 명 이상의 판매원을 모집하여 잘 관리할 수 있다고 생각하는 것이다. 그러나 한 명의 판매원이 두 명의 하부판매원을 모집하고, 두 명의 판매원이 네 명의 하부판매원을 모집할 수 있을 때까지는 어느 정도 가능성이 있겠으나, 네 명의 판매원이 여덟 명의 하부판매원을 모집할 때부터는 애초 예상했던 계획이 무척 험난해진다.

나아가 여덟 명의 판매원이 열여섯 명의 하부판매원을 예상대로 확보하고 관리한다는 것은 복권에 버금간다. 즉 아무리 관리를 잘하더라도 하부판매원 누구나가 두 명의 판매원을 모집할 수 없을 뿐만 아니라, 모집한 판매원들마저 계속 자신의 둥지에 남아 있기 어렵다는 것이다. 따라서 예상보다 기하급수적으로 어려워지는 셈이다.

더군다나 하부판매원 누구나가 열심히 판매하지도 않거니와, 또 열심을 내어도 대부분 판매회사가 요구하는 실적을 메우기 어렵다는 것이다. 이쯤 되면 일이 굉장히 꼬이기 시작하여 마이너스 실적이 쌓여 간다. 그리되면 이제 그 판매회사의 독촉에 최초판매원들은 자신의 실적을 과장하기 위해, 빚으로 그 상품들을 사재기할 수밖에 없게 되는 것이다.

그리하여 결국 그 피라미드 판매회사는 비교적 쉽게 돈을 벌 수 있는데 반해, 그 피해는 모두 그 판매원들에게 돌아가게 되는 것이다. 따라서 피라미드 판매방식의 논리는 사실상 비현실적이므로 비합리적이라는 것이고, 나아가 판매원 모두가 '보편적 실천'을 이루기가 거의 어렵다는 것이다. 그런고로 피라미드 판매방식은 지금도 교묘하게 변증하며 계속해서 사회적 물의를 일으키고 있다.

종교 또한 마찬가지이다. 이론적으로는 그럴듯하더라도 사실상 비현실적이어서, 그 종교가 펼치는 교리(온전한 믿음, 최선의 구제 등)대로의 보편적 실천이 매우 어렵다. 나아가 살인적인 노력을 하여 교리대로 실천한다고 해도 실천자 대부분에게 **'보편적 은혜'**가 나타나지 않는다는 것이다.

그러므로 종교란 원래 비합리적인 상상을 믿는 것으로 요약된다. 왜냐하면 유일신이 합리적이라면 그 신앙을 굳이 종교라고 말할 필요조차 없을 것이기 때문이다. 즉 만물을 창조하고 운행하는 유일신이라면 신앙의 여부와 상관없이, 모든 사람에게 그의 합리성과 보편성으로 평강과 은혜를 두루 열어 갈 것이기 때문이다.

여하튼 필자가 살펴본 바로는 성경과 코란에서 말하는 유일신도 유일신이 아니라, 아무리 높게 보아도 지엽적인 잡신일 수밖에 없다는 것이다. 왜냐하면 만약 야훼 혹은 알라가 인류를 창조한 유일신이라면, 동등한 자녀를 서로 죽이는 수많은 '성전'聖戰과 '지하드'Jihād(성전), 그리고 동등한 자녀를 천국과 지옥으로 가르는 성경과 코란이 애초에 틀렸기 때문이다. 반대로 만약 성경과 코란이 옳은 것이라면, 그것의 잔인한 내용으로 말미암아 야훼와 알라는 유일신으로서는 그 자격과 품격이 너무 미달하기 때문이다.

그러므로 우리는 유일신교에서 말하는 천국과 구원과 성령을 거론할 필요가 없다. 나아가 신의 입에서 인간의 선악이 거론되는 순간, 그 신은 합리적인 유일신이 아니라 편협한 악령일 수밖에 없는 것이다.

즉 앞에서 말한 합리성과 보편성을 위한 최소한의 자격과 품격이 없으면, 유일신이 될 수 없으며 나아가 선신善神으로는 더욱 인정될 수 없을 것이다.


### 종교적 무죄

 본문 '증거 1 우상숭배의 모순'에서처럼, 인간은 신에게 의탁하기보다 가급적 스스로 대견하게 행복을 추구하는 것이 좋을 것이다. 왜냐하면 '증거 4 카나드'에서 밝히듯 우주는 정보처리가 가능한 에너지, 즉 **'의식에너지'**의 진행일 뿐이기 때문이다. 그러므로 우리는 유일신을 숭배할 필요가 없으며, 우상숭배를 죄악시할 필요도 없다. 즉 인간은 우상숭배로부터 자유로운 것이다. 왜냐하면 만약 유일신이 존재한다고 하더라도, 그 모든 숭배도 결국 그것들을 경유한 유일신을 숭배하는 것으로 귀착歸着되기 때문이다.
 그러므로 필자는 이제 종교의 이름으로 분쟁과 악행이 반복되지 않았으면 한다. 성전 혹은 '지하드'란 애초에 없다. 성전과 '지하드'를 부추기는 그 어떤 종교집단도, 유일신이 아닌 탐욕스러운 악령을 숭배하는 증거일 것이다. 즉 자신들이 믿는 신만이 유일신이어서, 그 신께 영광을 돌리기 위해 또는 우상숭배를 척결하기 위해 행하는 모든 폭력은 사라져야 한다.
 즉 앞에서 말했듯이 유대교도건, 기독교도건, 이슬람교도건, 불교도건, 힌두교도건, 무신론자건, 모두가 유일신의 동등한 자녀일 뿐이므로,

서로 죽이는 것이 성전과 '지하드'일 리가 없는 것이다.

이렇게 볼 때 종교적 순교란 것도 애초에 성립하지 않는다. 만약 유일신이 존재한다면 모든 만물이 그에게서 나온 것인데, 그 어떤 것을 위하여 다른 무엇을 희생시킬 수는 없을 것이다. 그런데도 오히려 유일신교들은 이런 순교를 조장하였다.

결국 필자는 어떤 경우에도 인간에게는 **'종교적 죄가 없다.'**라고 생각한다. 본문 '증거 2'의 '상위이성론'에서 밝히듯이 신과 인간은 실존적으로 교차할 수 없으므로, <u>종교와 윤리는 아무 상관이 없는 것</u>이다. 따라서 종교가 인간을 죄악시하는 것은, 기복신앙을 악용하여 그 종교를 성립, 유지, 발전시키려는 수작일 뿐이다.

그러므로 어떠한 교의를 빙자하여 우리에게 고통과 고행을 안겨 주는 것에 반대한다. 만약 유일신교에서 주장하듯 인간이 잘못한 죄인이라면, 먼저 그를 만든 창조주가 원죄를 가져야 하고, 잘못하는 인간이 비루하다면 창조주 또한 비루한 것이 아니고 무엇이겠는가? 그러므로 기독교의 원죄론을 위시한 종교적 고통은 모두 사라져야 하는 것들이다.

몇 가지 현실적인 예를 들어 보자. 일부 무슬림muslim 이슬람교도에 의해 사행되는 '명예살인'이란 것이 있다. 이슬람 전통에 반하여 순결과 정조를 잃었다고 판단되는 여성들은, 그 집안의 남자들에 의해 정죄되고 급기야 살해된다. 그리고 그렇게 처리되면 그 집안의 남자들은 집안의 명예를 지켰다고 자랑하는 것이다.

또 아프리카 콩고 등지에서 벌어지는 어린이 '퇴마의식'退魔儀式이란 것도 있다. 일부 불우한 가정의 가족들은 그 가정의 어려움이 어린 자녀가 악마에 씌었기 때문이라고 믿는다. 그리하여 그 가족들은 이를 부추기는 목사나 신부에게 가서, 대가를 주고 그 아이에게 고통스러운 퇴마의식을 치른다. 또 '타이푸삼'[19]과 '아슈라'[20]에서 벌어지는 여러 형태의 고행[21]도 마찬가지이다. 그리고 티베트 불교에서 권장되는 '오체투지'[22]도 그 알 수 없는 내세來世의 은총에 비해 과도한 것이다. 그런데 비종교적인 축제에서는 이런 고행은 거의 나타나지 않는다.

그리고 본문 '증거 5 천국의 허구성'에서 본격적으로 거론되겠지만, 천국이나 낙원 등 인간적 '내세'來世란 없는 것이고 가족적 '환생'還生도 없다. 왜냐하면 앞에서 말했듯이 우주는 의식에너지의 진행일 뿐이어서, 인간이 죽으면 그 유기적인 결합력이 사라져 다시 그 원래의 에너지로 뿔뿔이 흩어지기 때문이다. 따라서 우주에는 종교적 고행을 보상하는 천국은 없다. 그리하여 육체를 극단적으로 괴롭히고 목숨을 위태롭게 하는 종교는 누구에게도 도움이 되지 않는 것이다.

그러므로 인생의 보편적인 삶 속에서의 행복추구가 실제적 진리이다. 그것은 본문에서 밝히겠지만, 우리의 현실에서도 분명히 확인할 수 있다는 것이다.[23] 따라서 가시적인 현실을 거부하고 상상을 믿는다는 것은 우스운 일이다. 그냥 두어도 생로병사로 고통스러운 인생에, 상상의 은총을 위해 과도한 고행을 추가해서는 안 된다. 즉 과도한 고행은 '의식에너지'의 진행을 올바로 이해하지 못한 데서 기인하는 것이다. 예를 들어 인간이 동물들의 삶에 교정을 가하는 순간 동물들의

---

19) 스리랑카나 말레이시아 등지에서 행해지는 힌두교 고행 축제.
20) 이슬람 시아파 성인 이맘 후세인의 순교를 기리는 고행 축제.
21) 채찍 맞기, 갈고리 몸에 꿰기, 불 위 걷기 등.
22) 五體投地. 신체의 다섯 곳(양 무릎, 양팔, 이마)을 땅에 붙여 하는 기도.
23) 특히 '증거 4'의 '생명의 기원과 물질회유'에서 설명하고 있다.

생태가 교란되듯, 종교적인 교정이 개입되는 순간 인간의 삶은 교란되고 불필요한 고통이 가중되는 것이다.


## 유일신의 오용

필자는 반평생을 비교적 충실하게 기독교를 신앙해 왔다. 그러나 믿을수록 증폭되는 불합리에, 더는 그 어리석음을 반복할 수 없다는 결론에 이르렀다. 그리하여 이제 그 신앙을 반성하면서 혹 야훼와 알라가 존재하더라도 유일신일 수 없으며, 좋게 보아도 지엽적인 잡신일 뿐이라는 말을 전하고 싶은 것이다.

대개 유대인들과 기독교인들과 무슬림들은 야훼와 알라가 유일신이며 그 말씀이 진리일 것이라는 착각을 하고 있다. 만약 그들이 그 신들의 능력을 상상하여 믿기 시작하면, 그때부터 그 신들의 어떠한 불민한 처사에도 그것이 진리인 양 오래 견디어야만 하는 것이다. 나아가 그러한 착시와 오래 참음에 기인하여 모든 교의와 이론들이 더욱 잘못되어 가는 것이다. 그러나 이제부터라도 제대로 생각해 보면, 그것의 대부분은 거짓 진리임을 알 수 있을 것이다.

예를 하나 들어 보자. 성경과 코란의 곳곳에 야훼와 알라가 전지전능한 유일신이라는 표현이 즐비하다.

"내가 땅의 기초를 놓을 때에 네가 어디 있었느냐 네가 깨달아 알았거든 말할찌니라 누가 그 도량을 정하였었는지, 누가 그 준승을 그 위에 띄웠었는지 네가 아느냐 그 주초는 무엇 위에 세웠으며 그 모퉁이 돌은 누가 놓았었느냐

그 때에 새벽 별들이 함께 노래하며 하나님의 아들들이 다 기쁘게 소리하였었느니라"욥 38:4-7

"이스라엘의 왕인 여호와, 이스라엘의 구속자인 만군의 여호와가 말하노라 나는 처음이요 나는 마지막이라 나 외에 다른 신이 없느니라 내가 옛날 백성을 세운 이후로 나처럼 외치며 고하며 진술할 자가 누구뇨 있거든 될 일과 장차 올 일을 고할찌어다"사 44:6-7

"하나님은 복되시고 홀로 한 분이신 능하신 자이며 만왕의 왕이시며 만주의 주시요"딤전 6:15

"알라 외에 신이 없고, 그분은 살아계신 분, 영원한 분이시다. 졸림도 잠도 그분을 붙잡을 수는 없다. 하늘에 있는 것, 땅위에 있는 것, 모든 것이 그분에게 속한다. 어느 누가 그분의 허락 없이 그 분에게 중재를 할 수 있겠느냐? 그분은 사람들 앞에 있는 것도 사람들 뒤에 있는 것도 다 아신다. 인간은 그분 지혜의 일부분이라도 그분 마음이 내키시지 않으면 엿보아 알 수 없다. 그 옥좌는 하늘과 땅을 덮고 또 그분은 이 두 가지를 유지하는 데도 지치지를 않으신다. 참으로 그분은 숭고하시고 위대하신 분이다."[24]

그러나 이러한 문장들은 유일신 같은 모습을 성경과 코란이 그럴듯하게 상상하였거나 여러 전설에서 차용한 것에 불과하다. 즉 신에 관한 여러 민족의 신화나 전설 등을 성경과 코란이 빌려 갖다 붙인 것이다. 상기 욥기는 유일신에 대한 믿음이 투철한 한 사람의 개인 간증을 차용한 것이며, 또한 노아의 방주 이야기는 바빌로니아의 《길가메시 서사시》와 거의 유사하며, 마리아의 처녀 출산은 조로아스터교의 《아베스타》경전[25]과 비슷하다고 한다.

---

24) 김용선, 《코란》, 명문당, 2022년, p.83. 2. 암소의 장(章) 255.
25) 구세주 사오슈안트는 처녀 출산으로 세상에 올 예정이다.

또 바울10?~67?은 자신이 경험한 어떤 의식의 신비를 유일신으로 착각하여 이론을 꿰맞추고 있었던 셈이다. 현재에도 비슷한 간증이 비일비재하게 나온다. '코란'도 마찬가지다. 코란은 마호메트의 개인적인 신비한 체험을 유일신의 음성으로 착각하여 쓴 것으로 생각된다. 왜냐하면 유일신의 음성으로 보기에는 코란은 합리성과 보편성에서 형편없기 때문이다. 거기에다 성경적 요소를 가져와 각색한 것이다.

그리하여 코란의 구성은 불교의 《화엄경》보다 나을 것이 없다. 더군다나 성경마저도 사실 그 논리성에서는 《우파니샤드》의 범아일여[26]보다 못한 것이다. 그런데 유일신론이라면 범신론과 다신론들보다 합리성과 보편성, 품격과 격조가 뒤떨어져서는 안 될 것이다.

여하튼 본문에서 밝히겠지만 유일신이라면 앞의 그러한 표현 자체가 필요 없다. 왜냐하면 말을 하면 할수록 유일신을 편협한 표현의 범주에 가두는 것이 되고, 나아가 자기의 자녀들을 심히 교란할 수 있기 때문이다. 그리고 최고의 위대하심으로 표현되어 있지만, 야훼와 알라가 인류에게 펼쳐 온 역사적 처사는 미천한 필자의 눈에도 부끄럽기 짝이 없는 것이다. 즉 아직도 전쟁을 부추기며 팔레스타인 등지에서 싸우는 야훼와 알라는 악령으로서 손색이 전혀 없는 것이다.

필자는 이 책을 탈고한 후에도 오랫동안 묻어 왔다. 왜냐하면 유일신을 의지하고 있는 사람들에게, '유일신은 없다.'라고 하는 것은 상당히 가슴 아픈 일이기 때문이다. 즉 어떤 사람들에게는 유일신을 상상하는 것만으로도 위로가 될지 모르며, 기도의 '플라시보 효과'[27]만 해도 그 역

---

26) 梵我一如. 우주와 개아는 동질적이라는 것.
27) 믿고 먹으면 가짜 약에 대해서도 나타나는 치료 효과.

할을 다하고 있는지도 모른다. 나아가 야훼와 알라를 믿는 단체나 개인들이, 인류의 어두운 곳을 밝히는 역할도 많이 하고 있다. 그러나 **'선과 악은 상쇄되지 않는다'**. 왜냐하면 선과 악은 서로 다른 심리와 가치를 가진 행로이기 때문이다. 예를 들어 가난한 자를 돕는다는 명목으로도 부자를 죽여서는 안 되는 것이다.

그러므로 굳이 이 글을 밝히는 이유는 종교가 작은 위로나 도움의 문제가 아니기 때문이다. 즉 기독교와 이슬람교는 대개 세상을 경멸하고 천국(낙원)만을 바라보라고 한다. 그 결과 인류는 유일신에 의해 비참하고 비천한 존재로 전락하고 말았다. 나아가 더 큰 문제는 이러한 미혹의 길이 계속되면, 인간의 합리적인 삶이 어려워지고 정상적인 행복의 추구가 교란된다는 것이다.

특히 고래로 유일신교는 많은 사람에 의해 그 불합리와 죄악상이 고발돼도[28], 그 모든 잘못과 잔혹함을 인간에게 뒤집어씌워 왔다. 그리하여 야훼와 알라는 그러한 고발에 비겁한 변명으로 일관하며 그들만의 천국으로 숨어 버리곤 했다.

또 인류 역사에서 나타나는 수많은 극악한 분열과 투쟁이 대부분 유일신교로부터 발생하였다는 것이 엄연한 사실이며, 현재도 그러하고 앞으로도 그럴 가능성이 큰 것이다. 그 이유는 유일신교의 교의들이 사람들을 비합리적으로 인도하고, 유일신교 내에서 그러한 행태들이 각질화角質化[29]되고 있기 때문이다.

---

28) F. 니체의 《반그리스도》, L. 포이어바흐의 《기독교의 본질》, R. 도킨스의 《만들어진 신》 등.

29) 角質化. 그들만의 전체적이고도 교조적인 언행. 대개의 종교는 이런 각질화의 문제를 안고 있다.

그러므로 결론적으로 이 책은 우주 만물의 정체성과 가치를 다시 제자리로 되돌려 놓으려는 것이다. 그리하여 선인들에 이어 다시 새로운 방법과 시도로 그 은신처를 파헤쳐, 가능한 한 유일신들이 영육 간에 더는 숨을 곳이 없도록 하는 것이다. 그리되면 인간 세상이 '보편적 이성'[30]을 더욱 확충하여, 행복추구라는 그 본연의 행로대로 진행할 수 있을 것으로 기대하는 것이다.

## 카나드

본문 '증거 4'에서는 필자의 저서 《카나드》[31]를 조금 소개할 것이다. 즉 《카나드》에서 우주는 에너지의 모임이며, 에너지가 아닌 것은 아무 것도 아니라는 것이다. 따라서 공간은 에너지의 분포이며, 시간은 에너지의 변화를 말하는 것이다. 즉 현대의 천문학과 물리학이 밝혀낸 '빅뱅'[32]과 '암흑에너지'Dark Energy는 우주가 에너지로 빈틈없이 차 있음을 말한다. 즉 최초의 우주 시작은 한 점도 안 되는 집약된 에너지의 대폭발이었고, 암흑에너지는 공간 자체의 에너지라는 것이다.[33]

그리하여 현대의 '에너지불멸의 법칙'에 따라 그러한 에너지는 처음

---

30) 대다수가 동의하는 합리적인 사유. 이것은 창조적 소수에서 나올 수 있으나 차츰 일반화된다.
31) 출간 예정.
32) Big Bang. 최초 우주 탄생의 대폭발.
33) 일반상대성이론에서 중력은 시공이 휘는 것이다.

부터 존재하며 모양은 변화하더라도 그 전체적인 양은 항상 동일하다는 것이다. 따라서 동서양의 철학에서 말하는 신, 이데아Idea, 부동의 원동자, 일자-者, 절대정신, 도道, 리理, 기氣 등도 에너지가 아니면 아무것도 아니게 되는 것이다.

특히 중요한 것은 에너지와 물질[34]은 의식을 가지며, 의식은 에너지를 가져야만 한다는 것이다. 즉 물질(에너지)에도 **'정보처리'** 하는 의식이 있다. 예를 들어 빛은 직진성과 파동성이라는 특정 정보가 있어, 매질에 따라 굴절, 분산, 반사, 간섭, 산란 등으로 정보처리가 알맞게 되어야만 하는 것이다. 그리고 의식(정신) 또한 에너지가 있어야 한다. 왜냐하면 의식이 전달되지 않으면 아무 소용이 없으므로, 의식 또한 전달력이라는 에너지가 있는 것이다.

이에 필자는 그러한 정보처리가 가능한 에너지를 **'의식에너지'**라고 한다. 그리고 필자가 연구한 바에 따르면, 그러한 의식에너지는 개별적이고 단위적인 것에서 시작하는 것이다. 그리하여 그러한 단위적인 의식에너지를 '의식단자'意識單子 혹은 **'카나드'**[35]라고 하며, 그 카나드가 우주의 근원이라고 설명하는 것이다.

그리고 '카나드'의 속성에는 '목적성(행복추구성)', '주체성', '자유성'이 있으며, 그리하여 기본적으로 '카나드'는 단위적 혹은 **개별적인 행복추구**를 목표로 나아가는 것이다. 또한 '카나드'는 그 가치에 있어 모두 동등하다. 따라서 모든 사물과 생물과 인간의 존재가치는 동등한 것이다.

그러므로 결국 유일신교에서 주장하는 전제주의적이고도 결정론적인 진행과 능력들은, 우주에서 나타난 바가 없는 것이다. 즉 우주

---

34) 현대과학에서는 에너지와 물질을 같은 근원으로 본다. 즉 $E = mc^2$.
35) '증거 4'를 먼저 읽어도 무방하다.

는 의식에너지인 '카나드'의 개별적인 선택에 따라 진행되는 것이다. 따라서 유일신의 창조론과 영광목적론 등은 신화나 종교적인 상상일 뿐이다.

부연하여 여기서는 주로 필자가 파악하고 체득한 기독교의 유일신을 중심으로 문제를 제기할 것이다. 즉 우리의 객관적인 과학과 합리적인 이성에 따라 기독교 논리가 가당치 않음을 밝힐 것이다. 그리고 기독교가 비판될 정도면, 유대교와 이슬람교는 말할 것도 없다. 즉 구약과 코란은 유대교와 이슬람교의 상상된 전쟁신의 기록 혹은 더 심한 '악령'의 억측이라고 보면 맞을 것이다. 따라서 유대교와 이슬람교는 그 교의에서 기독교보다 합리성과 보편성에서 나을 것이 전혀 없으므로, 기독교 비판을 감안하면 될 것이다.

그리고 이 책은 세상의 현실과 이성적인 논리 전개에 무게를 둘 것이며, 서로 증명이 안 되는 신비와 초월적인 사안으로 겨루려는 것이 아니다. 즉 여기서 중요하게 생각하는 것은 수천 년 동안 진행된 유일신에 대한 우리의 생각과 언행이 올바른지, 유일신이 잘못되었다면 우리가 앞으로 어떻게 살아야 하는지에 있다.

그러므로 본문에서는 여덟 가지의 큰 증거를 가지고, 유일신은 인간의 상상이거나, 좋게 보아도 지엽적인 잡신임을 명확히 해 나갈 것이다. 특히 그 잡신의 현시顯示에 대해서는 '증거 4'에서 자세히 설명될 것이다. 따라서 여덟 가지 증거 중 일부라도 저촉된다면, 야훼와 알라, 유대교와 기독교와 이슬람교는 허망한 것이며 그 교의와 조직신학은 배설물보다도 못한 것이다. 즉 아무리 변명해도 인간의 이성조차 충족시키지 못하는 저급한 신을 유일신으로 보기는 어려운 것이다.

증거 1

# 우상숭배의 모순

## 증거 1
# 우상숭배의 모순

유대교와 기독교와 이슬람교 등의 유일신교들은 우상숭배란 명목으로, 타 종교와 타 문화에 대하여 깊은 배타성과 적대감을 가지고 있다. 따라서 이러한 유일신교들의 정서는 한심하기도 한 것이지만, 또한 매우 심각한 문제가 아닐 수 없다. 즉 인류 역사를 볼 때 사랑과 도덕과 정의의 우월성을 내세우는 유일신교가, 다신교보다 더 침략적이었고 폭력적이었으며 세상을 수없이 교란해 왔다. 이것은 일부 지배계급의 전체주의적인 통제를 위한 도구로, 우상숭배라는 것이 활용되었음을 의미할 것이다.

그런데 유일신이라면 만물을 창조하고 운행한다는 의미이며, 모든 사람은 그 유일신의 피조물임과 동시에 동등한 자녀들이 되는 것이다. 그런데 유일신교들은 타 종교를 우상숭배로 몰아 질시하며 타도打倒의 대상으로 삼고 있다. 더군다나 그렇게 타도하는 것을 그분이 기뻐하고 대견하게 여긴다고 믿는다. 그러나 진정한 유일신이라면 그럴 리가 없다.

물론 과거의 일부 부족들에게서 극악한 방법으로 제사를 올리는 어리석은 숭배의 폐해도 많았다. 고대 시리아 사회에서는 '바알'Baal과 '아세라'Asherah 등의 신에게 자신들의 의지를 나타내기 위해 자녀들을 제물

(아브라함이 이삭을 바치듯)로 바쳤다. 이집트 등의 사회에서는 신전의 여사제와 육체적 관계를 맺을 때 이를 기뻐한 신이 비를 내려 준다고도 믿었다. 또 잉카제국 등에서는 호수의 괴물에게 처녀와 금을 바치는 풍습이 있었으며, 페루의 옛 치무문명[36]에서는 제물로 바쳐진 227구의 어린이 유해들이 발굴되기도 했다.[37] 그리고 과거 중국에서도 거친 바다를 항해하는 배들의 안전을 기원하기 위해 처녀들을 제물로 바쳤고, 과거 인도에서는 '사티'Sati라 하여 미망인들이 남편을 따라 죽어 순장殉葬되었다.

그러나 이러한 극악한 숭배와 폐습弊習은 현대에 들어 과학의 발전과 보편적 이성이 차츰 확충됨으로 거의 사라지게 되었다. 즉 어리석은 숭배나 폐습은 타인이나 타민족을 죽이거나 타도해서 되는 것이 아니라, 우리의 지성과 이성을 확장하고 올바르게 사용함으로써 없어진 것이다.

나아가 이러한 사실은 유일신교도들도 우상숭배에 이중 잣대가 있음을 주지하면 더욱 확인된다. 예를 들어 일반인들과 마찬가지로 대부분 기독교인도, 탈레반의 '바미얀 대석불'[38] 파괴와 IS(이슬람국가)의 '팔미라 유적'[39] 파괴에 동의하지 않는다. 기독교인들에게도 우상숭배는 가장 큰 죄악이고, 불상과 신전 등은 그들에게도 분명 우상이다.

그런데 자신들이 대할 때는 우상이 분명한데, 타 종교에서 그것을 파괴하면 동의하지 않음은 이상한 일이다. 그러므로 탈레반과 IS의 우상 파괴를 비난하는 것을 보면, 기독교인들 내면에도 고대의 불상이나 신

---

36) 잉카제국 직전 문명.

37) 2019년에 발굴된 이 유해들은 대부분 머리가 바다로 향해 있어, 관련 학자들은 엘니뇨 같은 이상기후를 막기 위해 신에게 제물로 바쳐진 것으로 파악하고 있다.

38) 아프가니스탄 소재 불상.

39) 시리아 바알샤민 고대 신전.

전이 우상이라고만 해석하지 않고, 문화적인 관점으로 볼 수 있는 인간의 합리적이고도 보편적 이성이 숨어 있는 것이다.

이 장에서는 우상숭배라는 개념 자체가 얼마나 비합리적이며, 인류의 삶과 행복을 심하게 교란하는지를 밝혀 보고자 한다. 우선 기독교의 '성경'과 이슬람교의 '코란'에는 우상숭배를 어떻게 다루는지 더듬어 보자. 먼저 야훼는 아브라함을 택하여 그만을 섬기는 모범 민족을 만들려고 하였다. 그리하여 야훼는 자신만을 섬기면 크게 축복하겠거니와, 다른 신을 섬기면 무서운 형벌을 가하겠다고 천명한다.

따라서 이와 관련된 성경을 보면 이스라엘 민족에게 우상숭배를 하면 그 대가를 단단히 치러야 할 것이라는 경고를 계속 보내며, 또한 그로 인해 혹독한 형벌들이 이행되었다고 쓰여 있다. 즉 다른 민족들의 우상숭배도 볼 수 없거니와 특히 선민選民 이스라엘의 우상숭배는 더욱 두고 볼 수 없다는 것이다. 물론 코란에서도 우상숭배나 알라만을 믿지 않음에 대하여 철저한 천벌과 최후의 심판을 받으리라 셀 수 없이 저주하고 있다.

"너는 여호와 네 하나님의 성민聖民이라 네 하나님 여호와께서 지상 만민 중에서 너를 자기 기업의 백성으로 택하셨나니"신 7:6

"나는 너를 애굽 땅, 종 되었던 집에서 인도하여 낸 너의 하나님 여호와로라 너는 나 외에는 다른 신들을 네게 있게 말찌니라 너를 위하여 새긴 우상을 만들지 말고 또 위로 하늘에 있는 것이나 아래로 땅에 있는 것이나 땅아래 물속에 있는 것의 아무 형상이든지 만들지 말며 그것들에게 절하지 말며 그것들을 섬기지 말라 나 여호와 너의 하나님은 질투하는 하나님인즉 나를 미워하는 자의 죄를 갚되 아비로부터 아들에게로 삼사 대까지 이르게 하거니

와 나를 사랑하고 내 계명을 지키는 자에게는 천대까지 은혜를 베푸느니라" 출 20:2-6

"내가 오늘날 너희에게 명하는 나의 명령을 너희가 만일 청종하고 너희의 하나님 여호와를 사랑하여 마음을 다하고 성품을 다하여 섬기면 여호와께서 너희 땅에 이른비, 늦은비를 적당한 때에 내리시리니 너희가 곡식과 포도주와 기름을 얻을 것이요 또 육축을 위하여 들에 풀이 나게 하시리니 네가 먹고 배부를 것이라 너희는 스스로 삼가라 두렵건대 마음에 미혹하여 돌이켜 다른 신들을 섬기며 그것에게 절하므로 여호와께서 너희에게 진노하사 하늘을 닫아 비를 내리지 아니하여 땅으로 소산을 내지 않게 하시므로 너희가 여호와의 주신 아름다운 땅에서 속히 멸망할까 하노라" 신 11:13-17

"너희는 알라를 제쳐놓고 우상을 섬기기만 하면서 거짓말을 하고 있다. 알라가 아니고서는 양식을 줄 수 없으니 너희는 알라께 양식을 구하고 숭배하여 감사하라. (중략) 천지간 어디에 있든 알라 외에는 구원자가 없다. 알라의 뜻을 믿지 않으며 알라와의 최후의 심판에까지 거짓으로 대하는 자에게는 구원보다 무서운 천벌이 내릴 것이다. (중략) 아브라함이 말하기를 '그대들은 신을 제쳐놓고 우상과 우정을 맺었지만, 그러나 부활의 날이 오면 서로 불신과 저주 속에 빠지리라. 그대들의 갈 길은 오로지 불길 속, 아무도 구원을 하지 않으리라.'"[40]

이처럼 위와 같은 여러 표현은 야훼(혹은 알라)만을 숭배하면 큰 은혜를 내리겠거니와, 그와 달리 우상숭배를 하면 그 죄를 엄히 물을 것이라는 뜻이다. 그런데 이러한 약속은 나중의 이스라엘 역사 전체를 고찰해 보면 죄만 더욱 엄격하게 물었을 뿐, 은혜의 대부분은 지켜지지 않았음을 알 수 있다. 즉 야훼는 구약시대의 모세, 사무엘, 다윗, 히스기야 등

---

[40] 김용선, 《코란》, 명문당, 2022년, pp.418~419. 29. 거미의 장(章) 17-25.

등, 그를 제대로 믿어 당대에 그로부터 큰 칭찬을 받았던 인물들도, 천대는커녕 다음 또는 다다음 세대에서 모두 파멸에 이르렀다는 것이다.

그러므로 야훼의 축복과 진노라는 이 약속은 축복보다는 우상숭배라는 죄에다 초점을 맞추었을 뿐이었다는 뜻이다. 아마 이러한 통계의 결과는 고난을 죄나 우상숭배의 탓이라고 보는 성경과 코란 필자들의 시각이 작용한 것일 것이다.

## 1 유일신은 숭배가 필요 없다

만약 유일신이 우주를 창조하였다면 모든 피조물은 똑같이 사랑받아야 할 것이다. 왜냐하면 유일신교에 의하면 유일신의 창조의지는 최고로 선하고 거룩한 것이기 때문이다. 그러므로 유일신에게는 애초부터 우상숭배라는 개념 자체가 성립되지 않을 뿐만 아니라 어울리지도 않는 것이다. 즉 다르게 표현하자면 유일신은 숭배를 바라기는커녕, 어떤 경우에도 자녀들이 행복하기만을 바라는 것이 정상일 것이다. 따라서 유일신은 한쪽으로 치우치지도 않으며 집착하지도 않는 <u>아주 넓고 깊은 사랑</u>이어야 하는 것이다.

## 영광목적론

그러나 기독교에서는 하나님이 이 세상을 만든 목적이 인간들로부터 '영광'榮光과 '섬김'을 받기 위한 것이라고 한다. 즉 **'영광목적론'**이다. 물론 일부 조직신학[41]에서는 창조목적이 인간을 행복하게 하기 위함이라거나, '선언적 영광'[42]을 위한 것이라고도 한다. 그러나 일부의 그러한 목적론은 성경에 기반한 것이 아니라, 반론에 대비한 과도한 자의적 해석일 뿐이다. 성경에는 분명 "그들로 내 백성이 되게 하며 내 이름과 칭예와 영광이 되게 하려 하였으나"렘 13:11 "찬송하리로다 하나님 곧 우리 주 예수 그리스도의 아버지께서 (중략) 그의 은혜의 영광을 찬미하게 하려는 것이라"엡 1:3-6라고 쓰여 있다. 웨스트민스터 교리문답에도 사람의 주된 목적은 "하나님을 영화롭게, 주님을 영원히 기뻐하며"라고 되어 있다.[43]

## 영광 앞세우기의 모순

그런데 이러한 '영광목적론'에는 다음과 같은 이유로 여러 못난 점이 분명히 나타난다. 우선 보통의 우리네 부모들은 자녀가 잉태되면 건강

---

41) 벌코프 조직신학 등.
42) 인간에게 영광을 받으려는 것이 아니라, 그냥 하나님의 영광을 표현하는 것이라고 한다.
43) 여타 기독교 서적에도 인간은 하나님의 기쁨과 섬김을 위해 창조되었음을 강조한다.
예: 릭 워렌,《목적이 이끄는 삶》등.

하기만을 기대하고 그 탄생을 맞게 된다. 그리고 자녀를 보는 순간 기쁘게 여기며, 자녀가 행복하게 살아가기만을 바라는 것이다. 그것이 옳은 부모 마음이 될 것이다. 동물들도 마찬가지이다. 따라서 만약 유일신이 존재한다면 이런 부모의 '내리사랑'은 유일신의 모상이 되는 것이다. 즉 유일신이 있다면 내리사랑의 원천은 오직 유일신이라는 말이다.

따라서 자녀를 통해 영광과 섬김을 우선으로 앞세우는 것은, 옳은 부모의 마음이 아니다. 즉 자녀를 기쁘게 키우다 보니 자연스레 자신도 좀 명예롭게 된다면 모를까, 처음부터 작정하고 자녀들에게 영광과 섬김을 전제하는 부모는 없는 것이다. 따라서 진정한 내리사랑의 모상으로서의 유일신이라면 우리 모두를 마냥 기쁘게만 생각할 것이 틀림없다. 즉 백번 양보해서 만약 유일신이 인격적으로 존재하더라도, 영광과 섬김이라는 목적 부여는 유일신의 순수성을 폄훼하는 교의라는 것이다.

## 영광의 무실효성

다음으로 영광과 섬김의 실효성에도 문제가 많다. 먼저 인간이 하나님께 영광을 올리는 것은, 개미가 인간에게 '진실로 위대하다'고 하는 무턱 댄 영광과 마찬가지라는 것이다. 즉 그것은 개미들을 모아 놓고 인터넷을 하는 인간들에게 영광과 찬미를 돌리라고 하는 비유와 같은 것이다. 아마 우리는 기독교에서 말하는 유일신에 비하면 개미만도 못할지 모른다.

따라서 영광은 고사하고 유일신에 걸맞게 그를 사랑할 수조차도 없을 것이다. 이미 오래전 아리스토텔레스의 《니코마코스 윤리학》에서도 신들이 인간의 표준에 비추어서 찬양된다는 것은 온당하지 못하다고 말하고 있다. 그것은 인간은 유일신을 위해 살 수도 없고, 그리 살 필요도 없다는 뜻이다.

만약 유일신이 상대적으로 개미보다 못한 인간의 무턱 댄 '**얼치기 영광**'이라도 받기를 원할까? 하지만 그러한 얼치기 영광은 없는 것만도 못하다. 왜냐하면 모든 것이 구현된 유일신에게는 아무런 도움도 되지 못하면서, 자녀들을 심히 교란하고 괴롭히기만 할 뿐이기 때문이다. 따라서 기독교에서 영광과 섬김을 위해 교인들을 닦달하는 것은, 오히려 자신들이 믿는 신이 악령임을 잘 나타내는 일이며, 그 신의 위신만 계속 추락시키는 셈이 되는 것이다.

그러므로 이러한 모순의 연속은 유일신의 목적과 우주의 진행이 서로 어긋남을 말하는 것이다. 즉 머리글에서도 말했듯이 이러한 영광목적론은 **전체주의적**이고 **결정론적**이어서, 개별적인 선택으로 이루어지는 우주의 변화무상한 진행과 생물의 다양한 진화와 인류의 자유로운 역사와 우리의 가치선택과는 계속 어긋나는 것이다.

그러므로 결국 사람들이 자기의 행복과 발전만을 위해 최선을 다한다고 해도, 어느 종교로부터도 비난받을 이유가 없는 깃이다. 즉 앞에서도 말했듯이 유일신에게는 숭배가 필요 없다. 나아가 진정한 부모는 자녀가 행복하기만을 바랄 뿐이므로, 유일신 또한 인간이 의무적으로 숭배하는 것을 바랄 리도 없는 것이다. 그리하여 이제 어떠한 숭배에도 개의치 않는 것이, 오히려 유일신을 가장 잘 이해하는 것이라는 것을 알았을 것이다.

그런 의미에서 종교는 무리한 교의로 인간에게 족쇄를 채울 가능성이 크다. 왜냐하면 종교를 성립시키고 지속시키려면 불합리한 기적과 무보편적인 은혜에 기댈 수밖에 없을 것이기 때문이다. 그리하여 루크레티우스B.C. 94~55나 볼테르1694~1778처럼 '종교는 죄악이며, 인간세계에서 가장 근원적인 죄악일 것'이라는 주장이 나오는 것이다.

그렇다면 유일신교들은 왜 하나님이 영광과 섬김을 바란다고 생각할까? 그것은 결국 기복적인 인간들의 욕망에서 기인한 것이다. 즉 하나님께 영광을 돌리면 복을 받으리라는 것이다. 더군다나 이교도를 타도까지 하여 하나님께 영광을 돌리면, 더 큰 은혜를 내리시리라고 기대하는 것이다.

## 2 숭배의 귀착

나아가 유일신이라면 인간들이 자신들의 행복만을 위해 살거나 위로받기 위해, 잡신, 조상, 자연을 숭배하더라도 고까워할 이유가 없다. 왜냐하면 유일신으로 볼 때 이러한 숭배들이 종국에는 유일신을 숭배하는 것으로 **귀착**歸着되기 때문에, 굳이 우상숭배라고 배척할 이유가 전혀 없는 것이다.

또한 유일신이 창조하고 운행하는 만물에는 유일신의 의지가 반영되어 있으므로, 우상숭배라는 것 또한 만물의 숭배를 경유經由한 유일신을 숭배하는 것과 다르지 않기 때문이다. 예를 들어 어느 나라의 임금이 자신이 파견한 지방관리를, 그 지방 사람들이 잘 따른다면 흐뭇해야 할 일이지 그들을 역적으로 볼 필요가 없는 것과 같은 이치이다.

현실에서도 똑같은 현상이 나타난다. 가톨릭 내에서도 기실 우상숭배가 극심하다. 즉 각 지방 사람은 기복을 위해 성모마리아[44]를 비롯하여 여러 천사와 사도들과 성자들을, 나름대로 상상력을 발휘해서 믿는 것이다. 어떤 지방에서는 마리아와 성자들이 예수보다 더 큰 권능을 행사하고 있다. 그 예로 중남미에서는 인디오 형상의 '과달루페 성모'[45]가 대세다. 그런데 교황청에서도 이러한 내부 우상숭배에 대하여, 크게 가타부타하지 않는다. 아마 이 모두가 하느님 숭배로 귀착된다고 보기 때문이 아닐까 한다.

### *성전과 순교*

모세의 십계명을 살펴보자. 십계명에서는 앞의 네 계명이 중요한 것으로 야훼만을 섬기라는 뜻이다. 나머지 여섯 계명은 평범한 인간 세상의 계명에 속한다. 그런데 제1계명에서 제4계명이 오히려 야훼의 악령됨을 여실히 보여 주는 것이다. 왜냐하면 첫째, 자신만을 숭배하라는 표현 자체가 유일신에게는 있을 수 없는 일이다. 누누이 말하지만 진정한 유일신이라면 그러한 표현으로 인해 인간다운 삶이 교란되기를 원치 않을 것이다.

---

44) 예수가 다윗의 후손이라면서 그의 아버지 요셉은 왜 숭배하지 않는지 모를 일이다.
45) 얼굴이 검은 성모.

둘째, 유일신이라면 자녀들이 자신의 모든 피조물을 따르더라도 개의할 리가 없으며, 앞에서 모든 것이 자신의 영광과 능력으로 귀착된다고 말하지 않았던가. 그러므로 우상숭배라는 개념은 악령들이 자신들의 영광과 유희를 보전하기 위해서 자신들의 존재만을 인정해 달라는 유치한 생각이다. 따라서 세계의 유력한 유일신교들은 이런 유치한 악령들을 믿고 있는 셈이며, 이에 따라 매우 독선적이고 배타적으로 가고 있는 것이다.

여하튼 부족한 필자가 생각할 때도 '모든 만물과 잡신들을 숭배하는 것도 최종적으로 나를 믿는 것이다.' 하고 넉넉하게 품어 주는 정도의 **덕과 능력**이 있어야 유일신이 될 수 있을 것이다. 이에 반해 나의 피조물을 따르면 우상숭배이니, 나만을 직접 믿어야 한다는 편협함과 배타성을 띤다면, 그런 양협한 신을 유일신으로 생각하기는 어려울 것이다. 더군다나 유일신이 '성전'으로 이 자녀에게 저 자녀를 타도하라고 부추길 리 없는 것은 자명한 일이 아니겠는가.

일부 이슬람 과격파에서는 '지하드'Jihād를 위한 '샤히드'shahīd(순교자)는 조건 없이 낙원으로 갈 수 있다고 부추긴다. 그 낙원에서는 처녀들이 순교자들을 반긴다고도 한다. 그리하여 지금 중동에서는 수많은 사람이 '인간 폭탄'이 되어 자살테러를 하고 있다. 참으로 어리석은 일이 아닐 수 없다.

"나는 정치 정당인 창조주 정의당을 대표하고 있다. 우리 정당은 하나님께서 계획하신 정부를 재건하기 위해, 우리 주가 연방에서 탈퇴할 권리를 지키기 위해 핵무기의 사용이나 그 외에 필요하다고 생각되는 가능한 모든 학살을 주저하지 않을 것이다."- 닐 호슬리, 1998년도 미국 조지아주 주지사 출마자

"폭탄과 함께 자신의 몸을 기꺼이 던짐으로써 알라의 적들을 날려 버리는 사람은 순교자이다."- 아부 루콰야, 〈순교작전〉〈#4〉

이처럼 만물의 숭배가 유일신으로 귀착된다고 볼 때, 종교적 '순교'란 것도 애초에 성립하지 않는다. 모든 숭배가 유일신으로 귀착되는데 종교의 무엇을 주장하며, 종파의 어떤 것을 전파하기 위해 순교를 해야 한다는 말인가. 조금만 크게 보면 하나의 울타리인 것이다. 그러므로 순교란 사실상 아무런 의미가 없는 정신적인 유희에 불과한 것이다.

그런데 세상의 수많은 종교 중, 특히 유일신을 믿는다고 하는 종교들은 무서운 생명력을 가지고 있다. 그것은 그 종교가 다른 어떤 가치보다 우월하다는 생각에, 자신들의 목숨까지도 내어놓고 순교하고 있기 때문이다. 목숨까지 내어놓고 믿는데 생명력이 없을 수 없다.

유일신께 영광을 돌리기 위해, 자신의 종파를 전파하기 위해, 타 종교를 타도하기 위해, 우상숭배를 막기 위해, 피의 복수를 위해 등등 여러 이유로 순교가 이루어진다. 만약 어떤 종교인이 순교라는 것을 하게 되면 그 종교 내에서는 최고의 영예를 가지게 되며, 자신이 믿는 신의 곁으로 올라간다고 생각한다.

기독교 또한 수많은 순교자로 인해 생명력을 유지해 온 종교라 해도 과언이 아니다. 즉 기독교가 전파될 때 각 나라와 지방마다 순교자가 배출되지 않은 나라가 거의 없다. 한국도 순교자들의 나라이다. 일일이 거명할 것도 없이 '절두산 성지'에만 가더라도 수많은 순교자의 무덤이 있다. 그 무덤 중에는 가족들과 함께 죽은 아기들도 순교자로서 추모되고 있다. 가톨릭에서는 이들을 '복자'福者로 추앙하고 있다. 물론 이슬람교도 순교로 점철되어 있기는 마찬가지이다.

이같이 모든 피조물과 모든 숭배가 유일신으로 귀착되는 것인데, 어떤 한 종파를 위해 순교한다는 것이 옳은 일일 수는 없다. **인생의 목적은 행복**이다. 유일신이 이 세상에서 행복을 추구하라고 생명을 주었는데, 무엇을 위해 생명을 바쳐야 한다는 말인가. 순교 그것은 유일신을 가슴 아프게 하는 일일 것이다. 따라서 유일신을 가슴 아프게 하는 것이 최고의 우상숭배가 아닐까?

그러므로 순박한 사람들의 순교를 앞세워 그 종교의 생명력을 유지하려는 얼치기 유일신교들은 속히 사라져야 할 것이다. 순교를 정당화하고 부추기는 종교는 악령을 숭배하는 종교임에 틀림이 없을 것이다. 이처럼 우선 순교가 속히 없어지는 것도 인류의 '보편적 이성'이 확충되는 일일 것이다.

따라서 앞에서 말한 대로 사람은 아무것도 믿을 필요가 없다. 더군다나 자신의 종교를 타인에게 주장하기 위해 순교할 필요도 없다. 다만 정신적으로든 육체적으로든 위로가 된다고 여기면, 다른 사람에게 피해를 주지 않는 선에서는 믿어도 상관없다. 단지 확실히 알아야 할 것은 누군가의 말처럼 나쁜 종교를 갖기보다는 어떠한 종교도 갖지 않는 것이 훨씬 위험이 적다.

'파스칼의 내기'[46]는 인생을 볼모로 잡는 것일 뿐이다. 즉 하나님을 믿는 것이 안전하다면, 모든 악령을 숭배하는 것도 안전하여야 할 것이다. 그러므로 인간은 이 세상에서 대견하게 행복을 추구하면 되는 것이다. 우리에게 주어진 자유의지대로 살아가도록 하여야 진정한 유일신일 것이다. 그러한 합리적이고도 보편적인 삶이야말로 유일신이 우리에게 기

---

46) 하나님을 믿는 것이 믿지 않는 것보다 이익이며 안전하다.

대하는 삶이어야만 하는 것이다.

## 3 이스라엘의 우상숭배 대가

선민 이스라엘이 우상숭배라는 죄목으로 당한 역사적인 고난은 어떤 민족보다도 혹독한 것이었다. 즉 창조주 유일신이 이스라엘이라는 한 민족만을 택하였다는 것도 우스운 일이지만, 그 택함을 받은 이스라엘조차도 가장 고난이 많았던 민족에 속한다는 것도 아이러니한 일이 아닐 수 없다. 아마 선민이 되지 않았더라면 오히려 다른 민족과 더불어 행복할 수 있었을 것이다.

이스라엘 민족은 부족하지만 그래도 다른 민족들보다는 야훼를 더 잘 믿고 따르려고 노력하였다. 그런데 보통의 아버지란 자녀가 부족해도 가장 행복했으면 하는 것이 진정한 아비일 것이다. 그러나 이스라엘을 선민으로 택한 아버지는 그러한 아버지가 아니었다. 여기서 이스라엘 민족이 우상숭배와 야훼의 기대에 부응하지 못함으로 인해 어느 정도로 고난을 받았는지 보자.

"만일 너희나 너희 자손이 아주 돌이켜 나를 좇지 아니하며 내가 너희 앞에 둔 나의 계명과 법도를 지키지 아니하고 가서 다른 신을 섬겨 그것을 숭배하면 내가 이스라엘을 나의 준 땅에서 끊어 버릴 것이요 내 이름을 위하여 내가 거

"룩하게 구별한 이 전이라도 내 앞에서 던져 버리리니 이스라엘은 모든 민족 가운데 속담거리와 이야기거리가 될 것이며"왕상 9:6-7

"애굽 왕 시삭이 올라와서 예루살렘을 치고 여호와의 전 보물과 왕궁의 보물을 몰수히 빼앗고 솔로몬의 만든 금방패도 빼앗은지라"대하 12:9

"이 후에 아람 왕 벤하닷이 그 온 군대를 모아 올라와서 사마리아를 에워싸니 아람 사람이 사마리아를 에워싸므로 성중이 크게 주려서 (중략) 우리가 드디어 내 아들을 삶아 먹었더니 이튿날에 내가 이르되 네 아들을 내라 우리가 먹으리라 하나 저가 그 아들을 숨겼나이다 왕이 그 여인의 말을 듣고 자기 옷을 찢으니라"왕하 6:24-30

"이스라엘 왕 베가 때에 앗수르 왕 디글랏 빌레셀이 와서 이욘과 아벨벳마아가와 야노아와 게데스와 하솔과 길르앗과 갈릴리와 납달리 온 땅을 취하고 그 백성을 사로잡아 앗수르로 옮겼더라" 왕하 15:29

"호세아 구년에 앗수르 왕이 사마리아를 취하고 이스라엘 사람을 사로잡아 앗수르로 끌어다가 할라와 고산 하볼 하숫가와 메대 사람의 여러 고을에 두었더라"왕하 17:6

"여호야긴이 그 부친의 모든 행위를 본받아 여호와 보시기에 악을 행하였더라 그 때에 바벨론 왕 느부갓네살의 신복들이 예루살렘에 올라와서 그 성을 에워싸니라 그 신복들이 에워쌀 때에 바벨론 왕 느브갓네살도 그 성에 이르니 유다 왕 여호야긴이 그 모친과 신복과 방백들과 내시들과 함께 바벨론 왕에게 나아가매 왕이 잡으니 때는 바벨론 왕 팔년이라 저가 여호와의 전의 모든 보물과 왕궁 보물을 집어내고 또 이스라엘 왕 솔로몬이 만든 것 곧 여호와의 전의 금 기명을 다 훼파하였으니 여호와의 말씀과 같이 되었더라 저가 또 예루살렘의 모든 백성과 모든 방백과 모든 용사 합 일만명과 모든 공장과 대장장이를 사로잡아 가매 빈천한 자 외에는 그 땅에 남은 자가 없었더라"왕하 24:9-14

"시드기야 구년 시월 십일에 바벨론 왕 느부갓네살이 그 모든 군대를 거느리고 예루살렘을 치러 올라와서 (중략) 시드기야의 아들들은 저의 목전에서 죽이고 시드기야의 두 눈을 빼고 사슬로 결박하여 바벨론으로 끌어갔더라"왕하 25:1-7

이처럼 지난 4~5천 년의 인류 역사를 반추해 볼 때 가장 고통받은 민족 중 하나가 이스라엘 민족일 것이다. 성경에 기록된 아시리아, 바빌론, 페르시아 이후, 그리스와 로마 시대에도 독립된 나라를 유지하지 못하고 피폐한 속국으로 겨우겨우 연명할 수밖에 없었다.

더군다나 A.D. 1C경 이스라엘의 여러 반란으로 인해 로마는 예루살렘을 초토화하였다. 물론 야훼의 성전도 그때 완전히 파괴되었다. 현재의 '통곡의 벽'은 그때의 성벽 일부만 남은 것이다. 그로 인해 이후 2천여 년 동안이나 이스라엘 민족은 더 많은 '디아스포라'[47]가 되어 세계 각지로 뿔뿔이 흩어지게 되는 것이다.

야훼를 믿었기에 육신보다는 영적으로 행복했을 수도 있지 않겠느냐고 반문하는 것은, 인간적인 **'실존'**[48]을 넘어선 가치 없는 유희에 불과하다. 인간은 영육이 균형 있게 살도록 구성된 존재다. 육신이 고통을 받으면 변명의 여지 없는 총체적 고통일 뿐이다. 영적으로 보상받는다는 것은 합리적이고도 보편적 삶이 아닌 극단적인 피안을 상상하는 사고이다. 이처럼 육신도 등한시되지 않아야 하는 이유는 '증거 4'에서 다시 거론될 것이다.

그러므로 우상숭배란 에초부디 틀린 얘기이다. 처음부터 사리에 맞지 않는 얘기라는 것이다. 미국에서 코란을 소각한 테리 존스 목사나, 그에 분개하는 아프가니스탄 사람들은 모두 불쌍한 영혼들이다. 현재 세계의 유력한 유일신교들이 그 유일신을 위해 성전과 '지하드'를 외치며 가장

---

47) Diaspora. B.C. 8C 이후 나라를 떠나 흩어진 유대인 혹은 그 거주지.
48) 實存. 실존주의에서 말하는 실존은 보편적인 '본질'보다는, 자유롭지만 고독한 개별적 인간을 말한다. 그러나 여기서 필자의 의미는 실천적인 존재라는 뜻이다.

잔인하고도 배타적으로 타 종교, 타 문화, 타민족, 타인들을 파괴하며 적대시하고 있다. 즉 우상숭배를 척결하고 유일신의 칭찬을 받기 위해 목숨을 건다. '인간 폭탄'으로 순교한다. 따라서 이것이 바로 그들이 믿는 신이 악령임을 뚜렷이 증거하고 있는 것이다. 따라서 이것은 인류의 '공동번영'이라는 제일 큰 가치를 그 악령들이 방해하고 있으며, 그 악령들은 영광과 유희만을 위해 인간들을 이용하는 것이다.

그러므로 선민 이스라엘 민족에게 천대까지의 은혜는 고사하고 가장 혹독한 고난을 준 야훼는 합리적이고도 보편적인 유일신의 범주에서 크게 벗어난 것이다. 마찬가지로 '지하드'와 '샤히드'로 자녀들을 희생케 하는 알라 또한 유일신으로서는 수준 미달이다. 이것은 동일 악령인 야훼와 알라가 인간들을 둘로 나눠 싸움을 붙이는 격이다. 이러한 사실들로 볼 때 지금까지 지구상에는 온전한 유일신이 나타났다고 볼 수 없을 것이다.

증거 2

원죄론의 허구성

### 증거 2
# 원죄론의 허구성

초기 교부들(특히 아우구스티누스)에서부터 중세 스콜라 철학자들(특히 안셀무스, 토마스 아퀴나스)을 거치면서, 기독교의 선악관善惡觀은 전통적으로 정신은 선이고 물질은 악으로 정립된다. 그리하여 정신 중에서도 하느님의 정신(로고스)은 '최고선'이고, 이 세상과 육체에 속한 것은 '최고악'에 가까운 것으로 자리매김한다. 그리하여 기독교는 세상을 경멸하라고 가르치게 된다.

그런데 이러한 선악관은 여러 문제를 일으킨다. 큰 골칫거리만 해도 이렇다. 첫째, 머리글에서도 말했듯이 최고선이신 하나님이 어떻게 최고악인 물질과 육체를 창조하고 운행하실 수 있는가? 둘째, 최고선이신 하나님이 그의 창조물을 어떻게 악하도록 버려두며, 이어 심판까지 하실 수 있는가? 그런데 이러한 문제는 처음부터 야훼를 잘못 상상하고 옹립한 데 그 원인이 있는 것이다. 즉 야훼는 유일신도 아니고, 최고선이지도 않기 때문이다.

여하튼 기독교가 아담adam에게 '**원죄**'原罪가 있다는 교의를 설정함으로써 인류가 그동안 얼마나 큰 정체성의 비루함에 시달렸는지 모른다. 루소1712~1778의 저서 《에밀》의 첫마디에 "하나님은 만물을 선하게 창조하였으나 인간의 간섭으로 악하게 되었다."⟨#5⟩라고 되어 있을 정도다. 물론 그 책으로 볼 때 루소의 의도는, 더욱 자연에 합치되는 삶을 살자는 취지로 말했을지 모르겠다. 그러나 기독교 교의에 따라 원죄라는 관념이 널리 유포되어, 무의식적으로 자리 잡고 있다는 것이 문제이다.

즉 인간도 자연의 부분일 뿐인데 어떻게 선한 자연으로부터 인간만 따로 떼어 악하다고 할 수 있겠는가. 따라서 인간은 그 창조자 앞에서는 아무런 죄인이 될 수 없으며, 선한 하나님의 자연에 속한 것이라면, 인간은 근본적으로 타락할 수조차 없는 것이다. 다만 인간도 자연의 일부인 만큼 자연과 적절히 조화되는 삶이 행복한 삶일 것이다. 따라서 행복을 위해서는 급격한 개발이나 환경파괴를 고민해야 할 것이다.

그리고 하나님이 유일신이라면 인간도 유일신의 일부[49]이기 때문에, 하나님이 자신의 일부를 단죄하는 것도 모순이 된다. 즉 예술가가 자기의 작품에 죄를 물을 수 없듯이, 창조자가 피조물에 죄를 묻는다는 것은 자가당착이다. 그동안 역사적으로 이 원죄론의 부당함이 많이 지적되었다. 이제 여기서는 기독교에서 말하는 원죄론의 허구성과 위선에 대해, 과거보다 더욱 심도 있게 파헤쳐 볼 것이다.

---

49) 일부 존재론의 유출설.

# 1 원죄는 유일신에게 있다

고래로 어떤 종교가 그 성립과 성장을 효과적으로 하기 위해서는 사람들에게 기적을 지속적으로 베풀어야 한다. 그러나 그것은 현실에서 불가능에 가까운 일이다. 그리하여 고급종교들은 가능한 한 합리적인 생활방식이라든지, 사회공동체의 조화로운 윤리를 모색하려 할 것이다. 초기의 유교와 불교가 비교적 그러하다.

그러나 저급종교들은 불합리하고도 비윤리적인 대책을 강구한다. 즉 사람들을 효과적으로 복종시키거나 통제하기 위해서 그들에게 죄를 뒤집어씌우는 것이다. 그런데 더욱 문제인 것은 원시적 저급종교뿐만 아니라 현재의 대부분 유일신교 또한 이러한 '정죄'定罪 교의를 가지고 있다는 것이다.

특히 기독교는 갓난아기를 포함하여 모든 인간을 정죄하고 있다. 기독교 교의에 따르면 인간은 모든 역사를 통해 죄의 상태에 존재한다는 것이다. 따라서 스스로 구원에 이를 수 없으므로. 구원에 이르려면 반드시 예수 그리스도가 중보자로 필요하다는 것이다. 물론 그 근거는 성경이다.

성경의 창세기에 야훼는 아담을 만든 후 '선악과'善惡果로 시험하여, 그의 뜻에 부응하지 못한 아담을 낙원인 '에덴동산'에서 추방하였다고 되어 있다. 그리고 그 후 추가되는 성경들에 의해 아담은 이러한 타락의 '원죄'가 있으며, 그 후손인 인류도 그 원죄의 고통 속에서 살게 되리라고 쓰여 있다. 물론 '코란'에도 성경과 비슷한 구절들이 많다.

"선악을 알게하는 나무의 실과는 먹지 말라 네가 먹는 날에는 정녕 죽으리라 하시니라"창 2:17

"여호와 하나님이 가라사대 보라 이 사람이 선악을 아는 일에 우리 중 하나 같이 되었으니 그가 그 손을 들어 생명나무 실과도 따먹고 영생할까 하노라 하시고 여호와 하나님이 에덴동산에서 그 사람을 내어 보내어 그의 근본된 토지를 갈게 하시니라"창 3:22-23

"이러므로 한 사람으로 말미암아 죄가 세상에 들어오고 죄로 말미암아 사망이 왔나니 이와 같이 모든 사람이 죄를 지었으므로 사망이 모든 사람에게 이르렀느니라"롬 5:12

"두 사람이 그 나무(열매)를 맛보았을 때, 그 가린 곳이 보였기 때문에 낙원의 나뭇잎으로 가리기 시작했다. 주께서 그들을 부르셨다. '나는 너희들에게 저 나무를 금하고 사탄은 너희들의 공공연한 적이다라고 말하지 않았는가.' (중략) 그러니까 알라께서 말씀하셨다. '떨어져들 가라. 서로 적이 되어라. 잠시 동안은 지상에 너희들의 숙소와 양식이 있을 것이다.' 또 말씀하셨다. '너희들은 거기서 살고 거기서 죽고 거기서 (심판의 날) 끌려 나온다.'"[50]

그러나 유일신이 인간을 정죄하는 것은 자신을 스스로 정죄하는 것이다. 따라서 이제 기독교 교의의 원죄가 가당치 않음을 심도 있게 증명해 보자. 우선 성경에는 하나님의 품성에 관하여 이렇게 표현되어 있다. 그야말로 최고신적인 표현으로 가득하다.

"태초에 하나님이 천지를 창조하시니라"창 1:1
"이스라엘아 들으라 우리 하나님 여호와는 오직 하나인 여호와시니"신 6:4
"서기관이 가로되 선생님이여 옳소이다 하나님은 한 분이시요 그 외에 다른

---

[50] 김용선,《코란》, 명문당, 2022년, p.184. 7. 고벽(高壁)의 장(章) 22-25.

이가 없다 하신 말씀이 참이니이다"막 12:32

"예수께서 이르시되 너희는 기도할 때에 이렇게 하라 아버지여 이름이 거룩히 여김을 받으시오며 나라이 임하옵시며"눅 11:2

"원수를 갚지 말며 동포를 원망하지 말며 이웃 사랑하기를 네 몸과 같이 하라 나는 여호와니라"레 19:18

"긍휼에 풍성하신 하나님이 우리를 사랑하신 그 큰 사랑을 인하여"엡 2:4

"사랑하지 아니하는 자는 하나님을 알지 못하나니 이는 하나님은 사랑이심이라"요1 4:8


### 내리사랑의 근원

위 성경의 표현대로, 하나님이 유일신이고 진정한 사랑의 아버지라면, 자녀에게 죄의 너울을 씌울 수는 없는 일이다. 진정한 부모는 자녀에게 일시적 단련은 시킬지언정 지속적으로 죄를 씌우지는 않는다. 오히려 자녀가 단련되어 더 강건하고 더 행복해지기를 바랄 뿐일 것이다. 즉 부모는 자녀에게 좋은 것을 더 주고파야 옳은 부모 마음일 것이다. 또 보통의 부모들은 자녀들의 모든 잘못에 기꺼이 그 도덕적 책임을 감수한다. 그런데도 하나님은 '연좌제'緣坐制로 인간들에게 대대손손 영육의 고통을 받게 한다. 뒤 '상위이성론'에서 다루겠지만, 연좌제는 '자연법'(이성법)을 위반하는 것이며, 개개인의 정체성과 실존을 무시하는 것이다.

일전에 모 방송에서는 부산에서 길을 잃고 헤매던 치매 할머니를, 경찰이 도와준 사례를 보도한 바가 있다.[51] 자신의 이름조차 잘 기억하지

---

51) 2014. 9. 19. SBS〈한수진의 SBS 전망대〉

못하는 그 치매 할머니의 보따리 두 개에는, 출산한 딸을 위한 미역국과 이불이 있었다고 전했다.

또 언젠가 미토콘드리아 근병증(희귀 근육병)으로 잘 앉지도 못하는 20세 아들을 업고 농사일을 하는 홀어머니를 방송한 적이 있다.[52] 사실 여자 홀로 농사를 짓는 것도 버거운 일인데, 다 자란 아들을 업고서 농사일을 한다는 것은 초인적인 일이었다. 그러나 그 어머니는 아들이 혼자 있으면 무료하다고 하므로, 업고서라도 일을 할 수밖에 없다고 한다.

동물들의 예도 더 들어 보자. 원숭이들의 새끼 사랑은 타의 추종을 불허하듯이 지극하다. 어쩌다 새끼가 죽으면 그 어미는 몇 주째 껍질만 남은 그 새끼를 들쳐 안고 어쩔 줄 몰라 하며 미친 듯 돌아다닌다. 그 새끼가 그 어미에게 무슨 선한 행위나 도움을 주어서가 아니라, 단지 어미이기 때문에 사랑하는 것이다. 또 사납기로 유명한 사자와 하이에나도 갓 태어난 새끼를 위해 몇 주간이나 식음을 전폐하고 그 새끼에게 젖을 물리며 새끼의 생존을 위해 사투한다.

주지의 사실이지만 우리는 자신의 생멸을 알 수 없다. 그러나 분명한 것은 부모님의 사랑에 의해 우리의 생이 이어진다는 것을 알 수 있다. 만약 유일신이 있다면 이처럼 대물림되는 부모로서의 '내리사랑'이 부여될 곳은, 오직 유일신에게서가 아니면 올 데가 없다. 즉 내리사랑은 창조주의 모상이자 유일신의 기본속성이라 할 것이다.

인도의 종교인 라마크리슈나의 어록에도 이런 말이 있다. '<u>부모에게서 보는 사랑은 바로 신의 사랑입니다. 신은 자신의 창조를 보호하기 위해 그런 사랑을 부모에게 준 것입니다.</u>' 이 말은 유일신이라면 모든 동물과 사람에게 자식을 사랑하도록 하고선, 자신만은 그 내리사랑을 배

---

52) 2012. 2. 16. SBS 〈순간포착 세상에 이런 일이〉

척할 리 없다는 뜻이다. 그러므로 진정 하나님이 유일신이라면 자녀에게 원죄를 씌워서도 안 되지만, 대대로 그로 인한 고통을 지속적으로 가해서는 더욱 안 되는 것이다.

그런데도 기독교 교의에서는 인간이 그 유일신에 대해 '원죄'를 지었다는 것이다. 바울의 성경을 바탕으로 원죄론을 처음 피력한 터툴리안155~240이나 그것을 적극적으로 받아들여 전파한 아우구스티누스354~430를 위시하여, 성경의 여러 곳에는 인간을 근본적으로 죄악시하는 표현이 즐비하다.

다음 표현처럼 갓난아기에게까지 죄가 있다는 것이다. 이 같은 원죄론은 앞에서 말했듯이, 종교의 성립과 성장을 위해 꾸며진 억지이다. 인간에게는 원죄가 있을 수 없다. 왜냐하면 거룩한 유일신이 존재한다면 인간은 모두 그의 자녀들일 따름이기 때문이다.

"내가 죄악 중에 출생하였음이여 모친이 죄 중에 나를 잉태하였나이다"시 51:5
"이는 사람의 마음의 계획하는 바가 어려서부터 악함이라"창 8:21
"당신 앞에서는 아무도 깨끗한 자가 없으니 이 세상에서 단 하루를 살다간 아이일지라도 마찬가지입니다. 아, 어느 누가 그런 죄를 나에게 알려줄 수 있겠습니까. 나는 지금 그런 죄를 많은 아이에게서 보고 있습니다."〈#6〉
"여호와께서 사람의 죄악이 세상에 관영함과 그 마음의 생각의 모든 계획이 항상 악할 뿐임을 보시고 땅위에 사람 지으셨음을 한탄하사 마음에 근심하시고 가라사대 나의 창조한 사람을 내가 지면에서 쓸어 버리되 사람으로부터 육축과 기는 것과 공중의 새까지 그리하리니 이는 내가 그것을 지었음을 한탄함이니라 하시니라"창 6:5-7

만약 모든 인간이 죄 많은 존재라면 먼저 그를 창조한 유일신이 죄 많은 것이고, 인간이 비루한 얼치기라면 유일신 또한 비루한 얼치기일 것이다. 나아가 자녀를 죽도록 사랑해도 부족할 판에, 유일신 자신의 수준에서 책임을 물어 자녀를 지면에서 쓸어버린다는 것은 온당치 못한 것이다.

우리네 부모는 자녀가 태어난 이상 그 자녀를 위해 최선을 다해 발전시킨다. 부모 자신이 쓰러지는 한이 있어도 말이다. 부모는 연약하거나 비뚤어진 자식을 볼 때마다, 자신의 불찰로 자식을 잘못 키우거나 잘못 가르쳤다고 하는 마음이 항상 있는 것이다. 그것이 옳은 부모 마음이다. 즉 자식이 몸이 허약하면 어떻게 해서라도 약을 구해와 튼튼하게 하고, 자식이 잘못된 길을 가면 자기의 가슴을 치며 일시적인 매질을 해서라도 앞가림을 하도록 하는 것이다. 그것은 자식을 끝까지 책임지고자 하는, 부모의 원죄 의식이 내면에 있는 것이다.

그러므로 정녕 인간에게 근원적인 죄가 있어 기독교에서 이 죄를 굳이 누군가에게 물어야 한다면, 그것은 바로 유일신의 창조의 죄인 것이다. 즉 **원죄는 오히려 하나님 아버지에게 있는 것**이다. 덜떨어진 아담을 만든 원죄. 최선을 다해 발전시키지 않은 원죄. 자녀의 파약破約을 방치한 원죄. 연좌제를 적용하는 원죄. 구원에 매달리게 하는 원죄. 심판한다며 협박하는 원죄.

그리하여 아우구스티누스도 《신국론》에서 원죄의 불합리를 인지하고 괴로워하면서도, 인간을 벌레로 폄훼하는 것으로 무마한다. 그렇다면 유일신이 벌레 같은 인간만을 창조할 수밖에 없었다는 것인가. 여하튼 이 원죄론은 이율배반적으로 기독교를 종교로 성립시키는 최대의 강점이자, 하나님이 악령이라는 것을 증명하는 최대의 약점이다.

## 실존의 자율성

그리고 다음 '상위이성론'에서 거론되겠지만, 인간과 동물은 자연의 부분으로 구성됨과 동시에 그 실존에서는 독립성과 자율성自律性을 가진다. 즉 인간과 동물은 신과 같은 수준으로 사고와 실천을 할 수 없다. 따라서 인간이 죄인이라는 관점은 인간 내부에서의 관점이어야지, 신의 관점이 되어서는 안 된다. 신과 인간은 같은 기준에서 비교할 수 없는 '동일 표준상 비교불능성'인 것이다.

나아가 뒤 '증거 4'에서 설명하듯이 본래 죄란 사회공동체를 위한 규제적인(관계적, 윤리적) 것이어서, 하나님의 창조에 따른 구성적인(존재적, 필수적) 원죄는 성립될 수 없다.[53] 예를 들어 밀림에 혼자 던져진 아이는 그 누구에게도 죄를 지을 수 없는 상태가 되는 것이다.

그러므로 만약 어떤 종교나 신이 인간의 행위에 대하여 선악을 판단하고, 인간의 행위를 그 신이 인정하는 최고선의 수준까지 끌어올리려는 의도가 있다면, 그 신은 악령이요, 그 종교는 악령을 숭배하는 것에 틀림이 없는 것이다.

그런데도 혹자들은 "인간이 원죄라는 비참성을 통해서 하나님을 더 잘 알아간다."⟨#7⟩라고 하거나, "인간은 죄를 통해서 완전함에 이른다."⟨#8⟩라고 하여 인간 원죄의 필요성을 역설하고 있다. 그러나 유일신은 인간이 유일신을 더 잘 알도록 원죄를 씌우는 그런 미련하고도 치졸한 정신이어서는 안 된다. 또 그 유일신을 굳이 잘 알리려 할 필요도 없

---

53) 뒤 '증거 4'의 '카나드'나 필자의 《카나드》 참조.

다. 왜냐하면 유일신이 창조주라면 자연과 인류 속에 그의 의지가 잘 반영되어 있고, 그 창조원리대로 자연스럽게 진행되고 있을 터이기 때문이다. 더군다나 우리가 원죄나 씌우는 그런 불민한 하나님을 더 잘 알아서 무엇하겠는가?

그리고 완전함이란 우주 어디에도 없는 것이다. 완전, 최고, 무한 등의 표현은 실재가 아니라 사유상의 편의를 위한 상상적 관념의 언어이다. 더군다나 인간이 어디까지 완전해지라는 말인가? 인간이 인간으로서의 행복을 포기하고 천사라도 되어야 한다는 것인가?

필자는 기독교에 속해 있을 때 다른 건 다 지엽적이라고 보더라도, "태초에 하나님이 천지를 창조하시니라"창 1:1라는 구절만큼은 진리라고 생각했었다. 왜냐하면 누군가는 우주를 구성해야만 한다고 생각했고, 비교적 뚜렷이 설명되는 하나님이 그에 가장 부합한다고 생각했기 때문이다.

그러나 우리 의식을 상고하는 과정에서 오히려 이 구절 때문에 더더욱 하나님이 유일신이 될 수 없음을 확신할 수 있었다. 만약 훌륭한 신이라면 인간들 앞에서 왈가왈부하지 않을 것이다. 모든 걸 잠잠히 진행히고는 그 속에서 대건하게 살기를 바랄 것이다. 그러므로 성경은 첫 구절부터 인간의 상상과 악령의 너스레로 시작함을 알 수 있다.

비슷한 예를 들어 보자. 2018. 7. 7. MBN 등의 뉴스에서는 시리아 내전 난민에 대한 프란치스코 교황의 메시지가 발표되었다. 가톨릭에서 교황의 메시지는 하느님과 동격으로 **무오류**無誤謬로 인정된다. 즉 '하느님은 난민을 구하기를 원하신다.'라는 것이었다. 그 메시지의 동기는 그동안 EU(유럽연합) 등에서 난민을 거부하는 기류가 많았기 때문이다.

그러나 이러한 메시지에는 중대한 오류가 있다. 즉 하느님이 난민을 그토록 사랑하여 구하기를 원하신다면, 애초에 그 전능함으로 난민이 발생치 않게 했어야 옳은 것이다. 나아가 시리아 내전부터 발발치 않도록 했으면 더욱 좋았을 것이다. 그러나 그 내전으로 현재 35만 명 이상이 죽고, 난민 600만 명 이상이 주변 나라를 떠돌고 있다. 그러므로 난민 이전의 해결을 뒤로한 채, 난민을 너무 사랑하여 구하기를 원한다고 외치는 것은 본말이 전도된 것이다.

그리고 만약 전능한 유일신이 인간에게 나타나 이것저것 관여한다면, 우리는 점점 가만 누워 유일신의 처분만을 기다리게 될 것이다. 그리되면 인간의 삶은 교란되어 애초 인간의 존재 의미가 크게 퇴색되는 것이다.

철학자 헤겔이 주장하는 '절대정신'은 "신의 통치하에 인류의 역사는 인간 정신의 승리를 향해 변증법적으로 발전한다."라는 것이다.⟨#9⟩ 그러나 필자는 그와 반대로 '신의 통치는 없다!'라는 것이다. 왜냐하면 인종청소[54]와 킬링필드[55]와 1·2차 세계대전, 우크라이나 전쟁[56], 이·팔 전쟁[57]의 민간인 학살같이 갈팡질팡하는 인류의 역사는, 오히려 신의 통치가 없음을 잘 보여 주기 때문이다. 따라서 인류 역사는 사람들의 감성과 이성이 얽혀 낭만과 합리, 자유와 평등, 진보와 보수, 갈등과 평화 등의 **맥놀이**로 나타나는 것일 뿐이다.

그러므로 아마 신이 제대로 통치하였다면, 인류의 역사가 일사불란

---

54) 유고연방(크로아티아, 세르비아, 보스니아 등) 내에서 서로 다른 민족을 집단학살.
55) 1960~70년대에 캄보디아 크메르루주 정권이 국민들에게 자행한 대형학살.
56) 2022년 러시아의 우크라이나 침공으로 시작된 전쟁.
57) 2023년 이스라엘과 팔레스타인 간의 폭격.

하게 정진하였을 뿐만 아니라, 인간이 영생하게도 되었을 것이다. 이처럼 유일신에 대한 **전체주의적** 사고는, 우리 의식의 **개별적인** 자유와 행복추구와는 계속 길항拮抗하고 있다. 따라서 이러한 현실적인 모순은 실존하는 인간이 잘못된 것이 아니라, 상상의 유일신이 잘못되고 있음이 자명한 것이다.

## 2 변명에 따른 지속직 추락

그러므로 원죄론은 인간의 비천함과 비참성을 증폭시켜 이익을 취하려는 고도의 종교적 책략이라고 말할 수밖에 없는 것이다. 그리하여 입에 담기도 민망하지만 '통일교'[58]에서는 이 원죄를 각색하여 선악과는 상징물일 뿐이라고 한다. 즉 하와가 '루시엘'[59]이라는 악한 천사와 영적 간음을 하여 죄를 잉태하게 되고, 아담도 성장이 덜된 상태에서 하와와 불륜적으로 관계함으로 원죄를 가지게 되었다고 한다.

즉 통일교는 이 영적 간음이라는 망측한 교리를 지어 본래의 혈통 복귀(축복 결혼)라는 교주의 구원론, 재림론을 펼치는 것이다. 여하튼 기독교에서는 원죄론의 불합리에 대해 여러 변명을 한다. 그러나 이러한 변명은 오히려 유일신 하나님의 위신을 자꾸 추락시키는 결과가 되고 있다.

---

58) 문선명이 만든 교단.

59) 출처 불명.

## 행위언약

원죄에 대해 기독교의 여러 조직신학에서는 '행위언약론'으로 보완하고 있다. 즉 하나님은 아담에게 자유의지를 주고, 대신 아담은 순종의 의미로 선악과를 먹지 않겠다는 약속을 했다는 것이다. 그러나 성경을 아무리 보아도 그것은 아담의 언약이 아니라 하나님의 일방적인 지시로 생각된다. 나아가 설령 '행위언약'이 있었다고 해도 여러 가지 문제로부터 피하기 어렵다.

첫째, 주권이 모두 하나님에게 있는 불공평한 약속이라는 것이다. 즉 아담은 그러한 약속의 성립과 이행과정에서 아무런 이의異議를 제기할 수 없는 상태라는 것이다. 둘째, 하나님은 불민한(충분히 죄를 지을 정도) 아담을 만들어 무리하게 약속하게 한 것이다. 나아가 그 정도로 부족한 아담이 그 가혹한(영생 포기와 연좌제) 약속의 의미를 진정으로 깨달을 수 없었을 거란 것이다.

셋째, 아담이 선악과를 먹기 전에는 선악을 알지 못했으므로, 죄의 의미도 몰랐다는 것이다. 넷째, 사탄Satan이 뱀을 활용하여 효과적인 유혹을 하였던 것도 문제이다. 즉 아담은 스스로 약속 파기에 이른 것이 아니라, 하나님이 방치한 강력한 사탄에 의해 선악과를 따 먹은 것이다.[60]

---

60) 요 8:44

## *자유의지*

그리하여 유일신의 자유의지와 인간의 자유의지는 계속 길항하고 있는 셈이다. 왜냐하면 신에게 무조건 순종하기 위한 자유의지는 진정한 자유의지가 아니기 때문이다. 즉 순종해야만 하는 자유는 노예의 자유인 것이다. 나아가 노예의 자유로 인해 심판까지 받아야 한다면, 그러한 자유는 없는 것이 오히려 나을 것이다.

또 신의 뜻에 잘 부합하지도 못하는 그러한 자유의지를, 애초에 신이 왜 부여했는지도 의문이다. 따라서 서로 엇갈리는 유일신과 자유의지 둘 중 하나는 허구에 속할 것이다. 그런데 인간의 자유의지와 '가치선택'은 분명히 우리에게 실재하기 때문에 유일신이 허구에 속하는 것이다.

그러나 '원죄의 허구성'이라는 논지의 명증성을 위해 우리는 더욱 자유의지를 파악해야 할 것이다. 그러면 이제 백번 양보하여 행위언약이었든 하나님의 일방적 명령이었든, 하나님의 뜻에 반해 아담이 자유의지로 선악과를 먹었다고 하자. 그렇다면 아담과 그 후손들이 도대체 어떤 자유의지를 받았기에 원죄를 달게 받아도 된다는 것일까? 이에 답하기 위해 그 자유의지라는 것의 실체도 깊이 파악해 보아야 할 것이다.

사실 세상이 유일신에 의해 창조되었다면 인간은 아무리 발버둥쳐도 그 '피투'[61] 된 그물망을 벗어나기 어렵다. 그리하여 아담과 인간들은 자유의지가 없는 것과 마찬가지이며, 있더라도 아주 제한된 것으로 유일신이 생색내기에는 아주 빈약한 것이다. 즉 신묘막측神妙莫測하여 광활한

---

61) 彼投. 신에 의해 인간이 세상에 던져짐. 이것은 하이데거가 《존재와 시간》에서 강조하는 용어이다.

우주를 창조한 유일신에 비하면, 인간의 자유의지는 아주 미미하다는 말이다. 말하자면 영적으로는 신의 의도를 가늠하기 어렵고, 신에 비하면 판단력과 예지력도 거의 없다. 나아가 물리적으로는 육체라는 한계에 갇혀서 맘껏 날아 볼 수도 없는 극히 제한된 의지라는 것이다.

물론 자유의지는 인간 내부의 정신적인 관점에서는 가능성이 완전히 열려 있는 셈이다. 즉 사랑, 봉사, 구조救助, 용서, 단식, 순교, 자살 등 개체의 모든 선택을 결단할 수 있는 의지이다.

그러나 유일신의 관점에서는 인간의 자유의지는 애초에 능력이 부족해서 거의 쓸모없는 것이다. 예를 들어 우리 이웃에는 '신내림'의 강요[62]에 어쩔 줄 몰라 하는 사람들이 더러 있다. 이것은 인간의 부족한 의지는 항상 악령들의 조롱이 될 정도라는 것이다.

그러므로 원죄는 인간에 대한 문책 범위를 벗어나는 것이다. 따라서 원죄는 신의 사회에서나 적용될 것이다. 이처럼 인간의 자유의지가 원죄의 원인이라고 보는 사람들은 자유의지에 관한 인간의 관점과 유일신의 관점을 분류하지 못하고 있을 뿐만 아니라 혼동하는 것이다.

그런데도 혹자들은 지속적으로 하나님이 인간에게 자유의지를 주시려고 세상에 악을 내버려둔다는 뜻으로 말하고 있다.

"악이 존재하지 않는 상태보다도 자유의지가 더 귀중하기 때문에 이 세상에 악이 남아있도록 허용된다. 우리가 함께 지은 모든 악을 견디는 것이 좋을 만큼 자유의지는 고귀한 것."〈#10〉

---

62) 대부분 목숨이나 자녀를 해치겠다는 악령들의 협박.

그렇다면 하나님은 자신의 무한한 자유의지를 위해 자신에게 무한한 악을 허락하는 것일까? 그렇다고 말할 수는 없을 것이다. 왜냐하면 우리를 창조한 유일신은 내리사랑의 선한 존재임이 당연할 것이기 때문이다. 따라서 자유의지와 선악은 거래되는 관계가 아니라 파생하는 관계이다. 즉 앞에서도 말했듯이 자유의지는 개별존재의 **'구성적'**(근본적, 필수적) 요소이고, 윤리(선악)는 사회공동체의 **'규제적'**(관계적, 파생적) 요소가 되는 것이다.

즉 '구성성질'이란 개별존재가 구성될 때 이미 갖추어지는 성질로서, 그 의식의 속성(목적성(행복추구성), 주체성, 자유성)과 기능(지향, 저장, 반성, 처리)과 방법(감성, 이성) 등이 구성되어 있다는 것이다. 그러나 '규제성질'은 존재가 구성된 후 사회공동체에서만 행해지는 관계(양심, 도덕, 정의, 법 등의 윤리)로 파생적인 성질이 되는 것이다.[63] 따라서 자유는 모든 개별존재의 필수적인 기본속성이고, 선악은 사회공동체의 여러 관계에서만 나타나는 부차적 문제이다.

그러므로 인간의 선악은 인간사회 내부에서만 적용되는 것이다. 왜냐하면 뒤 '3 상위이성론'에서 말하듯이, 인간의 선악을 동물에게 적용할 수 없는 것과 마찬가지로, 또한 신의 선악을 인간에게 적용할 수 없기 때문이다. 다만 인간들이 사회공동체를 위해 선한 자유의지를 많이 실현하면, 공동번영을 위한 시너지를 발할 수 있을 것이다.

그리고 모든 생명체에 공통적이겠지만, 특히 인간의 자유의지는 인간적 삶을 위한 최소한의 속성이다. 즉 자유는 인간이 '독립정신'과 행복추구를 할 수 있는 최소한의 것이라는 말이다. 그 최소한의 속성을 가지기 위해 악과 더불어 살 필요가 있다는 논리는 잘못된 것이다. 따라서 윤리

---

63) 뒤 '증거 4'의 '카나드'에서 〈표 1〉, 〈표2〉 참조.

⟨선악⟩는 자유를 위해 존재하는 것이 아니라, 자유로운 행복을 추구하는 과정에서 파생되는 사회관계일 뿐이다.

그런데 현실적으로 자유의지로 죄를 짓는 것도 사실이다. 그렇다면 그 원인은 어디에 있는 것일까? 다음 글은 데카르트의 《성찰》에서 인용한 것이다. 이로써 자유의지를 행사함에 따라 죄가 나타나는 그 오류의 원인을 살펴보자. 즉 데카르트의 말을 좀 더 쉽게 요약하면, 자유의지라는 것 자체는 괜찮은 것이나, 인간 오성[64]의 한계로 인해 우리가 판단하고 행동하는 데 오류가 발생한다는 것이다. 즉 정신적, 신체적 능력이 부족하여 죄를 짓는다는 것이다.

> "그렇다면 나의 오류는 어디서 생기는 것일까? 두말할 것도 없이 의지는 오성보다 넓은 범위에 미치는 것이기 때문에 내가 의지를 오성과 동일한 범위 안에 한하지 않고, 내가 이해하지 못하는 것에까지 넓히는, 다만 이 한 가지 일 때문에 생기는 것이다. 이와 같은 이해가 미치지 않는 것에 대해서 의지는 무관심하므로 의지는 쉽게 참과 선에서 일탈하고, 그리하여 나는 잘못하기도 하고 죄를 짓기도 하는 것이다."⟨#11⟩

물론 여기서 말하는 죄는 인간의 관점이 아니라 신의 관점에서의 죄이다. 그러니까 의식이 부족한 인간은 위협적인 자연과 생로병사의 신체와 감정의 이전투구로 어려움을 배가한다. 신에 비하면 **인간은 타락할 능력조차 없는 것이다.**

그러므로 타락의 기준이라고 하는 인간의 선악은, 자유의지를 무한히

---

64) 悟性. 인과관계의 논리성을 깨닫는 능력.

구사할 수 있는 신과는 상관없는 인간사회 내에서의 사태인 것이다. 설령 인간의 타락이 일부 자연을 훼손한다고 해도, 그것마저도 근본적인 창조의 그물망 속에서의 제한된 훼손이라는 것이다.

물론 다른 생물에 비해 이 정도 영육의 능력이라도 가진 것에 대해, 우리 스스로는 감사해도 좋다. 그러나 유일신의 관점에서는 '허술하고 쓸모없는' 자유의지일 것이다. 따라서 참 유일신이라면 그런 비루한 자유의지를 준 것에 미안해하고, 그런 자유의지로 인해 자녀들이 고달프다고 가슴 아파해야 정상적인 아버지가 될 것이다.

그런데도 이런 허술하고 쓸모없는 자유의지로 생색내고, 그것도 모자라 언약하고 시험하여, 원죄를 뒤집어씌울 수는 없는 일이다. 즉 토기인 인간이 부족한 능력에 대해 하나님에게 불평할 수 없듯이, 토기장이인 하나님이 자신이 만든 인간에게 불만을 가져도 안 되는 것이다.

그러므로 다음 '3 상위이성론'에서 거론되듯이, 인간의 자유의지는 생물학적인 인간이라는 한계 내에서의 의지이다. 따라서 이 자유의지는 신이 거론할 정도로 신에게까지 소급될 수는 없는 것이다.

이렇듯 자유의지와 원죄는 논리적이든 실제적이든 아무 관계가 없다. 기독교 이론가들이 자유의지를 핑계로 인간에게 원죄의 고통을 지우는 것은, 필자 같은 미천한 사람의 생각에도 하나님을 수준 낮은 존재로 만들어 버리는 셈이 되는 것이다.

그러므로 선악의 문제는 모두 사회공동체의 행복과 관계되는 것이다. 즉 이 세상에 '선악'과 희노애락 등이 나타나는 이유는 자유의지 때문이 아니라, 개인들이 행복을 추구하는 과정에서 서로의 감성과 욕구의 갈등과 마찰 때문이다. 나아가 선과 악, 행복과 고통은 동전의 양면이다. 즉 실제로 악이 없는 선은 상상의 선이고, 고통을 느껴 보지 못한 행복은 진정한 행복이 아니게 되는 것이다.

그리하여 신들은 많은 것을 채워야 행복을 느끼게 될지 모르지만, 인간은 부족한 가운데서 조금만 채워지고 발전해도 행복을 느끼게 되는 것이다.

## 교훈론

그런데도 많은 기독교인은 '선악과' 사건을, 선한 삶을 권고하는 교훈으로 넘어가면 될 일이라고 가볍게 생각한다. 꽤 괜찮은 생각 같다. 그렇다면 원죄론이 인간들에게 교훈을 주는 아름다운 신화나 전설로만 그냥 남았으면 얼마나 좋았을까?

원죄설의 기원은 B.C. 6~7C 그리스 및 남이탈리아에서 성행한 '오르페우스교'에서 유래한다는 것이 학계의 정설이다. 즉 제우스의 벌에 의해 재로 변해 버린 사탄인 '티탄'[65]으로부터 탄생한 인간은, 죄의 속성을 깊이 간직하게 되었다는 것이다. 그런데 그 오르페우스교는 현재 신화로 남아 있는 정도이다.

그러나 원죄론은 기독교의 핵심 교리가 되어 수천 년 전부터 지금까지 인류를 괴롭혔고, 구원론의 근거가 되어 왔다는 사실이다. 즉 '선악과' 사건 이후 인간은 근본 죄인이 되었으며, 하나님과 사람은 원수지간까지 되어 버렸다는 것이다.

---

65) Titan. 그리스 신화에서 디오니소스를 잡아먹은 데에 화난 제우스가 그를 번개로 재가 되게 하였고, 인간은 그 재와 섞여 탄생하게 된다.

"우리가 아직 죄인 되었을 때에 그리스도께서 우리를 위하여 죽으심으로 하나님께서 우리에게 대한 자기의 사랑을 확증하셨느니라 그러면 이제 우리가 그 피를 인하여 의롭다 하심을 얻었은즉 더욱 그로 말미암아 진노하심에서 구원을 얻을 것이니 곧 우리가 원수 되었을 때에 그 아들의 죽으심으로 말미암아 하나님으로 더불어 화목되었은즉 화목된 자로서는 더욱 그의 살으심을 인하여 구원을 얻을 것이니라" 롬 5:8-10

이같이 아버지가 자녀를 죄인이며 원수라고 한 다음, 예수가 인류의 '대속물' 마 20:28이 되어 사람들을 구원한다고 한다. 그런데 원수처럼 대하다가 또 구원을 말하는 아버지는 크게 불민한 것 같다. 왜냐하면 하나님이 구원을 생각하고 있었다면 최소한 연좌제로는 확대하지 말았어야 할 것이기 때문이다.

그러므로 선악과 사건은 교훈으로서는 과도한 것이다. 이것은 달리 설명할 도리가 없다. 그것은 바로 악령들의 전형적인 방법으로 자신들의 '영광과 유희'를 위해 **'병약놀이'**[66]를 하는 셈이다.[67]

# 3 상위이성론

개신교의 '전도폭발'이라는 프로그램에는 전도 대상자들을 설득하는

---

66) 병 주고 약 주는 유희.
67) '증거 8 성령과 은혜는 미끼' 참고.

과정에서, 인간이 얼마나 많은 죄를 지을 수 있는지 설명하는 작업 과정이 있다. 즉 '전도폭발'에 따르면 인간들은 최소한 '하루 세 번' 이상의 죄를 짓게 되는데, 이 정도만 해도 천사 수준이라는 것이다.

인간의 죄에는 시기, 질투, 탐욕, 음욕, 억지, 거짓, 사기, 폭력 등등 영육 간에 짓는 모든 죄가 포함된다. 따라서 자신이 산 날짜에다 하루 세 번을 곱해 보면 엄청난 죄를 지었다는 계산이고, 앞으로도 그렇게 될 수밖에 없으리라는 것이다.

그리하여 아담의 원죄에다 이 '자범죄'自犯罪가 추가되는 것이다. 따라서 전도 대상자들은 이 같은 엄청난 죄를 깨닫고 교회에 나와 예수를 그리스도로 영접해야 한다는 것이다. 즉 죄인인 인간은 스스로 구원할 수 없으므로, 예수를 믿어 그 죄들을 고백하고 구원에 이르러야 한다는 것이다.

그리하여 기독교인들은 하나님 앞에서 자신의 죄인 됨을 고백하는 것을 자랑스럽게 여긴다. 성경뿐만 아니라 찬송가에는 자신이 흉악한 죄인이고 벌레만도 못한 인간이라는 가사들로 넘쳐난다.

그런데 인간은 신에게 죄를 용서받을 필요가 없다. 만약 인간이 실정법을 어겼다면, 그에 상응하는 죗값을 치르면 될 것이다. 나아가 도덕적인 문제가 있다면 자신의 양심에 따라 스스로 질책하고 고쳐 나가면 되는 것이다. 왜냐하면 우리에게는 진화상 양심과 도덕이 어느 정도 발달되어, 그에 따른 최소한의 균형 있는 사회생활을 할 수 있기 때문이다. 따라서 인간이 신에게 죄를 용서받는다는 것은 정신적 유희일 뿐이다.

그렇다면 이제 사람이 왜 신에게 죄를 용서받을 필요가 없는지 그 근거를 엄밀히 알아보아야 할 것이다. 그 논거로 필자의 《카나드》에서 설명하는 '상위이성론'上位理性論을 조금 소개해 보기로 하자.

### 동식물의 이성과 정당성

만약 유일신교에서 말하듯 인간보다 우월한 이성을 가진 신이 존재한다면, 그러한 포괄적인 이해력을 가진 상위의 이성에 대하여, 우리가 조금이라도 객관적으로 파악해 볼 수는 없는 것일까? 그리되면 우리 존재의 근원과 현실을 폭넓게 이해하는 데 도움이 될 것이다.

그러나 그것은 거의 불가능하다. 왜냐하면 진화 중인 인간의식은 현재 경험적 범주를 넘어서 있는 초월적 존재인 신 즉 **'상위이성'**上位理性을 파악하기에는 아직 부족하게 발현되어 있기 때문이다.

그런데 만약 경험 세계 내에서 인간과 다른 이성적 존재를 발견하여, 우리와 그 다른 이성과의 비교를 통하여, 조금이라도 상위이성을 유추해 볼 수 있지는 않을까? 그리되면 상위이성이 인간에 대하여 어떠한 관점을 가지는지 조금은 이해하기 쉬울 것이다. 즉 비례의 법칙으로 추론해 보는 것이다.

그렇다면 경험 세계에서 우리와는 다른 이성이 존재하는가? 얼른 생각이 미치지 않는다. 그러나 분명히 다른 이성이 존재한다. 그것은 바로 동식물들의 이성이다. 즉 동식물들은 인간들의 의식에 미치지 못하여 본능에 가깝지만, 그들 또한 나름대로 이성을 가지고 있다. 그래야만 그 동식물들도 각각 독립적, 합리적으로 살아갈 수가 있는 것이다.

그런데 많은 생물학자조차 고등동물 정도만이 의식을 가진다고 생각한다. 그러나 필자가 파악한 바에 따르면, 인간과 더불어 모든 생물에는 생명의식이 있다. 그렇다면 모든 생물에 의식이 존재한다는 것을 어떻게 알 수 있을까? 이에 대해 필자의 《진화는 물질회유》라는 책에서 발췌하여 간략하게나마 설명해 보자.

  생물은 무생물과 다르다. 무생물 또는 무기물은 물리화학의 '항상적 법칙'에 따른다. 즉 물은 항상 수소와 산소가 결합하는 것이고, 염산은 항상 수소와 염소가 결합하는 것이다. 그러나 생물은 '가치선택'을 한다. 생물의 선택은 항상적이 아니라 시시때때로 다르다. 즉 생물은 실시간의 감성과 이성에 따라 그 선택이 달라지는 것이다.

  가장 미생물에 속하는 대장균도 항상 같은 선택을 하지 않는다. 저번에는 이쪽의 위험을 피해 저쪽으로 갔지만, 이번에는 저쪽이 더 위험하다고 느끼면 덜 위험한 이쪽으로 피하는 것이다.

  이처럼 무생물의 항상성과 생물의 가치선택은 차이점이 많이 나타나는데, 그 차이는 생명의식의 여부뿐이다. 그러므로 모든 생물에게는 무생물과는 달리 생명의식이 보편적으로 존재함을 알 수 있다. 그리고 생명의식의 기본적인 방법에는 이성과 감성이 함께하는 것이다.

  나아가 모든 생명체는 '자기애'와 '생의 의지'로 삶을 살아간다고 할 수 있다. 즉 생물은 자기애와 생의 의지가 없으면 삶을 지속하기가 어려운 것이다. 따라서 자기애와 생의 의지는 생명의식의 고유성을 더욱 증명하는 것이다.

  그리고 동식물들은 자연의 위력 앞에 어쩔 수 없는 경우도 많지만, 그 부족한 의식으로라도 **나름의 합리성**으로 삶을 개척해 나간다고 할 수 있다. 왜냐하면 만약 동식물들이 그들의 생태에서 나름의 합리적인 삶을 살지 못하면, 더욱 심한 시행착오로 인해, 엄정한 자연에서 급격한 도태와 멸종만이 기다리고 있을 뿐이기 때문이다. 따라서 동식물에게 의식과 이성이 없다는 사람들은 그들의 의식과 이성이 의심스러운 것이다.

예를 들어 보자. '맹그로브'라고 하는 나무가 있다. 이 나무는 주로 얕은 기수역[68]에서 서식한다. 그런데 강풍과 거센 물결을 버티려면 집단서식이 필요하다. 그리하여 이를 위해 각 종은 각 상황에 맞게 여러 방법을 구사하며 발달하게 된다. 즉 어떤 종은 칡처럼 뿌리번식을 하고, 어떤 종은 뾰족한 열매를 주위에 떨어뜨려 집단서식이 가능케 한다.

그리고 맹그로브는 물속에서도 살아가기 위해 독특한 생태를 보인다. 즉 나무를 지탱해 주는 원래의 뿌리 외에, '호흡근'이라고 하는 또 다른 뿌리가 수면 위로 올라와 뿌리에 산소를 공급한다. 이와 같은 방법은 물속에서 살아가야 하는 맹그로브로서는 나름대로 최선의 합리적인 선택이라고 할 수 있다.

또 동물의 예를 들어 보자. 아프리카의 사자는 모계사회를 이루며 살아가고 있다. 즉 암컷 사자들은 그 지역의 우두머리 수컷과 교미하여 새끼를 낳게 되는데, 새끼가 암컷이면 대대로 그 무리에 남을 수 있지만, 수컷이면 2년 정도 양육된 뒤 무리에서 방출된다. 그 후로 이 새끼수컷은 부모와의 관계가 완전히 단절되어 독립적으로 생활해야 한다. 이에 대해 동물전문가들은 이러한 사자의 '수컷 방출' 현상을 근친교배 방지 메커니즘으로 보고 있다. 코끼리, 개코원숭이, 하이에나 등도 이와 비슷한 수컷 방출 현상을 보인다.

그런데 비슷한 지역에 사는 '리카온'(아프리카 들개)과 '미어캣' 등은 전혀 다른 사회적 생태를 이루며 살아간다. 즉 리카온은 대부분 새끼가 오랫

---

68) 汽水域. 강과 바다가 만나는 곳.

동안 그 무리에 남아 큰 집단을 형성한다.[69] 이러한 사자와 리카온의 생태 차이는 그 동물들이 처한 상황과 의식에 따른 것으로 보인다. 이러한 생태는 동물들의 사회성과 문화 차이로도 이어질 것이다.

그런데 동물전문가들이나 생태학자들은 동식물들을 관리하거나 연구할 때, 대개 그 동식물이 자연 그대로의 삶을 영위할 수 있도록 방치한다. 즉 서로 싸우거나 병들어 죽어 가는 동물이 있어도 선뜻 구조하지 않는다. 왜냐하면 그것이 진정한 동식물들의 삶을 위한 것이고, 그것이 진정으로 동식물들을 사랑하는 것이기 때문이다.

그러나 만약 인간의 시각으로 동식물들의 생태에 개입하여, 동식물들의 잘잘못이나 부족함을 교정하려 든다면 그 삶은 교란될 것이다. 즉 인간이 개입하여 사자의 수컷 방출을 저지한다거나, 리카온의 수컷을 모조리 방출해 버린다면 사자와 리카온의 생태는 교란되어 파괴될 것이다. 그리되면 종국에는 인간들의 삶까지도 교란되고 파괴될지 모르는 일이다.

마찬가지로 신들이 신들의 시각으로 인간들의 행태에 개입하여 인간들의 잘잘못을 가리고 교정하려 든다면 인간들의 삶이 교란되고 파괴될 것이고, 종국에는 신들의 삶도 교란되고 파괴될지 모를 것이다. 좀 더 뚜렷하게 제삼자적 관점에서 보자. 만약 신들이 동식물들의 생태에 개입하여 그 잘잘못을 가리려 든다면, 우리가 그 합리성을 인정할 수 있겠는가?

그리고 동식물들은 인간에게는 미치지 못하는 이성과 생태로 살아가지만, 동식물들은 그들의 차원에서 정당하게 살아가는 것이다. 만

---

69) 다만 필요시에는 일부 암컷이 눈치껏 다른 짝짓기 상대를 찾아 떠난다.

약 동식물들의 삶이 정당하지 않다면, 아마 그들이 생태계에 나타나지도 못했을 것이고 존재 이유 자체가 없을 것이다. 또 동식물들의 삶이 정당하지 않다면 인간의 삶도 정당하지 않게 되고, 그것은 모든 자연을 부정하는 셈이 된다. 즉 자연이 엄연히 구성되어 있는데, 그 구성의 정당성을 부정한다는 것은 인위적인 부정이고 부정을 위한 부정일 수밖에 없다. 이처럼 역사상 주로 저급종교들에 의해 세상이 인위적으로 부정되었다. 특히 기독교와 이슬람교는 세상을 경멸케 하고 순교를 조장하였다.

그러므로 **존재는 정당한 것**이다. 당장 내일 멸종하는 한이 있어도 오늘만큼은 정당한 것이다. 결국 동식물들은 그 실존의 <u>합리성과 정당성이 인정되는 것</u>이다. 나아가 이것은 동식물들의 선악은 각 동식물 내부에서 독립적으로 판단될 뿐이라는 뜻이 된다. 사자 무리에서는 새끼수컷의 방출이 선이고, 리카온 무리에서는 새끼수컷과 동거하는 것이 선인 것이다.


### *인간의 이성과 정당성*

마찬가지로 상위이성보다는 차원이 낮고 크게 부족하더라도, 인간도 나름대로 합리적이고 정당하게 살아가는 것이다. 따라서 상위이성은 인간의 선악에 대하여 왈가왈부할 수 없다. 왜냐하면 인간은 신들의 합리성을 깨달을 수도 없을 뿐만 아니라, 설령 깨닫는다고 해도 신들처럼 살아갈 수 없기 때문이다. 즉 인간은 신과 비교해 모든 구사능력이 부족할 뿐만 아니라, 신은 인간들과는 완전히 다른 차원의 삶을 살 것이기 때문이다. 즉 앞에서 말한 '동일 표준상 비교불능성'이다.

그러므로 인간의 선악은 인간 내부에서 인간들끼리 판단할 문제인 것이다. 따라서 원죄처럼 신이 인간의 선악에 개입하려는 것은, 우리가 동식물들의 생태에 개입하여 동식물들의 선악을 판단하려는 것과 같은 것이다.

다시 말해 동식물들이 더 높은 단계인 인간의 이성과 윤리를 깨닫는다고 해도 주어진 신체적, 정신적 한계로 인간과 같은 행태로 살아갈 수 없다. 마찬가지로 인간이 신과 같은 우수한 상위이성을 깨닫는다고 해도 그 신체적, 정신적 한계로 인해 신과 같은 이성과 윤리로 살아갈 수 없는 것이다. 이처럼 **선악과 양심과 도덕은 신, 인간, 동식물의 삶에서 서로 교차할 수 없는 것**이다. 왜냐하면 칸트1724~1804가 말하듯이 도덕은 '실천이성'[70]이기 때문이다.

그런데 조금 더 부연하자면, 칸트에게서의 아쉬움은 토마스 아퀴나스1225~1274 등의 전철을 밟아 인간의 선을 신의 '최고선'最高善에까지 올려 비교하는 데 있다. 여기서는 자세한 설명은 생략하겠지만 신의 최고선은 신에게, 인간의 최고선은 인간에게, 동식물의 최고선은 동식물에게만 적용되는 것이다.[71] 역으로 신의 '최고악'도 신에게, 인간의 최고악도 인간에게, 동물의 최고악도 동물 내부에서만 적용될 수 있을 것이다. 즉 사자의 가젤 사냥은 인간에게 죄가 될 수 없는 것이다. 마찬가지로 인간들의 이전투구泥田鬪狗도 신에게는 죄가 될 수 없을 것이다.

따라서 현재의 각 이성 수준의 삶은 그 자신들이 판단의 주체가 되는

---

70) 현실에서 사회적으로 실천해야 하는 이성.

71) 제우스에게 좋은 것이 소에게도 좋은 것은 아니다.

것이다. 예를 들어 토기가 토기장이의 손을 떠나면 토기로서의 고유한 기능을 수행하여야 하는 것과 비슷한 이치이다. 몽테스키외1689~1755도 《법의 정신》에서 말한다. "신은 신의 법을, 물질계는 물질계의 법을, 천사 · 짐승 · 인간도 각기 그들의 법을 가진다." 이것이 앞에서 거론한 존재의 규제성질로서, 존재의 구성성질과는 다른 것이다.

그리고 앞에서 말했듯이 자유의지 또한 마찬가지이다. 인간의 자유의지는 인간의 한계 내의 의지이다. 자유의지의 여부로 인해 신에게서 죄를 문책받을 수는 없다. 인간은 정신과 신체가 함께 구성되는 순간부터 실존적 개체로서의 독립적인 주체성을 가지게 된다. 단적으로 우리가 사유思惟할 수 있는 것은 주체성이 보장되기 때문이다. 즉 사유란 주체성이 없으면 불가능하다.

나아가 개체가 주체성을 유지하려면 자유의지가 전제되어야 한다. 왜냐하면 우리가 경험하고 있는 자유의지는 본질상 개체가 주체적임을 나타내는 것이고, 또한 주체성이 없으면 자유의지는 아무 의미가 없는 것이기 때문이다. 그러므로 인간의 자유의지는 주체적인 인간 내에서만 가능한 것이고 신의 최고선을 향해 나아갈 수도 없고 나아가서도 안 되는 것이다.

그러므로 앞에서 나타난 원죄나 연좌제는 '자연법'[72]의 **'독립정신권'**에 정면으로 위배되는 것이다. 왜냐하면 앞에서 설명했듯이 우리는 태어나면서부터 새로운 주체성과 자유의지를 부여받기 때문이다. 즉 새로운 주체성과 자유의지에는 과거의 원죄를 적용할 수 없는 것이다.

그리고 필자의 새로운 진화론인 '진화는 물질회유'에 따르면, 아이들이 자라면서 **'의식에너지'**가 점점 확충되어 성인에 이르고 그 정체성이

---

72) 자유권, 평등권, 생명권, 양심권, 결정권 등.

영그는 것이다. 그러므로 의식에너지가 충족되지 않은 아이들은 아직 정체성이 완성되지 않은 것이다. 따라서 정체성이 완성되지 않은 아이들에게까지 원죄를 적용한다는 것도 우스꽝스러운 일이다.


## 존재의 정당성과 책임

결론적으로 상위이성은 실존하는 하위이성의 주체성과 정당성을 인정할 수밖에 없다는 뜻이다. 즉 우리 인간들이 동식물들의 생태에 대해서 동식물들 나름대로 합리적이고 정당하게 살아간다고 인정하는 것과 마찬가지로, 상위이성 또한 우리 인간들에 대하여 인간들 나름대로 합리적이고도 정당하게 살아간다고 인정하리라는 것이다.

이같이 높은 차원의 포괄적인 이성을 가진 존재는 폭넓은 정신과 시각으로, 낮은 차원의 이성을 가진 존재에 대하여, 그들의 삶이 그러한 여건에서 합리적이고 정당하다고 이해해야 할 것이다.

나아가 높은 단계의 이성을 가진 존재는 낮은 단계의 이성을 가진 존재에 비해 그 책임이 더 무거울 것이다. 즉 어른들이 아이들보다, 지위가 높은 사람이 지위가 낮은 사람보다 책임이 더 무거운 것처럼 말이다. 그러므로 상위이성은 인류를 위해 더 큰 책임으로 보살펴야 하고, 인류도 더 큰 책임으로 동식물들을 잘 보살펴야만 하는 것이다.

그러나 역사상 신이라고 자처하는 상위이성이 인간과 동식물들을 죄악시하고, 그 합리성과 정당성을 부정하였으며, 주체성과 자유의지를 말살해 왔었다. 따라서 그것은 의도적으로 구성의 정당성을 규제의 윤리와 버무려 인간들을 죄악시함으로써, 그 종교의 성립과 유지와 발전을 도모하려는 수작이었던 셈이다. 그러므로 결국 신과 죄악, 종교와 윤리는 아무 상관이 없는 것이다.

예를 하나 더 들어 보자. 현재 필리핀에서는 **낙태**가 법으로 강력하게 금지되어 있다. 즉 필리핀은 다른 나라들에 비해 낙태의 금지가 더욱 엄격하다. 그 이유는 필리핀은 가톨릭 국가로서 낙태를 반대하는 가톨릭의 영향력이 크기 때문이다. 이에 필리핀의 가톨릭 사제들은 주기적으로 나서서 낙태가 하느님의 뜻에 어긋남을 환기한다.

더군다나 2018. 10. 10. 프란체스코 교황은 "낙태는 살인 청부업자를 고용하는 것과 다름없다."라고 천명한다. 그리하여 여러 이유(실수, 변심, 성폭행, 성교육 부족 등)로 임신한 많은 수의 가난한 여성들은, 낙태를 원하더라도 마냥 아이를 출산할 수밖에 없다. 왜냐하면 그 불법성으로 인해 낙태 시술비용이 비싸기도 하고, 그러한 불법시술은 엉터리가 많아 건강도 문제가 되기 때문이다. 그리하여 현재 그러한 여성들은 버거운 수의 자녀들과 함께 가난을 대물림하는 실정이다.

그런데 문제는 가톨릭의 하느님과 교황은 이 낙태에 대해 왈가왈부해서는 안 된다는 것이다. 그 이유로는 첫째, 하느님이 낙태를 원하지 않는다면, 먼저 그 전능함으로 그 가난한 여성들이 낙태 상황에 몰리지 않도록 해야 한다는 것이다. 따라서 낙태 상황이 만연하고 난 뒤에 그 반대 뜻을 나타내는 것은, 전능하지도 않거니와 사랑의 신도 아니라는 것이다.

둘째, 상위이성론에서 말하듯 낙태는 영적 존재의 문제가 아니고, 실존의 문제이기 때문이다. 영적 존재인 신은 낙태를 악으로 규정하여 잘 지킬지 모른다. 그러나 인간은 그 악의 이유에 대해 이해하지 못할 뿐만 아니라, 현실적으로는 그때그때의 고통이 다르게 다가오는 것이다. 즉 개인의 가난과 병을 극복하기 위해서는 낙태를 해야 할 때도 있고, 국가적 저출산을 막기 위해서는 출산을 장려해야 할 때도 있는 것이다.

그리하여 한국에서는 2019. 4. 11. 헌법재판소에 의해 낙태죄 헌법불합치 결정이 내려졌다. 이에 헌법재판소는 2020년까지 22주 내에서 낙태를 허용하도록 관련법을 개정하라고 판결했다.

셋째, 인간은 이제 의료기술의 발달로 낙태를 안정적으로 관리할 수 있다. 만약 유일신이 있다면 과학기술의 발달을 허락한 것도 유일신이어야 한다. 왜냐하면 가톨릭에서는 하느님이 세상의 운행까지 맡으시기 때문이다. 따라서 하느님이 허락한 과학기술을 사용하는 것은 당연할 것이다.

그러므로 이 같은 여러 이유로 낙태의 여부는 인간이 여러 여건을 감안하여 결정하는 것이 옳다. 따라서 종교계에서 신을 앞세워 가타부타 하는 것은 옳지 않은 것이다. 즉 다시 말하지만 각 실존계의 도덕은 서로 교차하지 않는 것이다.


이제 '증거 2'를 마무리해 보자. 성경에 이런 말이 있다. "아비는 그 자식들을 인하여 죽임을 당치 않을 것이요 자식들은 그 아비를 인하여 죽임을 당치 않을 것이라 각 사람은 자기 죄에 죽임을 당할 것이니라"신 24:16 이 말은 연좌제를 적용하지 않겠다는 뜻이다. 그런데 이러한 성경에도 불구하고 기독교 교의가 그 편리대로 아담의 원죄를 대대로 적용한다는 것은 이율배반이다. 오히려 우리는 신이라는 상위이성에게 원죄는커녕 현재보다 더 좋은 것을 요구할 수 있을 것이다.

백번 양보해서 아담의 원죄를 인정한다고 하자. 그리하여 하나님의 사랑으로 예수 그리스도를 통하여 원죄가 탕감되고 구원이 이루어진다고 하자. 그렇다면 애초에 하나님이 그 큰 사랑으로 우리 모두를 공평하게 구원하여 천국으로 데리고 가면 될 일이다. 딱히 원죄가 있느니, 천국과 지옥이 있느니, 구원받아야 하느니 '중언부언'할 필요가 없는 것이다.

그리되면 키르케고르1813~1855처럼 원죄로 인해 불안에 떨 필요가 없을 것이다. 왜냐하면 모두에게 공평히 원죄를 씌웠다면, 모두를 공평하게 구원할 것이기 때문이다. 이처럼 신에 관한 논리더라도 인간과 관계될 때는 인간의 보편적 눈높이에 맞추어야 좋은 신이 될 것이다. 따라서 인간의 눈높이를 무시하고 이해되지 않는 논리를 펴는 것은, 좋은 신도 아니고 사랑의 신도 아닌 것이다.

그러므로 대부분의 저급한 종교에 공통적이지만, 인간들 앞에서 그때그때 억지 논리로 정죄하는 것은, 그들의 신이 악령이라는 증거인 것이다. 나아가 인간의 이성으로 신을 가늠하는 것은 '오만'이라고 하는 루터의 말은 상위이성에 대한 반성이 부족한 것이다. 따라서 그동안 인간이 신을 가늠하였다기보다 신이 인간의 이성을 옥죄었던 것이다. 만약 유일신이 인간의 이성을 구성하였다면, <u>그 이성의 사용을 적극적으로 권장하여</u> 더욱 합리적으로 미래를 개척하게 하여도 부족할 것이다. 따라서 현재 인간의 이성으로도 야훼와 알라는 극히 수준 미달이다.

그러므로 원죄론은 어느 못난 아비가 자녀에게 "너를 낳아 주었으니 평생 내 말에 숨죽여라."라고 하거나 "너는 앞으로 자범죄를 많이 지을 것 같으니, 평생 구원에 매달려라."라고 생색내거나 협박하는 것과 같은 것이다. 또 토기가 토기장이에게 "날 왜 이렇게 만들었지?" 하고 불평할 수 없듯이, 토기장이가 토기더러 "넌 왜 맨날 그 모양이냐." 하고 질책할 수 없는 것과 마찬가지이다.

 그러므로 기독교 핵심 교리 원죄론에 따른 하나님은, 사랑으로 감싸 주기는커녕 사람들을 교란하는 악령임이 분명한 것이다.

증거 3

구원론의 허구성

## 증거 3
# 구원론의 허구성

　예수의 구원론(복음)은 앞의 원죄론과 함께 기독교의 양대 핵심 교의이다. 따라서 여타 교의는 사실 거의 부차적이다. 즉 인간은 원죄에 얽매여 하나님과 소통할 수 없기에 스스로 구원에 이르지 못한다. 그리하여 사랑의 하나님은 외아들인 예수를 세상에 보내 모든 인간의 죄를 대신하는 대속물代贖物이 되게 하셨다. 이에 하나님과 인간은 화목하게 될 수 있었다.

　그러므로 이제 예수 그리스도를 믿으면 구원되어 천국에 가고, 믿지 않으면 지옥에 떨어진다는 것이다. 이 구원론 교의는 이스라엘 민족이 구약시대부터 메시아를 대망해 왔던 그 연장선에서, 기독교가 여러 아이디어를 추가하며 형성해 나간 것으로 보인다.[73]

> "그가 찔림은 우리의 허물을 인함이요 그가 상함은 우리의 죄악을 인함이라 그가 징계를 받음으로 우리가 평화를 누리고 그가 채찍에 맞음으로 우리가 나음을 입었도다 우리는 다 양 같아서 그릇 행하여 각기 제 길로 갔거늘 여호와께서는 우리 무리의 죄악을 그에게 담당시키셨도다" 사 53:5-6

---

73) '통일교'에서는 예수는 반쯤 구원하는 데 그치고, 믿음과 실천을 모두 강조하는 문선명이 재림주로서 구원을 완성한다고도 한다. 문선명은 2012. 9. 3. 타계했다. 그러나 우리는 그에 의해 구원받았다고 거의 믿지 않는다.

그러나 방법상 믿음으로든 행위로든, 인간은 신에게 구원받을 필요가 없다. 앞에서 원죄론이 가당치 않다고 했으므로, 그에 수반되는 구원론 또한 당연히 가당치 않은 것이다. 또 앞의 '상위이성론'에 의하면 동식물들의 죄를 인간에게 사함을 받을 필요가 없듯이, 인간들의 죄 또한 신에게 사함을 받을 필요가 없는 것이다. 왜냐하면 실존적으로 하위이성은 상위이성의 높은 기준대로 살아갈 수 없기 때문이다.

나아가 천국을 바라고 지옥을 두려워하는 기독교인들에게는 '실레노스[74]의 지혜'처럼 유용한 것이 없을 것이다. 즉 기독교인들에게는 태어나지 않는 것이 가장 좋고, 태어났더라도 빨리 죽는 것이 그다음 좋은 것이다. 그래야 자범죄라도 줄어들게 되는 것이다. 그래도 워낙 기독교에서 구원론을 강조하는지라, 그 속죄가 왜 필요하며 구원이 어떻게 이루어지는지 자세히 알아보기로 하자.

### 대리적 속죄의 필요성과 효과

첫째, 아담의 자손인 인간은 모두 죄인이다. 롬 3:10, 5:12

둘째, 범죄 한 인간은 저주와 영원한 형벌 아래 놓여 있다. 창 3:17, 롬 5:12-21, 롬 7:24

셋째, 인간 자신의 힘으로는 구원받을 수 없다. 사 64:6, 롬 3:20

넷째, 죄 사함을 얻기 위해서는 피 흘림이 있어야 한다. 히 9:12-22, 요일 2:7

---

74) Silenus. 그리스 신화에 나오는 지혜의 요정

다섯째, 속죄의 피는 흠이 없어야 한다.벧전 1:19, 히 9:14, 고후 5:21

여섯째, 예수는 하나님이 보내신 흠 없는 대속물로서 십자가에 피 흘려 죽으심으로 **'영단번'**(永單番. 단번에 영원히)에 죄를 속하셨다.히 9:26-28, 롬 6:10

일곱째, 그러므로 예수로 말미암아 죄의 용서함을 얻는다.엡 1:7, 롬 5:25, 히 9:14, 골 1:14

여덟째, 예수를 믿는 자는 죄의 용서함을 얻고 구원을 얻는다.행 16:31, 롬 10:12-14


## 대속의 내용

첫째, 죄를 용서하시고 의롭게 하셨다.롬 3:24-25

둘째, 영원히 멸망 받을 자들에게 영생을 주셨다.요 3:16, 5:24

셋째, 저주 아래 있는 자들을 저주에서 해방하시고 축복을주셨다.갈 3:13-14

넷째, 병든 자들에게 나음을 주시려고 대신 채찍을 맞으셨다.벧전 2:24, 사 53:5

다섯째, 가난한 자를 대신하여 가난하게 되심으로, 저희를 부요케 하려는 것이었다.고후 8:9

여섯째, 마귀에게 얽매인 자를 해방시키고 성령의 주장하심을 받게 하려는 것이었다.히 2:14-15, 갈 3:14, 눅 4:18-19, 〈#12〉

예수의 역사적 실체와 그의 언행들을 굳이 부정할 필요는 없을 것이다. 왜냐하면 그에 대한 초월적 토론은 끝이 없을 것이기 때문이다. 다만 현재 기독교에서는 하나님과 예수에 대해 어떻게 가르치고 포교하며, 기독교인들은 그것을 어떻게 받아들여 행하는가가 더욱 중요하다.

앞에서 설명한 대로 인간에게 원죄가 없는데, 어찌 그 원죄를 대속한다는 것인지 알 수 없다. 또 자녀가 죄를 지어 속죄가 필요하다면, 그 아버지가 먼저 나서서 사죄해야 진정한 아버지일 것이다. 즉 남의 집 유리창을 깬 어린 아들을 위해 아버지가 대신 사죄하고 변상하듯이 말이다.

그러나 백번 양보하여 기독교에서 굳이 인간에게 원죄가 있고 또 예수를 통해 대속하겠다고 하니, 그렇다면 그 대속과 구원은 실제로 가능한 것인가부터 자세히 알아보아야 할 것이다. 즉 기독교에서 말하는 예수의 구원론을 논리적으로 인정한다고 해도, 이제는 예수가 인류를 위해 과연 그런 구원의 능력을 실제로 발휘하였는가가 밝혀져야 할 것이다.

따라서 앞에서 소개했듯이 '대리적 속죄의 필요성과 효과'의 결론은, 예수 그리스도는 인간을 **'영단번'**에 구원해 버렸다는 것이다. 그러나 결론부터 말해서 필자가 살펴본 바로는, 예수에게는 그런 구원 능력이 전혀 없다는 것이다. 즉 예수의 구원 능력은 다음과 같은 세 가지의 큰 문제가 있어, 명백한 허구라는 것이 분명해지게 된 것이다.

# 1 등가성 문제

첫째, 앞의 기독교 구원론은 원죄론과의 **'등가성'**等價性에 큰 문제가 있다. 즉 만약 구원론이 원죄를 대속하는 것이라면, 그 구원 능력에 원죄를 상쇄시키는 동등 이상의 값어치가 있어서, 대속 후 원죄를 짓기 이전의 상태로 속히 회복될 수 있어야 할 것이다. 그러나 예수는 그러한 구원 능력이 전혀 없었던 것이다.

테텔레스타이![75] 이 말은 원래 '다 갚았다'라는 상인들의 용어이다. 즉 우리가 돈을 갚으면 돈을 꾸지 않은 이전의 상태로 속히 되돌아간다는 뜻이다. 그리하여 이 말은 기독교인들과 호교가들이 특히 좋아하는 말이다. 즉 아담이 원죄를 지어 낙원인 에덴eden에서 추방되었다. 그 후 예수의 십자가로 원죄를 완전히 갚았다. 이에 우리는 구원되었다는 것이다. 그렇다면 우리는 모두 이제 아무런 조건 없이 낙원의 삶으로 복귀해야만 할 것이다. 왜냐하면 그래야만 구원의 등가성이 완벽히 성립되기 때문이다.

그렇다면 예수의 대속 이후 우리 중 누구라도 낙원으로 진정 복귀하였는가? 당연히 그렇지 않은 것 같다. 나아가 낙원을 본 적도 없다. 그것도 아니라면 현실 세상이라도 조금 나아졌는가. 그것도 아닌 것 같다. 즉 예수 이후 2천 년이 지났어도 현재까지 그런 징후는 어디에도 없다. 오히려 다음 '증거 7 하나님은 분쟁자'에서도 거론되겠지만, 오랜 세월 동안 인류는 기독교로 인해 중세 '암흑기'5~14C를 보내야 했으며, 십자군 전쟁으로 악이 절정에 달하였으며, 인디언과 인디오들이 기독교도들

---
75) Tetelestai. 다 이루었다. 요 19:30

에 의해 무참히 도살되고 착취되었다.

그리고 지금까지도 중동은 세계의 화약고로 자리하고 있다. 이스라엘은 '가자지구'에 미사일을 쏘고, 팔레스타인의 '하마스'[76]는 납치와 자살테러를 하고 있다. 이처럼 비슷한 유일신 야훼와 알라를 신앙한다고 하면서도, 이들은 서로 불구대천의 원수로 지낸 지 오래다. 나아가 1·2차 세계대전, 유고 내전, 킬링필드 등 비인간적인 학살도 크게 증폭되었다.

따라서 인류는 과거 예수가 대속하지 않음만도 못한 세월을 보낸 것이다. 즉 예수의 '등가성'이 부족하여 원죄에 대한 완전한 변제가 이루어지지 않음으로 말미암아, 낙원의 삶으로 속히 돌아가지 못하고 있는 것이다. 그런데 그깟 인간인 아담의 죄에 대한 완벽한 변제를, 전능한 삼위일체 예수께서 차일피일한다면 참으로 난감한 일이 아닐 수 없다.


### '믿음'이란 자충수

그런데 기독교의 많은 성경을 기록한 사도 바울은, 이렇듯 등가성이 부족한 구원론을 위해 큰 무리수를 두게 된다. 즉 예수가 대속을 했다는데도 낙원의 삶이 도래하지 않았다. 그뿐 아니라 우리의 현실적인 삶조차도 개선되지 않았다. 이에 바울은 나름대로 그 구멍 난 등가성을 메울 만한 묘안이 없는지 찾아보았다.

---

76) Hamas. 이스라엘에 대한 테러를 주도하고 있는 팔레스타인의 대표적인 무장단체.

그리하여 그는 대속한 예수를 믿어야 구원되어 낙원에 간다는 것이다. 여기서 예수의 가르침과 바울의 성경[77]에는 많은 차이를 나타낸다는 주장들에 대해서는 잠깐 접어 두기로 하자. 왜냐하면 그러한 정통성에 관한 토론은 끝이 없을 것이고, 대부분 바울의 성경대로 기독교의 교의가 형성되고 신앙한다는 것이 중요하기 때문이다.

"네가 만일 네 입으로 예수를 주로 시인하며 또 하나님께서 그를 죽은 자 가운데서 살리신 것을 네 마음에 믿으면 구원을 얻으리니"롬 10:9
"그러므로 사람이 의롭다 하심을 얻는 것은 율법의 행위에 있지 않고 믿음으로 되는줄 우리가 인정하노라"롬 3:28

소위 **'이신득의'**以信得義이다. 구원을 위해서는 인간의 **'믿음'**이 중요하다는 것이다. 다시 말해 천국은 제사, 구제, 봉사, 기부같이 어려운 인간의 행위에 의해서가 아니라, 마음의 믿음만으로 충분히 갈 수 있다고 인심 쓰듯이 말하는 것이다. 아마 이신득의는 '나무아미타불'만 진념眞念하면 아미타불의 도움으로 정토淨土에 다다를 뿐만 아니라, 왕생往生할 수 있다고 설파한 원효의 '불교 대중화' 시도와 비슷한 것이다. 현재는 이러한 원효의 시도가 설득력을 많이 잃은 것 같다.

그러나 이 '믿음론'은 종교적 유인책으로서 지금까지 훌륭하게 성공하고 있다. 즉 행위가 아니라 믿음! 듣기에 정말 달콤하다. 즉 아무런 신체적 봉사나 금전적 기부 없이 간단하게 마음만 고쳐먹으면 구원된다고 하니, 이보다 쉬울 것 같고 솔깃한 일이 없는 것이다. 그리하여 많은 사람이 순전하게 믿어 보려고 애쓰는 것이다.

---

77) 원죄론, 믿음론, 천국론 등.

그런데 사실 알고 보면 눈에 보이는 행위보다 눈에 보이지 않는 믿음이 훨씬 모호하고 어려운 것이다. 즉 행위는 자신의 능력껏 '마일리지'를 모으면 어떡하든 계산이 가능할 수도 있지만, 마음속의 믿음은 자신조차도 측정할 수도 없고 다른 이와 비교할 수도 없는 것이다. 나아가 나의 믿음에 대해 예수가 어떤 배점을 할지 전혀 알 수도 없다.

즉 천국은 몇 점의 믿음 점수를 받아야만 갈 수 있을까? 100점, 70점, 50점? 또 천국에 갈 수 있는 믿음의 순도는 어느 정도가 되어야 하며, 얼마간 지속되어야 할까? 예를 들어 '돈오점수'[78]처럼 믿음의 순도가 점점 올라, 생애 마지막에 100%까지 되면 되는 것일까? 아니면 '돈오돈수'[79]처럼 어떤 순간적인 믿음의 순도라도 100% 정도 되면 되는 것일까?

그리고 낮은 믿음 점수를 최대한 빠른 시기에 올리기 위해서는 어느 정도의 달음박질이 필요한 것일까? 아마 그러한 것을 알 수 있는 사람은 아무도 없을 것이다. 나아가 그 믿음의 판정 또한 삼위일체가 하는 것일 것이다.

이처럼 믿음만을 가지고서도 논쟁은 끝이 없을 것 같다. 그러나 여기서는 조금만 설명히자. 앞 머리글에서 필자는 반평생을 믿었다고 했다. 그런데 정확히 말하자면 그것은 계속 의심하면서 믿었다는 표현이 맞을 것이다. 즉 하나님의 은혜에 사무쳐 울다가도 문득문득 이상하고, 새벽기도 하다가도 수없는 의심이 들었다. 즉 예수를 믿으면 구원에 이른다

---

[78] 頓悟漸修. 해탈이나 열반은 깨달음 후라도 계속 수행해야 완성된다는 뜻. 주로 보조국사 지눌의 주장.

[79] 頓悟頓修. 해탈이나 열반은 깨달으면 완성되는 것으로, 더 이상 수행한다고 이루어지는 것은 아니라는 뜻. 주로 성철 스님의 주장.

고 하는데 100% 온전히 믿을 수는 있는 것일까? 나같이 믿음에 몰두하지 못하고 순간순간 의심을 하거나, 인간적인 삶을 모두 내려놓지 못하면, 그동안의 믿음마저도 모두 허사가 되는 것은 아닐까?

이처럼 필자의 신앙 경험상 인간의 연약함 때문에, 순도 100%의 믿음을 죽을 때까지 지속하는 것은 무리일 것 같다. 그래도 자신의 믿음이 100% 된다고 우기시는 분들이 있을지 모르겠다.[80] 그런 분들이 10% 정도쯤 된다고 넉넉히 보자. 그러면 나머지는 구원받지 못하는 것일까? 아마 아닐 것이다. 하나님은 사랑이 크시다니, 나머지 **얼치기 믿음**을 가진 자들 중, 일부라도 구원을 받게 해 주실 것이다.

그렇다면 얼치기 믿음을 위해 커트라인을 몇 %까지 하향 조정해 주실까. 글쎄 알 수 없다. 그러니 천국을 소망하는 사람은 믿음의 순도를 위해서는, 일단 그쪽으로 달음박질해야 할 것이다.

이처럼 바울의 '믿음론'은 참으로 기막힌 아이디어였다. 아마 성령의 역사일 것이다. 즉 현재 등가성이 부족한 구원론에, 행위보다 쉬울 듯한 믿음으로 인심 쓰며 보완했기 때문이다. 더군다나 사람들 스스로 자신의 믿음에 의문을 제기하며, 가만 놔둬도 천국을 향해 처절하게 달음박질하니, 이보다 더 기막힌 아이디어는 없을 것이다.

그러나 이 믿음이라는 것은 바울이 중대한 '자충수'를 둔 것과 다름없다. 그 자충수란 예수 그리스도의 구원 능력에 그만 믿음이라는 **사족**[81]을 달아 버린 것이다. 즉 '예수가 그리스도 됨을 인간이 믿어야만, 원죄가 변제되고 천국에 갈 수 있다.'라는 조건을 단 셈이다. 결

---

80) 그 정도면 아마 신의 반열일 것이다.
81) 蛇足. 뱀의 다리처럼 불필요한 것.

국 이 믿음이란 용어는 바울 이전에도 사용되었겠지만, 바울이 더욱 강조함으로써 구원의 책임을 은연중에 인간에게 미루는 결과가 되어 버린 것이다.

그리하여 결국 믿음은 예수의 대속 등가성에 치명적인 문제가 되는 것이다. 즉 그깟 인간의 죄를 삼위일체이신 예수께서 원하시는 대로 완전히 대속하지 못한다는 뜻이다. 즉 예수에게는 십자가 고난으로도 대속 등가성이 부족하니, 부족한 인간[82]들이 얼치기라도 예수를 그리스도라고 믿어 주면, 그런대로 대속의 값을 치를 수 있겠다는 것이다. 참으로 안타까운 일이다.

어떻게 대속을 천명한 삼위일체 예수가, 얼치기 믿음이라도 따라 줘야 구원을 이룰 수 있겠다는 말인가. 그렇다면 필자같이 부족한 인간들의 의심으로 인해 믿음 순도가 극히 떨어지면, 예수는 아예 아무 일도 할 수 없다는 말인 셈이다. 더군다나 예수를 전해 듣지 못해 믿을 수 없었던, 우리의 조상들과 인디오들과 자선가들은 어떻게 구원을 받아야 하겠는가.[83]

> "더 먼 곳까지 갈 수 있는 힘이 나에게 없다면 나에게 무슨 죄가 있겠는가? 진리가 내게로 가까이 와 주어야 하지 않겠는가?"〈#13〉

혹자는 여기서도 자유의지를 내세워 하나님이 인간에게 허락한 믿음이라는 자유의지를 사용해야 한다고 주장할지 모르겠다. 그러나 앞에서 이미 말했듯이 인간의 자유의지라는 것은 신의 뜻에 부응할 수 없는 허

---

82) 신들의 시각뿐만 아니라 우리 스스로 보기에도 아주 불완전한 인간.
83) 물론 가톨릭은 이들을 위해 연옥이라는 중간 천국까지 기획하기도 한다.

술하고 쓸모없는 것일 뿐만 아니라, 또 그러한 자유의지에 의지한다면 예수는 도대체 무엇을 할 수 있을지도 의문이 되는 것이다.

그러므로 '믿음 구원'이라는 것은 구원의 허황함을 그럴듯하게 맞추어 보려는 기회주의일 뿐이다. 따라서 이러한 '이신득의'는 대속 등가성이 부족한 구원론에 '믿음'을 끌어들여, 대속의 허구를 믿음이 부족한 '인간의 탓'으로 돌리려는 '억지 교의'라는 것을 잘 증명하는 것이다.

### '믿음 선물'의 차별성

더 나아가 바울은 대속 등가성의 부족을 믿음으로 메우려고 한 묘안이, 갑자기 인간의 얼치기 믿음이 개입되는 더 큰 문제로 이어지자, 또 추가적인 아이디어를 내게 된다. 즉 믿음은 '하나님의 선물'이라고 설명하는 것이다.

즉 믿음은 부족한 인간의 허술한 얼치기나 의지가 아니라, 공기, 햇빛, 물과 같이 하나님의 은혜로 값없이 얻을 수 있다는 것이다. 파스칼과 웨슬리도 "믿음은 신의 선물이다." "은혜로 말미암아 믿음으로 구원을 받는다."라고 확인하여 바울을 지지하고 있다. 물론 이 '믿음 선물론'도 아래 바울의 성경에 분명히 쓰여 있다.

> "모든 사람이 죄를 범하였으매 하나님의 영광에 이르지 못하더니 그리스도 예수 안에 있는 구속으로 말미암아 하나님의 은혜로 값 없이 의롭다 하심을 얻은 자 되었느니라"롬 3:23-24

"너희가 그 은혜를 인하여 믿음으로 말미암아 구원을 얻었나니 이것이 너희에게서 난 것이 아니요 하나님의 선물이라"엡 2:8

그리고 혹자는 믿음이 '예정된 은혜'라 하여 **'예정조화설'**[84]까지 덧붙인다. 즉 "내가 믿는 순간에는 그 복음을 받아들이겠다고 내가 결단한 듯했으나 믿는 자가 되고 보니 나로 하여금 믿도록 성령께서 미리 역사하셨구나 하는 것을 깨닫게 된다는 것입니다. 이른바 예정된 은혜를 깨닫게 됩니다. 그러니까 믿음 자체가 선물입니다."⟨#14⟩ 즉 **'선행은총'**[85]이다.

따라서 천국 갈 사람은 얼치기 믿음으로써가 아니라, 예정되었거나 순간적인 하나님의 은혜로 믿음 순도가 높아져, 별 노력을 안 해도 구원의 커트라인을 통과할 정도가 된다는 것이다. 즉 택한 사람은 그 마음이 알아서 저절로 잘 믿어지게 된다는 뜻이기도 하다. 그리하여 우리는 그저 감사함으로 그 믿음을 선물로 받고 구원에 이르면 된다는 것이다.

그러나 설령 믿음이 하나님의 선물이라 해도 그것이 억지 교리라는 결과는 마찬가지이다. 왜냐하면 사랑의 하나님이 예수를 통해 이왕 구원할 요량이라면, 모든 자녀에게 순도 100%의 믿음을 역사하셔서 완벽한 대속과 구원이 이루어지게 하면 그만이기 때문이다. 즉 "모든 사람

---

84) 豫定調和設. 칼뱅이 주장한 장로교 교리. 즉 인간은 유일신을 위한 존재이므로 인간의 미래와 구원은 신이 미리 정해 놓았다는 것. 그러나 그리되면 예수의 구원론이 불필요하게 된다. 나아가 유일신의 선과 최고 이성이 추락하여, 유일신이 악령 정도가 되게 된다.

85) 先行恩寵. 미리 믿음이라는 은혜를 내림.

에게 구원을 주시는 하나님의 은혜가 나타나"딛 2:11라는 **'보편구제론'⁸⁶**에 따르면 되는 것이다.

따라서 우리는 믿거나 말거나 가만히 있어도 꼭 천국에 갈 수 있어야만 하는 것이다. 또 그렇게 모든 사람이 보편적으로 구제되어야만 아담의 한 번 죄로, 온 인류가 원죄를 받았듯이, 예수의 '영단번'으로 온 인류가 구원을 받는 등가성이 성립되는 것이다. 즉 원죄의 보편성을 덮으려면 **'은총의 보편성'** 또한 필요한 것이다.

그리고 또한 모든 사람이 믿음 선물로 구원받게 된다면, 믿음을 굳이 강조할 필요도 없고, 믿음이란 용어 자체가 필요하지도 않게 된다. 앞에서 말한 대로 사람은 그냥 가만히 있으면 되는 것이다. 왜냐하면 삼위일체 예수께서 우리를 구원한다고 약속했기 때문에, 우리의 의지와는 상관없이 모두가 순도 100% 믿음에 이르러 구원받을 수 있어야 하기 때문이다.

그러나 만약 우리 모두 구원을 받지 못한다면 삼위일체 예수의 능력은 그야말로 배설물보다도 못한 것이 되고 마는 것이다. 나아가 일부에게만 믿음 선물이 허락된다면, '차별적 사랑'이라는 또 다른 심각한 문제가 생길 수밖에 없는 것이다. 왜냐하면 누구는 믿음 선물로 구원받고 누구는 구원에서 제외되는 것은, 최고선이신 유일신에게는 있을 수 없는 차별이기 때문이다.

그러므로 결국 이러한 '믿음 선물론'은 얼치기 믿음이 전지전능한 예수의 사족이 되자, 그걸 또 하나님의 선물이라고 포장하는 것이다. 즉 그것은 구멍 난 등가성을 땜질해 보려는 추가적인 사족이자 자충수였던 것이다.

---

86) 普遍救濟論. 모든 사람이 천국에 갈 수 있다는 이론.

따라서 어떤 말씀은 천국에 가려면 열심히 달음박질해 믿음 점수를 올려야 하고, 어떤 말씀은 가만히 있어도 믿음 선물로 천국 갈 수 있다고 하여 혼란을 부추기는 셈이다.

그런데 더욱 문제는 누구라도 지적할 수 있는 이러한 억지 교의에 대해, 예수 이후 내로라하는 석학들이 호교를 위해 앞장서서 추종하고 있다는 것이다. 따라서 이러한 것을 보면 기독교의 무턱댄 마약성[87]이 얼마나 강력한 것인지를 알 수 있는 것이다.

여하튼 이 같은 '믿음 선물론'은 '구원예정설'이라고도 하며, 결국 **'결정론'**에 속하는 것이다. 즉 뒤의 '증거 4 카나드'에서 설명되겠지만, 우주와 세상에서는 전체주의적이거나 결정론적인 진행을 볼 수 없다. 우주와 세상은 카나드(의식에너지)의 개별적인 선택에 따라 나아가는 것이다. 그 개별성과 선택성은 우주의 빅뱅[88]과 진화의 진행[89], 인류의 자유로운 역사나 우리 삶의 가치선택에서 분명히 나타나는 것이다.

## 2 등목직성 문제

둘째, 기독교의 구원론은 원죄론과의 **'등목적성'**等目的性에도 큰 문제가

---

87) 痲藥性. 즉 조그만 신변잡기 은혜에 감동하여 사리분별력을 상실함.
88) BigBang. 우주 대폭발. 빅립, 빅크런치, 빅바운스에 이은 새로운 빅뱅 가능.
89) 생명의 나무, 생물의 분기 등.

있다. 즉 예수가 인류를 대속하여 구원하였다면, 동등 이상의 목적에 맞게 속히 원래의 상태로 되어야 한다. 예를 들어 돈을 다 갚으면 돈을 꾸기 이전의 부채 없는 편안한 상태가 되어야만 하는 것이다. 그리고 그 원래의 목적은 바로 성경에 기록된 낙원 에덴의 삶을 사는 것이다. 그러한 낙원의 삶은 원죄도 없어지고, 죽어 흙으로 돌아가지도 않고, 먹기 위해 수고하지도 않고, 잉태의 고통도 없고, 갈등과 분쟁도 없는 안락한 삶인 것이다.창 3:16-19

그러나 예수가 십자가로 대속한 후 2천 년이 지난 지금, 누군가 그러한 낙원에서 그와 비슷한 삶을 살았다는 사실을 우리는 들은 바가 없다. 우리의 조상들은 죽어 모두 흙으로 돌아갔고, 인류는 현재까지 먹기 위해 수고해 왔으며, 잉태의 고통 또한 지속되고 있다. 더욱 양보하여 만약 에덴이 상징적인 장소였다면, 대속 후 현실 세상에서라도 갈등과 분쟁이 조금이라도 나아져야 하지 않았을까?

그러나 예수 이후 많은 세월이 흘렀어도 세상이 조금이라도 나아졌다는 징후는 어디에도 찾을 수 없다. 앞에서 거론하였듯이 예수 이후 오히려 갈등과 분쟁이 더 증폭하였다.

그런데도 혹자는 "그리스도의 구원은 우리 실존 전체에 대한 구원"〈#15〉이라고 말하면서 이 세상과 내세에 모두 이루어지는 구원으로서 이 구원은 예수의 재림 때 완성되며, 현 세상에서는 정치, 풍요, 정의, 평화, 건강 등이 조금씩 나아지고 있다고도 하며, 현재 완전히 구원이 이루어지지 않는 이유는 사탄의 방해 때문이라고도 변명한다.

그러나 세계는 점점 국지전에서 세계대전으로 나아간다. 즉 십자군 전쟁에 이어 백년전쟁, 나폴레옹 전쟁, 1·2차 세계대전이 점점 증폭되어 발발했다. 더군다나 이제는 재래식 무기에서 가공할 대량살상무기와 핵무기를 갖춘 전쟁터가 되었다. 따라서 어떻게 이러한 행로가 구원의 길이라고 할 수 있겠는가?

그리고 예전보다 일부의 삶이 조금 풍족해졌다고 하더라도, 그것은 순전히 기술문명을 발전시킨 인간의 노력 때문이다. 왜냐하면 점증하는 풍요, 정의, 평화, 건강 등이 예수 그리스도 구원의 증표라면, 아프리카와 인디오들이 제외되지 않는 보편적인 풍요가 되어야 할 것이기 때문이다. 따라서 인류의 발전은 예수의 대속과는 상관없이 행복을 추구하는 의식의 기본성질에 기인하는 것이다.

또 이 정도의 풍요와 발전을 예수가 생색내기에는 참으로 부끄러운 일이다. 만약 삼위일체 예수라면 '영단번'에 낙원의 삶이 되게 해야, 2천년 전에 호언장담한 그의 능력에 걸맞을 것이다.

그리하여 필자는 예수의 구원론이 없었다면 세상이 훨씬 행복했고 훨씬 빨리 좋아졌으리라 생각한다. 왜냐하면 예수는 오히려 세상을 경멸하고 천국을 과도하게 지향하여, 인류의 발전을 저해하고 종교적 갈등과 분쟁을 증폭시켰다고 생각되기 때문이다.

그리고 사탄의 방해 때문에 구원이 늦어진다는 말도, 전지전능한 예수의 체면만 자꾸 구기는 일이다. 즉 삼위일체 예수가 그깟 사탄 하나 미리 해결해 두지 못하고서 대속과 구원을 외쳤더란 말인가? 따라서 예수가 사탄 때문에 구원이 늦어진다고 하는 말은, 비슷한 악령인 사탄과의 세력다툼을 벌인다고밖에 볼 수 없는 것이다. 왜냐하면 만약 하나님이 전지전능한 유일신이라면 사탄 같은 악령은, 하나님의 말 한마디면 사라질 수밖에 없는 존재라 보아야 하기 때문이다. 그런데도 사탄을 처리하지 못해 전전긍긍하면서, 부족한 인간들에게 얼치기라도 좋으니 믿어 달라고만 하는 것이다.

이같이 대속 후의 현실 세상은 구원론의 등목적성에 맞지 않는 것이다. 그리고 조금씩 나아지다가 예수의 재림 때나 온전히 된다는 말 또한, 다음에 거론되는 구원론의 '등시성'에 재차 문제가 발생하는 것이다.

## 3 등시성 문제

셋째, 기독교의 구원론에는 원죄론과의 **'등시성'**等時性에도 큰 문제가 있는 것이다. 즉 성경에는 아담이 원죄를 짓자 그 **'즉시'** '당대'當代에 낙원인 에덴에서 추방되었다. 따라서 예수의 십자가로 원죄를 완전히 대속하였다면, 그 '즉시' 낙원의 삶으로 돌아갔어야 대속의 등시성이 성립된다. 즉 꾼 돈을 다 갚는 '즉시' 꾸지 않은 상태로 돌아가야 한다는 말이다. 왜냐하면 꾼 돈을 다 갚았는데도 부채가 여전하여 대대로 괴로울 수는 없기 때문이다.

그러나 예수의 십자가 이후 2천여 년이 지난 아직도 우리는 낙원의 삶으로 회복되지 못하고 있다. 그러므로 원죄를 물을 때는 신속하게, 구원할 때는 얼치기 믿음을 핑계로 차일피일하는 것은, 능력이나 의지가 있는 구원도 아니고 진정한 사랑의 구원도 아니라는 것이다.

## 통전적 인간관의 모순

그런데 대부분 기독교인과 그 이론가들은 앞의 등목적성과 등시성의 문제에 대해 다음과 같이 변명할 것이다. 즉 "신과 인간의 시간과 장소 개념이 다르기에, 믿는 사람들이 좀 더 기다리면 낙원이 도래할 것이다. 분명히 3~4천 년 뒤에, 혹은 세상 종말쯤에는 낙원이 도래할 것이다. 그것도 아니면 사후의 천국에서 우리에게 충분한 보상이 있을 것이다."

그러나 이처럼 수많은 이론을 개발하고 엮어 전체적으로 그럴듯한 논리를 꾸며 보려는 조직신학이나, 그 어떤 성령의 조명을 받은 이론을 펼치더라도 점점 더 하나님의 위신만 옹졸하게 추락시키게 되는 것은 마찬가지이다.

즉 설령 신과 인간의 시간개념이 다르다고 해도, 인간을 위해서 한번 사랑의 구원을 베풀리라 하였으면, 가능한 한 인간의 시간개념에 맞춰 주어야 진정한 사랑의 구원이 되는 것이다. 즉 몇천 년이 지나는 신의 눈높이로는, 영靈이나 천사들을 구원하는 데는 도움이 될지 모르지만, 인간 구원에는 현실적으로 아무 도움이 안 되는 것이다. 즉 물에 빠져 허우적대는 사람은 즉시 건져셔야 하고, 어린이의 이려움에도 그 수준에 맞는 눈높이의 도움이 필요한 것이다.

그리고 장소 개념에서도 마찬가지이다. 즉 인간과 이 세상에서 원죄 형벌이 지속되어졌으면, '인간'과 '이 세상'에서 구원이 이루어져야 그 등목적성과 등시성에 맞는 것이다. 따라서 비인간적인[90] 영이나 천사들

---

90) "부활 때에는 장가도 아니가고 시집도 아니가고 하늘에 있는 천사들과 같으니라" 마 22:30, 막 12:25

이 존재하는 '영적 공간'(천국)에서의 구원은 진정한 인간 구원이 아니라는 것이다. 그곳은 이미 영들만의 구원이 될 뿐이다.

그러므로 부활 후에 인간의 신체 그대로 천국에서 거한다고 보는 '통전적 인간관'[91]은, 전혀 성경적이지 않거니와 인간적이지도 않다. 즉 신체를 가지고서는 천국의 열락(悅樂)을 누릴 수 없다. 신체(물질)를 보유한다는 것은 영육 간에 고통을 수반함을 의미한다. 왜냐하면 아리스토텔레스의 말처럼 인간은 정신과 신체의 '통일체'이기 때문이다. 그리하여 앞에서 말했듯이, 인간은 정신과 신체적인 고통 없이는 진정한 행복에 이를 수 없다는 것이다. 따라서 결국 통전적 인간관은 죽음을 피할 수 없는 인간에 대해 종교적으로 무마하는 것일 뿐이다.

다시 양보하여 초월적인 신들의 세계가 있고, 신들의 논리와 시각이 있을 수 있다고 하자. 그러나 인간의 구원은 인간의 상태와 시각과 논리와 이성이 우선되어야 할 것이다. 머리글에서 웨슬리의 말을 인용한 바가 있다. 즉 "이성을 부인하는 것은 종교(자체)를 부인하는 것과 다름없다." 그리고 챠베리의 허버트[92]는 "진정한 종교는 바로 이성 안에 있으며, 그리고 이성 안에만 있다."⟨#16⟩라고 했으며, 나아가 루소도 "인간의 증언은 결국 이성의 증언에 불과하며 그것은 진리를 알 수 있도록 신이 나에게 부여하고 있는 자연의 방법에 아무것도 덧붙이지 않은 것."⟨#17⟩이라고 말한다. 따라서 그렇게 되어야만 하나님과 예수의 인간에 대한 사랑이 진정한 것이다.

이처럼 자신이 창조한 인간의 실존을 무시한다면 얼치기 창조라 말

---

91) 統全的 人間觀. 인간은 현세와 내세에 두루 거할 수 있다고 하는 생각.
92) Herbert of Cherbury, 1583~1648. 이신론理神論을 처음 정식화했다.

할 수밖에 없다. 나아가 실존적 인간에게 필요 없는 영적 공간에서의 구원은, 하나님의 시각이 균형적이지 않거나 부당하다는 것이다. 따라서 그것은 바로 하나님은 한계를 가진 아주 부족한 존재일 뿐이라는 증거이다.

그러므로 결론적으로 우리는 '**이 세상**'에서 '**즉시**' 또 '**인간**' 구원을 간절히 바라는 것이지, '천국에서' '천천히' '영적 존재'의 구원을 바라는 것이 아니다. 이처럼 이왕 인간을 구원하리라고 하였으면, 인간적인 구원이 이루어져야 참된 구원이 될 것이다.

그러나 아무리 더 좋은 곳이 있다 하더라도, 실존적 인간에게 도움이 안 된다면 그것은 허울뿐일 것이다. 나아가 구원자의 시각과 논리대로 하는 구원은 인간을 위한 구원도 아니고 사랑의 구원도 아닐 것이다.

이처럼 기독교 교의에는 이상한 부분이 많이 나타난다. 왜 전지전능하신 하나님이 이 땅에서의 고통을 조금이라도 줄여 주는 쉬운 일을 놔두고, 이런저런 변명과 궤변으로 시간을 지체하며 굳이 영적 천국에서 영적 존재를 구원하신다고 할까? 이 세상과 이 인간들은 어느 불민한 신이 창조하였기에 심판을 받아 '폐기'되어야 하고, 또 세상 종말 때 새 왕국에서 다른 존재로 '수리'修理되어야만 하는 것일까? 따라서 이러한 불합리와 불일치와 변명에 대한 결론은 하나님과 예수는 구원의 능력과 사랑이 없다는 것이다.

## 거짓 사랑

또 혹자는 천국을 설명하면서 '인간은 영원히 살도록 지어진 존재로서 이 땅에서의 삶은 잠깐이요, 저세상에서 영원히 거한다'고 한다. 그러면서 "개미에게 인터넷 사용법을 아무리 설명해도 개미가 이해할 수 없는 것"⟨#18⟩과 같이, 부족하기 그지없는 우리 인간에게 하나님의 크고 비밀스러운 계획과 그분의 영원성과 천국에 대하여 아무리 설명해도 이해하지 못한다고 한다. 그러니 천국에 대해 무리하게 따지지 말고 순전히 그리스도를 믿으라는 얘기이다.

그렇다! 우리 인간은 유일신에 비하면 참으로 부족한 의식을 가진 존재일 것이다. 아마 인간과 개미의 차이보다 훨씬 더 클 것이다. 그렇다면 개미보다 못한 인간에게 굳이 믿음, 대속, 구원, 천국을 설명할 필요가 없다. 아무리 설명해도 잘 모를 테니 개미 같은 사람들을 그냥 행복하게 지내도록 하면 될 것이다.[93] 나아가 그 후 하나님의 크신 사랑으로 쥐도 새도 모르게 구원하여 천국에 보내면 그뿐일 것이다. 오히려 그렇게 하는 것이 하나님의 진정한 사랑일 것이다.

그러므로 '너희들은 아무리 설명해도 잘 모르는 천국과 지옥이 있다. 그러니 예수를 믿으면 천국이고 안 믿으면 지옥이다. 어떤 사람들은 믿음 선물을 좀 받을 수 있을지 모르겠지만 각자 알아서 해라.' 이러한 교의는 인간에 대한 유일신의 내리사랑이라고 보기 어렵다. 그것은 부족한 인간들이 그때그때 짜맞춘 억지 교리이다. 따라서 이 같은 등목적성과 등시성을 고려할 때 기독교 구원론은 애초에 허구였다는 것이 밝혀

---

93) 필자는 반성 후 주일예배와 십일조만 하지 않아도 천국 같았다.

지는 것이다. 여하튼 인간 세상이 이런 억지 교리에 매몰되어 온 것은 참으로 안타까운 일이다.

이제 '증거 3'을 마무리해 보자. 우선 '원죄'에 대해 아버지가 먼저 사죄하지 않고, 오히려 자녀들만 구원받아야 한다는 것도 이치에 맞지 않는다. 나아가 백번 양보하여 기독교에서 주장하는 구원을 받아들인다 해도, 구원론은 원죄의 대속을 위해 그 가치의 등가성과 그 목적의 등목적성, 시간적으로도 등시성이 결여된 것이다. 즉 애초부터 능력이 없는 허구라는 것이다. 이처럼 구원론은 예수 당시부터 오늘날까지 여러 논리와 변명에도 불구하고 결함과 오류투성이다.

그러므로 결론적으로 말해 우리는 원죄론과 구원론을 부정한 펠라기우스[94]처럼, 예수의 중재를 전혀 필요로 하지 않는다. 대속의 능력도 없는 예수가 구원하는 것보다, 우리 스스로 대견하게 사는 것이 훨씬 더 실재적인 가치가 있는 것이다. 따라서 예수의 구원은 인생과 자기의 행복 추구를 포기하고 천국에만 매달리도록 하는 구두선口頭禪이다. 그리하여 이러한 구원론은 결국 인생을 교란하고 말살하는 것이다.

그리고 유대교를 위시하여 대부분 종교에서 나타나는 믿음, 구제, 제사, 의식, 고행, 속죄, 구원 등의 표현은, 그 종교의 신이 악령임을 잘 드러내는 것이다. 만약 진정한 유일신이 있다면, 우리에게 바라는 것은 아무것도 없을 것이다. 다만 우리가 자유롭고도 행복하기만을 바랄 것이다. 왜냐하면 우리네 인간들도 자녀에게 그러하기 때문이다.

따라서 기독교의 구원론은 증명 불가의 약점을 이용해 종교적 이익을

---

94) Pelagius, 354~418?. 인간의 자유의지를 강조하고 원죄, 그리스도의 구원, 세례 등을 부정했다.

극대화하려는 집단적인 고도의 책략이다. 또 다메섹 도상에서 병과 나음을 받은 바울처럼, 악령의 작은 은혜를 보편적인 현상인 양 침소봉대하는 사람들의 이야기인 것이다.

카나드

증거 4

## 증거 4
# 카나드

　이제 앞 머리글에서 거론했던 '**카나드**'가 무엇이며 어떻게 작용하는지 좀 더 알아보자. 즉 필자의 저서 《카나드》에 있는 카나드 이론은 정보처리에너지인 '**의식에너지**'[95]가 우주를 형성하고 있다는, 새롭고도 독특한 필자의 존재론인 '**자연의식론**' 체계를 말한다. 즉 우주는 에너지의 모임이다. 왜냐하면 현대 천문학과 물리학에서는 우리 우주는 한 점의 에너지가 빅뱅[96] 하면서 시작되었다고 한다. 그리고 근자에 발견된 '암흑에너지'dark energy는 바로 공간 자체의 에너지라고 하기 때문이다.

　따라서 공간은 에너지의 분포를 말하며, 시간도 에너지의 변화를 말하는 것이다. 그리하여 현대물리학은 그것들을 합쳐 시공간時空間 space-time이라 표현하며, 아인슈타인의 일반상대성이론에서 중력은 시공간이 휘는 것이라고 한다. 이처럼 모든 물질(질량)도 에너지로 환산된다. 즉 아인슈타인의 $E = mc^2$ (에너지 = 질량 X 광속의 제곱)

　그런데 그 모든 에너지는 의식적이라는 것이다. 왜냐하면 모든 에너지는 정보처리를 하고 있기 때문이다. 예를 들어 머리글에서 말했듯이

---

95) Conergy = conscious energy.
96) Big Bang. 우주를 형성한 최초의 대폭발.

빛은 매질에 따라 굴절, 분산, 반사, 간섭, 산란 등으로 정보처리가 되어야 하고, 물은 0°C 이하에서는 얼음으로, 100°C 이상에서는 수증기로 정보처리가 되어야만 하는 것이다. 그 외에도 원자는 원자대로, 전자는 전자대로, 분자는 분자대로 정보처리를 하고 있는 것이다. 나아가 물론 생물도 생명의식으로 가치선택이라는 정보처리를 하고 있다.

그런데 자기의 특정 정보를 가지고 대상의 특정 정보를 처리하는 것은 의식이다. 왜냐하면 의식이 아닌 정보는 없기 때문이다. 그러므로 에너지는 의식이 항상 함께하는 '정보의식에너지'일 수밖에 없는 것이다. 그리하여 필자의 《카나드》에서는 이러한 의식에너지가 우주의 **'동일근원'**[97] 혹은 '포괄근원'[98]이라고 밝히고 있다.

그렇다면 이러한 우주의 동일근원인 의식에너지에서, 어떻게 세상의 물질과 생명으로 나타날 수 있을까? 이제 이를 위해 물질과는 달리 생물에게 나타나는 생명의식의 고유성부터 알아보자. 왜냐하면 근래의 물질주의자들과 일부 진화론자들(특히 다원주의자들)이 생명의식의 고유성을 치밀하게 부정하기 때문이다.

그리고 다시 말하지만 물질도 내재한 법칙과 정보를 가지므로, 그 속에 **'물질의식'**[99]이 있는 것이다. 그래야만 물리화학이라는 특정한 규칙도 나타날 수 있을 것이다. 그러나 여기서 일반적으로 의식이라고 할 때는 생명의식을 말하는 것으로 하자.

---

97) 同一根源. 우주 모든 것의 동일한 근원.

98) 包括根源. 우주 모든 것을 포괄할 수 있는 근원.

99) 物質意識. 물질적 의식에너지. 칸트의 '물자체'와 비슷하다.

# 1 생명의식의 고유성

　근·현대 대부분의 진화론자는 생물의 의식이나 정신의 고유성을 부정하여, 의식이나 정신은 '뇌물질'이 진화하는 과정에서 부수적으로 발생하였다고 주장한다. 나아가 도덕과 문화 또한 '뇌물질'로부터 기인한 현상이라고 주장한다. 즉 물질일원론적 진화론인 다윈주의[100]는 생물이 지구의 원시 바다에서 '자연발생' 하고, 그 생물은 우연히 우성優性을 누적시켜, 박테리아로부터 인간으로까지 진화하였다는 것이다. 그 과정에서 뇌라는 기관도 우연히 발달하게 되었고 뇌를 구성하는 어떤 물질이 우연히 의식을 발생시키게 되었다는 것이다. 이것이 찰스 다윈[101]과 리처드 도킨스 등의 그 후예들이 《종의 기원》과 《이기적 유전자》 등에서 주장하는 **'자연선택설'**The theory of natural selection이다.

　그런데 다윈주의자들이 의식이나 정신의 고유성을 부정하는 것은 어찌 보면 당연하다. 왜냐하면 만약 의식이나 정신의 고유성이 인정되면 물질주의에 근거한 다윈주의는 성립하기 어렵기 때문이다.

　그러나 현재 뇌를 아무리 환원(역추적 분석)해도 뇌물질(중추신경, 시상하부, 시냅스, 신경전달물질 등)에서 생명의식(감각, 심리, 기억, 판단, 추론, 상상)을 발견할 수 없었다. 그리하여 필자는 현재 《진화는 물질회유》에서 물질 즉 신체와는 다르게 우리가 직접 체득하는 비가시적인 의식이나 정신의 고유성을 설명하고 있다. 즉 필자는 생물의 발생과 진화

---

100) Darwinism. 찰스 다윈이 《종의 기원》에서 주창한 '자연선택설'을 말한다.
101) Charles Robert Darwin, 1809~1882. 영국의 생물학자이자 지질학자. 《종의 기원》 등으로 물질주의 진화론인 자연선택설을 주장했다.

는 무기자연의 우연에 의한 것이 아니라, 행복을 추구하는 생명의 의식 에너지에 기인한다는 것이다. 여기서는 우선 생물학자들 스스로 증명한 증거 두 가지를 가지고 생명의식의 고유성을 설명해 보도록 하자. 다른 여러 가능한 증명이 있지만 지면 관계상 생략하기로 한다.

### 생명의식의 생물학적 증거

첫째, 생물학자들은 최초로 뇌腦가 미세하게나마 출현한 동물은 '플라나리아'[102]라고 한다. 이러한 뇌의 출현은 다세포 동물들에서 의식을 집중시킬 수 있으므로 중앙통제를 위해 아주 혁명적이라 할 수 있다. 그런데 최근 유전생물학자들(일본 고조보리 다카시 교수 등)이 플라나리아의 뇌작용 유전자를 동정[103]하여 보았더니 사람의 뇌작용 유전자와 95% 정도 같았다. 그런데 이상한 것은 뇌가 없고 신경계만 있는 선충 종류에서도 뇌작용 유전자가 있다는 것이고, 나아가 신경계조차도 없는 '애기장대'[104]에도 뇌작용 유전자가 존재한다는 사실이었다.⟨#19⟩

이러한 사실은 뇌가 출현하기 이전에도 생명의식에 관계하는 유전자가 존재했다는 뜻이다. 나아가 그 후 생물이 더욱 진화하면서 중앙통제소가 필요하게 됨에 따라 그 유전자들이 이용방식을 변경하여 의식이 뇌에다 집중적으로 작용하게 된 것을 말해 주는 것이다. 따라서 일부 진

---

102) 편형동물 와충류로 몸길이 3.5cm 정도.

103) 同定. 같은 작용끼리 분류.

104) 십자화과의 두해살이풀.

화론자들은 뇌에서만 의식이 발현한다고 주장하지만, 앞에서 거론한 애기장대를 비롯한 식물들과 뇌가 아닌 심장 등의 자율신경과 근육기억[105] 등으로 볼 때, 생물의 모든 세포에 생명의식이 결합하고 있음을 알 수 있는 것이다. 이에 따라 의식은 뇌의 부수적인 산물이 아니라 초기의 생물에게서부터 존재하였다는 것을 알 수 있다.

둘째, 분자생물학자 혹은 유전학자들은 식량이나 질병 등 여러 문제를 해결하기 위해 '유전자재조합'[106] 혹은 '유전자변형'[107]을 연구하고 있다. 그중 일련의 유전학자들이 쥐를 이용하여 쥐의 IQ 향상 실험을 했다.

쥐는 원래 IQ 관련 유전자가 2개인데 이를 복제해서 더 추가한 실험이었다. 즉 IQ 유전자를 총 4개로 늘렸더니 기억력이 남다르게 향상되는 것이었다.

즉 이 연구진들은 쥐들 앞에서 여러 개의 블록을 쌓아 올리는 모습을 보여 준 다음에, 물통 속에 그 쥐들과 블록들을 집어넣었다. 그런데 보통 쥐들은 블록을 기억하지 못해서 물속에서 우왕좌왕하다가 빠져 죽는 데 반해, IQ 유전자를 추가로 재조합해 준 쥐는 블록을 기억해 쌓아 올리고 그 위에 올라탐으로써 빠져 죽지 않은 것이다.[108]

이 실험으로 도출된 사실로 두 가지 중요한 결론을 내릴 수 있을 것이다. 첫째, 유전자가 가시적인 표현형[109]만 결정하는 것이 아니라, 기억

---

105) 일반인의 생활습관과 운동선수의 연습으로 알 수 있음. 기억은 의식의 주된 기능.
106) 유전자의 새로운 교차.
107) 유전자 가위로 유전자를 제거 혹은 추가.
108) 유민, 《유전학》, 월드사이언스, 2011년.
109) 유전자에 의해 최종 발현된 신체적 기능과 형태.

력과 IQ 같은 비가시적인 의식적 능력까지도 좌우할 수 있다는 것이다. 둘째, 같은 쥐 중에서 뇌물질의 발달과는 상관없이 지성[110]이 독립적으로 향상될 수 있다는 것이다. 첫 번째 결론은 유전자도 의식이 있다는 뜻이다. 왜냐하면 DNA의 형질발현 정보는 의식의 프로그램이며, 의식 없는 정보는 있을 수 없기 때문이다.[111]

여기서는 특히 두 번째 결론에 주목하자. 즉 다원주의자들의 주장처럼 뇌물질이 발달하여야 비로소 이성과 지성이라는 의식이 발생하는 것은 아니라는 것이다. 즉 앞의 실험과 같이 쥐의 뇌물질의 발달과는 관계없이, 독자적으로 IQ 유전자가 뇌에 주입되면 지성이 향상될 수 있음을 보여 준 것이다. 즉 뇌물질의 발달이 의식을 자연발생 하게 하는 것이 아니라, 이미 독립적으로 프로그램 된 세포의 유전자에 의해 지성이 작용함을 의미하는 것이다. 즉 다른 쥐보다 뇌물질이 덜 발달한 쥐라고 하더라도, IQ 유전자라는 의식이 추가 주입되면 지능이 향상될 수 있다는 것이다.

특히 박테리아와 같이 뇌가 없는 단세포생물들도 스스로 진로와 먹이를 찾는 등 온전히 '가치선택'[112]을 하며 살아가고 있다. 그러므로 의식은 뇌물질의 발달과는 큰 관계가 없는 세포들의 유전자에 이미 결합하고 있던 것이다. 이처럼 뇌는 다세포생물들의 중앙통제기관일 뿐이었다. 그러므로 뇌도 의식이 집약된 통로일 뿐이며, 충분한 의식이 흐르게 하기 위해서는 뇌의 물질이나 크기에 상관없이 뇌세포 유전자에 의식이 더욱 확충되면 되는 것이다.

---

110) 인지, 기억, 경험, 학습 등.
111) 유전자의 의식에 관해서는 《진화는 물질회유》를 참조.
112) **價値選擇**. 물질의 항상적 선택에 반해, 항상 동일하지 않은 생물선택.

좀 더 쉽게 컴퓨터를 가지고 설명해 보자. 컴퓨터에는 기계적 장치인 하드웨어 외에 프로그램인 소프트웨어가 있다. 그런데 그 프로그램이라는 정보는 인간의 의식이 주입된 것이다. 즉 프로그램은 어떠한 물질과도 관계없다. 따라서 프로그램에는 인간의 정보의식만이 흐르는 것이다. 이미 하드웨어도 반도체를 이용한 정보통로에 인간의 아이디어가 적용되고 있지만, 더욱 의식의 고유성을 뚜렷이 설명하려면 선택(가치)의식이 흐르고 있는 소프트웨어가 제격이다.

이처럼 분명히 존재하나 비가시적인 프로그램처럼, 인간의 의식도 분명히 물질과는 독립적으로 존재해야만 하드웨어를 결합할 수 있고, 소프트웨어를 프로그램할 수 있는 것이다.

그러므로 진화론자들의 뇌라는 물질이 발달하면 의식이 자연발생 한다는 사고는, 하드웨어를 많이 쌓아 두면 그에 따라 어떻게든 게임과 워드 프로그램이 자연발생 할 수 있다는 것과 마찬가지이다. 또 하드웨어만 분해해 환원해 보면 프로그램이 보일 것이라는 어처구니없는 논리와 같은 것이다. 따라서 그런 논리라면 프로그래머는 필요 없고 반도체만 열심히 쌓아 두면 될 것이다.

### *의식에너지*

앞에서 물질은 에너지로 환산된다고 하였다. 마찬가지로 의식도 에너지로 파악할 수 있다. 왜냐하면 지금까지 밝혀진 우주만이라도[113] 조

---

113) 현재 우주의 1% 정도만이 파악됐다.

망해 볼 때, 다른 것으로는 물질과 생명의식의 성질을 통약[114]할 수 없어서이다. 현재 여러 분야의 연구에서 생명의식만이 가지는 독립된 힘이 뚜렷이 밝혀지고 있다. 즉 연정과 두려움은 생각만으로도 심장을 두근거리게 한다. 또한 스포츠의 멘털mental 효과는 충분히 인정된다. 그리하여 골프나 야구 등의 스포츠 선수들에게는 특히 멘털이 강조된다.

그리고 관련 연구에 따르면 운동하는 상상만 해도 근육이 약화되는 것을 어느 정도 방지할 수 있다고 한다. 나아가 뇌에 칩을 넣은 장애인이 생각만으로 휠체어를 움직이거나, 생각만으로 체스를 두는 실험이 완성단계에 있다. 그리고 스트레스가 건강에 큰 영향을 미친다는 것은 주지의 사실이다. 나아가 스트레스는 면역세포 내의 림프구를 조절하여 면역기능을 조절한다는 사실이 밝혀지고 있다. 그런데 만약 스트레스에 에너지가 없다면 면역세포에 어떠한 전달과 영향도 미칠 수 없을 것이다.

그러므로 의식은 스스로 에너지를 가지는 것이다. 즉 의식이 에너지와 함께하지 않는다면 아무짝에도 쓸모없는 것이다. 따라서 의식은 주체적으로 사유하는 '정보처리에너지'인 것이다.

여기서 다윈주의의 문제에 대해 조금 더 알아보자. 앞에서도 말했듯이, 다윈주의는 무기물에서 우연히 유기체가 조립되었다는 것이다. 나아가 무기자연의 '자연선택'에 의해 적응되어 박테리아에서부터 인간으로까지 진화하였다는 것이다. 따라서 다윈주의의 진화동력은 '우연'이다. 물질이 오랜 세월 이합집산을 반복하는 과정에서 우연히 고등동물로 진화하였다는 것이다.

---

114) 通約. 전체를 대표할 수 있는 것.

그러나 단도직입적으로 말해서 우주에는 우연이란 없다. 그렇다면 필연만이 나타날 것인가? 그렇지도 않다. 우주에는 우연도 아니고 필연도 아닌 자유로운 선택만이 작용한다. 우연과 필연은 인간이 상상한 편의적인 관념이다. 뒤 '카나드'에서 차츰 설명되겠지만, 우주는 전체적인 목적론이나 결정론이 작용하는 것이 아니라, 개별의식의 선택만이 그때그때 작용하는 것이다. 그러므로 그 **'의식에너지'**의 정중동의 선택에 따라 '현실체'[115]가 나타나는 것이다.

그러므로 자연과학과 다원주의가 환원하는 물질에는 선택이 보이지 않는다. 그리고 상대적으로 항상적인 물질과는 달리 가치선택 하는 생명의식은 비가시적인 데다가 환원 불가능한 것이다. 더욱이 이성에 의한 선택보다 감성에 의한 선택은 더욱 환원 불가능하다. 왜냐하면 감성적인 선택은 선택한 자신도 잘 알기 어렵기 때문이다.

쉬운 예를 들어 보자. 우리가 길을 가다 친구를 만났다. 그런데 그 친구의 지난 선택을 자세히 알지 못하면, 우리는 그 만남을 우연으로 처리한다. 즉 지난 선택을 잘 알지 못하기 때문에 우연이 가장假裝되는 것이다. 이처럼 부족한 우리 의식은 우연으로라도 처리하여 심리적 안정과 다음 행로를 위해 **'임시충족'**[116] 하는 것이다.

그러므로 '자연선택'도 우연으로 가장된 생명의식의 선택이었던 것이다. 즉 필자도 인간이 하등동물에서 진화하였고, 현재도 진화 중임을 충분히 인정하고 있다. 그러나 다원주의는 그 진화의 동력을 잘못 파악한 것이다. 이것은 가시적인 것에만 몰두한 결과이다. 그렇다면 무엇이 진

---

115) 지금의 조직체.

116) 사람은 현재 상황에 대해 만족할 만한 합리적, 논리적 인식에 이르지 못하더라도, 다음 진행을 위해 그것을 임시라도 마무리한다는 것.

화를 이루어 내는 것일까? 그것은 생명의식에 의해 이루어진다는 것이다. 즉 유기체의 진화는 무기물의 우연한 결과가 아니라, 우주의 '**생명의식에너지**'(생명의식, 생의식)의 가치선택에 의해 이루어지는 것이다.

### 생명의 기원과 '물질회유'

생명의식은 물질과 비교해 상대적으로 자유로워 물질을 지배하려 한다. 그러므로 최초의 생물탄생도 이러한 생명의식이 '**물질회유**'物質懷柔를 함으로써 나타났다고 생각된다. 즉 지구를 둘러싼 생명의식이 미세하게나마 조금씩 물질을 회유하면서 아미노산과 단백질이 결합되는 것이다. 이어 생명의식이 더욱 참가하게 되어 생명이 탄생하게 되는 것이다. 나아가 생명의식이 더욱 '확충'되면 식물과 동물로 분기되고, 급기야 인간으로까지 진화하게 되는 것이다.

그러므로 생물은 창조신에 의해 창조된 것도 아니며, 다윈주의처럼 물질의 우연에 의해 '자연발생' 한 것도 아니다. 생물은 생명의식이 물질을 회유함으로써, 물질과 생명의식이 결합하여 탄생한 것이다. 이에 대해서는 지면 관계로 여기서는 대개 생략되겠지만, 필자의 《진화는 물질회유》에서 상세히 설명되고 있다.

그러므로 생물의 진화에 대한 증거는 부정할 수 없다. 다만 우연히 진화가 이루어지는 것이 아니라, 생물이 탄생한 후 계속된 의식의 가치선택과 의식의 확충에 따라 진화가 이루어지는 것이다. 따라서 진정한 진화는 **의식의 총량이 증가**하는 것이다. 이것은 동식물보다 인간이 문제

해결능력이 뛰어남에서 알 수 있다.

그리고 인간은 계속 진화해 나갈 것이다. 신체적인 **'내부회유'**[117]도 계속될 것이고, 외부물질에 대한 기술문명의 **'외부회유'**[118]도 계속될 것이다. 또 생물들 사이에는 **'관계회유'**[119]와 이 모든 회유가 어우러지는 **'복합회유'**[120]도 잘 이루어져 공동체가 발전하도록 해야 할 것이다. 나아가 앞으로는 인간 정신도 더욱 진화하여 정치와 경제, 예술과 문화에서 더욱 자유로운 정신을 구사하게 되리라 기대된다.

## 독립의식

그런데 우주에 존재하는 의식은 단지 몇 개의 에너지 모임이라고 생각할 수 없다. 우주는 수없이 많은 미세한 의식에너지의 모임일 수밖에 없는 것이다. 그 이유는 큰 물질에서부터 미세입자까지 각각 독립적으로 제 기능을 온전히 독립적으로 수행하고 있음에 따라 잘 알 수 있다.

즉 거시적으로는 빅뱅을 한 우주는 암흑에너지로 지금도 팽창하고 있으며, 은하는 암흑물질과 중력에 따라 균형을 맞추고, 태양계는 태양을 중심으로 회전하며, 지구는 공전과 자전하며 각각 제 기능을 독립적으로 수행하고 있는 것이다.

---

117) 內部懷柔. 신체적인 진화.
118) 外部懷柔. 물질문명의 발달.
119) 關係懷柔. 양심과 도덕 같은 윤리의 발달.
120) 複合懷柔. 내부회유, 외부회유, 관계회유가 복합적으로 이루어져 시너지가 나타나는 회유.

나아가 미시적으로 원자와 빛 등도 수없이 많은 의식에너지의 모임으로 생각된다. 즉 원자 내에서는 양성자, 중성자, 전자 등이 있고, 그 양성자는 여러 쿼크의 모임이다. 이러한 미세한 쿼크도 제 기능을 독립적으로 수행하고 있다. 또한 빛은 스펙트럼으로 분산된다. 분산된 가시광선과 적외선, 자외선은 특유의 기능들을 독립적으로 수행하고 있다는 것이다.

그리고 생물체를 보면 가장 미세한 단세포인 박테리아도 삶을 온전히 독립적으로 영위하고, 다세포인 동식물과 인간도 제 삶을 온전히 독립적으로 영위하는 것이다. 즉 보통 성인은 60조 개 정도의 세포들로 이루어져 있다. 그런데 각 세포는 크기와 모양이 달라도 자신들의 역할을 독립적으로 수행한다. 그리고 각 세포 내에는 세포핵과 소기관들이 그 역할을 독립적으로 수행해야만 하고, 세포핵 안의 DNA도 제 역할을 독립적으로 수행하는 것이다. 그리하여 각 세포가 모여 기관을 형성하고, 그 기관들이 모여서 한 사람의 신체가 영위된다.

특히 대부분 생물은 신체 일부가 훼손돼도 살아갈 수 있다. 해삼 같은 동물은 반쪽을 자른다든지 내장을 없애도 온전한 개체로 복원된다. 이러한 현상은 소실된 세포 외 나머지 세포가 독립적으로 기능할 수 있음을 의미하는 것이다. 그런데 따로 기능을 수행한다는 것은 독립적인 의식이 있음을 의미한다. 그리하여 우연한 기능수행은 비합리적이고 비논리적일 것이다. 따라서 우주는 무수한 주체적인 '독립의식'들이 모여 형성되는 것이다.

## 2 다중법칙과 그 통약

그리고 우주에는 여러 법칙이 동시에 진행되고 있다. 무기자연에는 무기자연의 법칙이 있고, 또한 유기자연에는 무기물과는 다른 고유한 유기자연의 법칙이 존재하는 것이다. 무기자연은 물리화학 법칙으로 이루어진 데 반해, 유기자연에는 생장 · 복제 · 노화 · 죽음 · 적응 · 선택 · 의지 등이 있어 무기자연과는 확연하게 다른 법칙을 가지는 것이다. 필자는 이처럼 수많은 법칙이 온전히 다르게 진행되는 사실을 '**다중법칙**'이라고 부른다. 즉 다중법칙은 우주에서 여러 다른 역학이나 규칙이 나란히 병행되는 현상을 말하는 것이다.

더군다나 우리가 아직 잘 알지 못하는 역학이나 규칙이 작용하고 있다고 생각된다. 현대의 천문학자들은 우주에는 일반물질[121]이 4% 정도, 암흑물질이 23% 정도, 암흑에너지가 73% 정도로 구성되어 있다고 파악하고 있다. 그런데 암흑물질은 원자로 이루어지지 않았음이 확인되었고, 암흑에너지도 우주가 팽창해도 그 에너지가 엷어지지 않음에 따라 공간 자체의 에너지로 파악하고 있다. 그러므로 우주 대부분을 차지하는 암흑물질과 암흑에너지는 기존의 일반물질 및 중력과는 전혀 다른 법칙으로 작용하는 것이다.

나아가 일반물질들도 서로 역학적인 상관관계가 없는, 여러 다른 규칙으로 진행되는 에너지들이다. 핵력[122], 전자기력[123], 전자전위[124], 불

---

121) 원자로 이루어진 물질.

122) 강력과 약력.

123) 음극과 양극.

124) 전자궤도의 불연속.

확정성의 원리[125]들처럼 모두 다른 규칙으로 진행되고 있다.

한편 우리 우주는 더 큰 우주에 속한 일부일 가능성이 크다. 즉 '메가우주'Megaverse, '다중우주'Multiverse의 존재를 부인할 수만은 없다는 것이다. 왜냐하면 우리 우주가 '빅뱅'Big Bang 하여 팽창하고 있다면, 빅뱅 전에도 이미 팽창할 바탕이 있었음을 의미한다. 또 빅뱅 하기 위해 많은 에너지를 집약한 우리 우주는 다른 에너지까지도 더욱 집약할 수 있었을 가능성을 배제하기 어렵기 때문이다. 즉 우리 우주에 포집되지 못한 다른 에너지들은, 아마 다른 우주를 다른 방법으로 형성하고 있을 수 있다는 것이다. 따라서 필자는 메가우주가 안에 각각 고유한 법칙들을 사용하는 다중우주를 포함할 수 있음을 말하는 것이다.

### 동일근원(포괄근원)

그런데 이러한 서로 다른 법칙들은 현재로서는 통약 불가능하다. 그러나 이러한 법칙들이 우주라는 동일 공간에서 동시에 진행되고 있으므로, 어떤 상위법칙에 따라 반드시 통약이 되어야 한다. 그리되어야만 우주의 근원적인 균형을 이룰 수 있을 것이다. 즉 다중법칙이 우주라는 동일 시공에서 작용함에 따라, 이에 대한 '동일근원' 혹은 '포괄근원'이 있어야만 하는 것이다.

그리하여 현대의 물리학자들과 천문학자들은 중력이론과 양자역학

---

125) 전자의 위치와 속도를 동시에 기록할 수 없다. 관찰자의 관심에 따라 위치나 속도 중 하나만 특정할 수 있다.

을 통합할 수 있는 '양자중력이론'이나 'M이론'[126], '통일장이론', '대통합이론', '궁극이론' 등의 이름으로 통약의 연구에 매달리고 있다.

그 유력한 이론 중에 '초끈이론'super-string theory이란 것이 있다. 초끈은 쿼크[127]보다 미세한 진동하는 끈을 말한다. 이 초끈이론은 각 초끈의 다양한 진동 형태에 따라 다양한 에너지와 입자를 발생시키고, 양자역학과 중력과 핵력과 암흑물질과 암흑에너지 등도 모두 파생시킬 수 있다는 것이다.

그런데 과학자들과 마찬가지로 철학자들도 이미 오래전부터 통약되는 근원을 탐구해 왔다. 즉 철학이나 존재론의 근본적인 탐구는 이러한 우주의 동일근원에 관한 것이다. 그리하여 지금까지 많은 철학자는 신이나 이데아[128], 부동의 원동자[129], 일자[130]와 포월자[131] 등으로 제1원인(최초원인)을 제시하였다.

그러나 다중법칙은 그러한 추상[132]에 의해 통약할 수 있는 것이 아니었다. 추상에 포함된 상상은 사실적 근거가 희박한 관념이기 때문이다. 더군다나 과거에 있었던 선한 신의 존재 증명[133]들은 상상에다 상상을 더한 '중첩상상'[134]이었던 것이다.

---

126) Master theory. 여러 역학들을 모두 아우를 수 있는 이론.

127) 현재 원자핵 내의 최소입자.

128) Idea. 플라톤이 말하는 자연과 사물 이전의 원본 형상.

129) 아리스토텔레스가 말하는 우주의 근원.

130) 一者. 플로티노스가 제시한 세상을 배태한 최초의 근원.

131) 包越者. 야스퍼스가 제기한 주관과 객관, 자기와 타자를 포함할 수 있는 초월자.

132) 약간의 경험에 이은 상상으로 연역.

133) 안셀무스, 토마스 아퀴나스, 데카르트 등의 증명이 있다.

134) 신을 상상함에 이어 완전성, 최고선 등을 추가하여 여러 번 중복으로 상상하는 것.

따라서 우리는 직관, 통찰, 추상, 상상 등으로 근거를 찾더라도, 귀납적인 사실과 경험[135]에 기초하여 지속적인 교차 점검Cross Check이나 되먹임Feedback을 하여, 객관적이고도 과학적인 추론을 형성시켜야 할 것이다. 이러한 객관적이고도 과학적인 추론을 '**귀납추론**'이라고 한다. 물론 그것은 쉬운 과정이 아니다.

여하튼 객관적이고도 과학적인 추론은 귀납적 사실에 근거하지만, 비객관적이고도 비과학적인 추상은 사실적 기반이 약한 연역이라는 것이다. 그러므로 상상된 보물섬은 실재할 수 없는 것이다. 이제 앞에서 거론한 '과거존재론'[136]의 제1원인들은 앞의 독립의식을 감안해 보면, 그 근거가 아주 부족한 추상이었음을 알 수 있을 것이다.

# 3 카나드

그러므로 다중법칙의 통약은 실재하는 미세한 에너지, 그것도 독립적인 의식에너지에 의해서만 가능한 것이다. 그러면 이제 우주에서 독립적인 최소에너지 하나하나를 '의식단자'意識單子 또는 '**카나드**'Conad라고 부르기로 하자. 카나드Conad는 Conscious Monad의 합성어 약자이다. 필자는 이 같은 카나드의 이해를 위해 지오다노 브루노1548~1600 혹은

---

135) 특히 과학.
136) 중세 이전의 존재론.

라이프니츠1646~1716가 말하는 모나드Monad를 활용하였다. 특히 라이프니츠의 단자 혹은 모나드란 신에 의해서만 서로 연결되고 움직이는 형이상학적 단위 실체를 말한다.

그러나 카나드는 모나드와는 달리 신의 여부와 상관없이, 스스로 사고하여 서로 연결하고 움직일 수 있는 주체적이고도 자유로운 의식에너지를 말하는 것이다.

## 카나드와 카나즈

따라서 '카나드'는 앞에서도 거론하였듯이 단위적인 의식에너지를 말한다. 그런데 에너지는 전달력만을 의미하기 때문에, 모든 정보와 가치는 의식에 있다. 그리고 사유하지 못하는 의식은 아무것도 아니다. 따라서 의식은 곧 사유함을 말하는 것이다. 그리하여 우리가 체득하는 사유에 관한 필자의 연구에 따르면, 그 사유의 속성으로는 **'목적성'**(행복추구성), **'주체성'**(독립성), **'자유성'**(자율성)을 내포하고 있다. 따라서 카나드는 아주 미세한 의식이지만, 그 미세한 상태에서도 스스로 자유롭게 행복을 위해 가치선택을 할 수 있는 것이다.

그리고 카나드는 아무리 미세하더라도 이성과 감성 등 의식의 모든 기능과 방법을 또한 내포하는 것이다. 왜냐하면 앞에서 거론했듯이 아무리 미세한 물질들도 그 역할을 온전히 수행하고 있기 때문이다. 그리하여 카나드의 모임과 변화되는 실체에 따라, 그 내재한 성질은 그 발현을 크게 달라지게 할 수 있는 것이다. 즉 의식에너지의 속성과 기능과 방법이 인간에게서만 돌출된다기보다, 카나드의 모임에 따라 모든 생물에 그 상동성[137]이 나타나리라는 것이 합리적일 것이다.

나아가 이러한 기본적 속성과 기능과 방법들의 미세한 차이로 인해 수많은 종류의 카나드가 존재할 수도 있을 것이다. 그러므로 우주는 무수한 종류의 무수한 카나드들의 모임이 되는 것이다. 이것은 앞의 다양한 진동으로 다양한 에너지와 입자를 발생시킨다는 '초끈'을 생각하면 이해에 도움이 될 것이다.

한편 카나드 하나로서는 그 에너지가 미미하여 추구하는 목표가 극히 제한적일 수밖에 없다. 따라서 카나드들이 다수 모여 **'카나즈'** Conads가 되어야, 의도하는 목표를 좀 더 효과적으로 추구할 수 있을 것이다. 즉 큰 카나즈일수록 큰 목표를 이룰 수 있을 것이다. 따라서 인간도 60조 개 이상의 세포가 모여 특유의 공동목표에 이를 수 있는 것이다. 그러므로 생물들은 생물카나즈이고, 인간은 인간카나즈라고 할 수 있을 것이다.

## *카나드의 근원*

그렇다면 카나드들은 도대체 어디서 유래한 것인지에 대한 의문도 생길 것이다. 그리하여 우주를 끝없이 환원하다 보면 에너지를 넘어, 무無의 개념에 도달할 수밖에 없게 될 것이다. 이처럼 무의 개념을 기초로 할 때 '왜 무엇이 존재할 수 있는가?'가 의문스럽다. 그렇지만 이와

---

137) 다른 여건에도 동질의 행태를 보인다.

더불어 우리 앞에는 자연이 엄연히 존재하므로 '왜 무엇이 없을 수도 있는가?'도 의문일 것이다.

그러므로 무도 무엇인가로 환원되어야 한다. 즉 그 무도 무엇인가 유有에서 배태되어야 한다는 말이다. 왜냐하면 우리 의식이라는 유가 무를 상정하고 있기 때문이다. 그리되면 결국 유무를 오가는 순환논리에 빠지게 된다.

그런데 경험조차 인정되지 않는다면 우리의 논리는 아무런 바탕이 없어져 버린다. 따라서 우리는 삶을 위해서라도 최소한 '보편적 경험'[138]은 인정되어야 할 것이다. 즉 경험에 대한 부정은 경험하는 자신도 부정하는 것이다. 그러나 사실 무는 경험적이라기보다 유의 반성적 개념일 뿐이며, 무에서 유가 나오는 것도 논리적인 모순이다. 즉 무에서는 아무것도 배태될 수 없는 것이다. 무는 상상일 뿐이며 아무것도 아니다.

그러므로 카나드들은 항존하는 유로부터 존재하리라는 것이 합리적일 것이다. 즉 끝없는 우주공간의 무수한 카나드들은 에너지인 유로 처음부터 존재하는 것이다.

한편 카나드와 자재신自在神과도 비교해 보자. 유일신과 같은 자재신의 배태 문제도 카나드와 마찬가지이다. 즉 우리의 귀납추론으로는 자재신도 어디에서든 배태되어야만 하는 것이다. 그런데 자재신은 비경험적이기 때문에 그만큼 사실성이 떨어지는 것이다.

그에 비해 카나드는 우리가 매일 경험하는 의식을 근거로 추론하는 것이므로 사실에 바탕을 둔 것이다. 즉 신과 이데아, 일자와 포월자 등은 아무런 사실적 기반이 없는 상상이나 착각에 불과하지만, 카나드는

---

138) 대다수가 인정하는 경험.

우리가 직접 체득하는 생명의식에 기반하는 것이다. 즉 우리의 신체(세포와 DNA 등)와 정신을 이루는 의식에너지는, 독립정신과 의식단자를 증명하는 카나드로서 우주 자연에 이미 주어져 있는 것이다.

이처럼 유사 이래 지금까지의 형이상학은 대부분 의식의 밖에서 제1원인을 찾아 왔다. 즉 우리 의식을 경원시하고 그 의식의 밖에서 무엇인가가 우리를 창조하고 운행하고 있다고 사고한 것이다.

그런데 사실 우리 의식의 밖에서부터 제1원인을 찾는다는 것은, 아무런 기반을 갖지 못하는 것이다. 의식의 밖에는 사실적인 근거가 전혀 없는 것이다. 그 의식의 상상만이 난무할 뿐이다.[139] 아마 의식의 밖에서 제1원인을 찾으려 한 대표적인 이유라면 우주 자연과 비교해 인간이 너무 연약하고 부족하다는 사실이었을 것이다.

그러나 각 카나드는 부족하지만, 그 모임이 커질수록 그에 비례해서 큰 에너지를 발휘하게 되는 것이다. 왜냐하면 우주가 그러한 의식에너지의 모임이기 때문이다. 즉 독립적이고 자유로운 정보처리 의식에너지는 신이 아니라, 스스로 선택하며 변화하는 것이다.

이처럼 우리가 실제 체득하는 의식과 그 능력을 뒤로하고, 그 의식이 상상하는 데 초점을 맞춘다는 것은 잘못된 일이다. 즉 과거의 철학과 존재론에는 사고의 방법에 문제가 있었던 것이다. 즉 과거는 현재에서부터 시작되어야만 하는 것이고, 또한 연역은 귀납으로부터 근거가 마련되어야만 하는 것이다. 이를 거꾸로 하면 시작의 근거가 사라져 상상부터 난무하게 되는 것이다.

그러므로 존재론은 이제부터라도 체득되는 의식에너지에서부터 시

---

139) 상상의 기능은 과거의 근원을 추론하는 것이 아니라, 창의적으로 미래를 열기 위한 것이다.

작해야 한다. 즉 먼저 우리 의식의 작용을 면밀하게 연구해야 할 것이다. 나아가 생물의 의식생태를 더욱 깊이 연구하여야 할 것이다. 즉 생물의 생태를 생명의식의 관점에서 다시 면밀히 연구해야 하는 것이다.

그리고 우리 의식의 근원을 위해 외부 세상의 경험, 특히 과학적 경험을 값진 재료로 사용해야 한다. 왜냐하면 과학적 경험은 가장 정확한 재료이기 때문이다.[140] 이렇듯 생명의식의 관점에서 내·외부를 파악하다 보면, 체득이 가능한 사실적이고도 경험적인 근거가 무궁하다. 즉 우리 의식은 대상을 경험하고 인식하고 판단하고 선택하는 능력을 잘 보여 주고 있는 것이다.

### 물질의식

더 나아가 앞에서도 잠깐 말했듯이, 모든 물질에도 의식이 흐르고 있다고 할 수 있겠다. 왜냐하면 우리가 지금까지 밝혀 온 모든 물질은 일련의 어떤 프로그램이나 법칙에 따라 구성되고 운동하고 있기 때문이다. 즉 무기자연은 스스로 규칙과 통제력을 가지는 것이다. 폴 데이비스는 "자연법칙이 스스로의 지각력을 담고 있다."⟨#20⟩라고 말한다.

따라서 하나의 물질도 그것의 고유한 물리화학 등의 법칙에 따라 움직인다. 그런데 그러한 물질법칙도 정보이다. 즉 수소와 산소의 정보가 다르고, 구름과 바위의 정보가 다르다. 그리고 그 정보란 특별한 가치

---

140) 반면 후설의 '현상학'은 내부의 직관을 중요시하다 보니, 외부를 등한시하게 되었고 의식이 가진 에너지를 미처 몰랐던 듯하다.

체계를 말한다. 그러한 가치체계는 우연한 것이라 볼 수 없다. 즉 우연은 무에서 나타날 수 있기에, 유에서는 거론될 수 없는 것이다. 그러므로 그러한 정보와 가치체계는 의식이다. 왜냐하면 의식 아닌 정보와 가치체계는 있을 수 없기 때문이다.

이제 그러한 물질정보는 물질의식에너지 즉 **'물질의식'**[141]이라고 할 수 있을 것이다. 즉 물질의식은 에너지가 주가 되는 항상적인 의식에너지를 말한다. 그리하여 독특한 물질의식은 독특한 입자와 전달력을 형성시킬 것이다. 말하자면 쿼크와 전자와 광자는 조금씩 다른 물질의식인 것이다. 그리고 생명의식은 의식이 주가 되는 의식에너지로서, 가치선택까지도 가능하다고 할 것이다.

그런데 이러한 생명의식은 상대적으로 자유로워 물질을 활용하려 한다. 그러므로 간략히 말해 생물은 생명의식이 물질을 활용하기 위해 기존 물질을 회유하며 발생하는 것이다. 그러므로 생물은 한시도 물질을 회유하지 않으면 안 된다. 따라서 식물(독립영양생물)은 '탄소동화작용'이라는 물질회유를 꾸준히 해야 하고, 동물(종속영양생물)은 한 번 회유된 먹이로 자신에게 맞게 산소호흡 하며 다시 회유해야 하는 것이다.


### 인간의식

이제 인간의 의식에 대하여 알아보자. 그런데 우리가 직접 체득하고 있는 관계로, 인간의식을 분석하게 되면 우주에 존재하는 카나드들의

---

141) 物質意識. 칸트의 '물자체'와 비슷하다.

상관관계를 어느 정도 알 수 있다. 그리하여 필자는 모든 생물을 비롯한 인간은 신체(육체)와 생명의식으로 이루어져 있다고 구분한다. 혹자들은 육과 혼과 영으로 나누기도 하고, 육과 마음Mind과 영혼Sprit으로 나누기도 한다.

그러나 먼저 필자는 영혼이란 용어를 피하고 싶다. 왜냐하면 영혼이란 용어는 과거부터 신과 연관되는 이미지가 강하기 때문이다. 또 인간을 굳이 세 부분으로 나누지 않는다. 왜냐하면 마음과 영과 혼과 정신은 모두 생명의식의 하나에 속하는 것이기 때문이다. 그리하여 인간을 신체와 생명의식 두 가지를 가지고 설명할 것이다.

첫째, 신체는 물질로 되어 있다. 물질은 카나드 중 물질의식을 가진 에너지들이 뭉친 것이다. 따라서 물질은 물리화학의 규칙적인 성질을 나타낸다. 즉 물질은 초끈에 비유하자면 물질의식은 생명의식보다 진동수가 낮은 초끈이라고 볼 수 있을 것이다. 그런데 그 규칙적인 성질은 항상적이어서 가치선택을 거의 하지 못한다. 그리하여 상대적으로 자유로운 생명의식에 의해 활용될 수 있다는 것이다.

둘째, 생명의식이란 앞 '의식의 고유성'에서 보았듯이, 물질과 결합되지만 항상적인 물질과는 달리, 보다 가치선택 할 수 있는 의식을 말한다. 그러므로 생명의식은 물질을 회유하고 결합하여 생물을 형성케 하는 것이다. 그런데 물질과 결합한 생명의식은 그 이질성으로 말미암아 독특한 형질을 나타내게 된다. 탄생과 죽음, 활동과 수면, 식음과 대사, 자유와 한계 등이 그것이다. 또 물질과 결합해 있는 생명의식은 그 실체에 어울리는 감각, 기억, 직관, 판단, 추상 등을 가지게 된다.

그리하여 생물은 그 종 내에서도 다양한 스펙트럼이 형성될 수 있다. 즉 감각을 좀 더 추구하는 사람이 있고, 상상을 좀 더 추구하는 사람이 있을 것이다. 부연하여 인간의 '마음'이란 현재 그 사람의 감성이 주관하는 의식상태라 말할 수 있을 것이다. 또한 '정신'이란 그 사람의 이성이 주관하는 의식상태라 할 수 있을 것이다. 그리고 영혼을 굳이 구분하자면 정신의 진수眞髓라 할 것이다.

### 인간의식의 속성과 기능

다음으로 인간의식의 속성과 기능에는 어떠한 것이 있고, 그것이 신체와 생명의식에 어떻게 발현되는지 조금 알아보자. 앞에서 의식단자인 카나드는 정보처리에너지이자 사유에너지이며, 그 기본속성에는 '목적성'(행복추구성)과 '주체성'과 '자유성'이 있다고 했다. 이러한 속성은 물론 우리 의식을 분석하고 추론한 것이다. 따라서 인간의식에도 목적성과 주체성과 자유성이 일관되게 나타난다. 그리하여 인간은 독립적이고도 자유롭게 행복을 추구하는 것이다.

다만 공동체에서는 서로의 자유가 부딪치므로 제한될 수 있다. 즉 우주에서의 모든 카나드가 기본적으로는 자유를 가지지만, 거의 항상 다른 카나드와 같이 하므로 자신의 자유를 적절히 유보하는 것이다. 이처럼 사회공동체에서는 '상호목적성', '상호주체성', '상호자유성'이 나타나게 된다. 따라서 다음 〈표 1〉에서 보듯 모든 존재는 **구성성질**構成性質인 속성이 있으며, 〈표 2〉에서 보듯 공동체에서는 **규제성질**規制性質 혹은 사회성이 나타나는 것이다.

그리고 인간의식에는 기본기능인 이성과 감성이 나타난다. 즉 조화를 추구하는 넓은 이성의 능력으로는 지성, 오성, 좁은 이성(논리, 추론) 등이 있고, 감성의 능력으로는 칠정[142] 등의 감정 및 정서와 신체적 감각이 있다. 물론 이성과 감성의 복합작용으로 직관, 판단, 통찰, 상상, 양심, 사단[143] 등이 나타나기도 한다.

그런데 인간의 목적성에서 나타나는 행복은 이성적이라기보다 감성적이다. 감성적이기 때문에 부족한 지성과 판단력을 가져도 행복할 수 있다. 그리고 행복하기 위해 다른 속성인 자유와 서로 얽혀 조절하며 최대의 행복을 추구하게 된다. 그리고 감성은 동질성과 이질성으로 행복을 추구한다. 동질성은 자신과 비슷한 것을 선호하는 행복이다. 그에 따라 혈연과 친구가 필요하다.

그런데 동질성을 추구하다가도 외롭거나 권태로우면 이질성을 추구하게 된다. 그리하여 이질성은 다양성을 부추기는 것이다. 이러한 동일성과 다양성 사이에서 행복한 균형을 자아내는 것이다. 이처럼 각 족속과 지방에는 동일 복식 내에서도 얼마나 다양한 장식들이 나타나는지 모른다.

이같이 우리 의식에 비추어 보면 카나드의 기본성질도 그러하리라고 추론이 가능한 것이다. 왜냐하면 생명의식도 카나드의 모임이기 때문이다. 다만 비자연계 의식은 자연과의 관계가 적으므로 생명의 특화된 행복보다는, 자체의 이끌림과 변화로 우주적인 영원한 '**고독**'과 '**권태**'를 이겨 나가리라 생각된다. 그리하여 다음의 표처럼 카나드에는 구성성질과 규제성질이 나타나고 있음을 알 수 있다.

---

142) 七情. 희노애구애오욕.

143) 四端. 측은지심, 수오지심, 사양지심, 시비지심.

〈표 1〉 카나드(의식에너지)의 구성성질

| 존재 | 구성성질(속성) | 기능 | 방법 | 세부방법 | 내용 | 비고 |
|---|---|---|---|---|---|---|
| 카나드 (의식 에너지) | 목적성<br><br>주체성<br><br>자유성 | 지향<br>(인식)<br>｜<br>저장<br>(기억)<br>｜<br>반성<br>｜<br>처리 | 감성 | 감각 | 접촉, 경험 | 지향 |
| | | | | 감정 | 정서, 쾌, 불쾌 | 관계 |
| | | | | 욕구 | 신체적, 정신적 충족 | |
| | | | | 의지 | 어떤 목적을 이루려는 줄기찬 감정 | 자유의지<br>삶의의지 |
| | | | | 심리 마음 | 감성이 주관하는 의식상태 | |
| | | | 감성<br>+ 이성 | 정신 | 이성이 주관하는 의식상태 | |
| | | | | 판단 | 가부, 선악 등의 선택을 위한 포괄적인 결정 | 본능도 작용 |
| | | | | 선택 | 다음 진행을 위한 실천적인 결정 | 판단의 연속 |
| | | | | 균형 | 조화, 중화, 중용 | 포괄적 행복 |
| | | | 이성<br>(광의,<br>조화) | 오성 | 경험의 인과성을 파악함 | 인식력 |
| | | | | 지성 | 체계적인 인식으로 삶과 학문에 적용 | 지식력 |
| | | | | 이성<br>(협의) | 보편, 범주(포괄, 차이, 동일, 이질) 논리, 추론 | 논리력 |
| | 에너지 | 실행 | | | 전달력, 변화력, 추진력 | 필수 |

카나드 135

〈표 2〉 카나드(의식에너지)의 규제성질

| 존재 | 규제성질 | 기능 | 방법 | 세부요소 | 내용 | 비고 |
|---|---|---|---|---|---|---|
| 카나드<br>(의식<br>에너지)<br>-생명의식<br>-물질의식 | 사회성 | 관계<br>(평등)<br>(윤리)<br>(조화) | 감성<br>+이성 | 평등 | 개체 간의 공평한<br>권리와 기회 | 자유와 길항 |
| | | | | 양심 | 본능적인 윤리균형감 | 본능적 |
| | | | | 도덕 | 현행적인 윤리균형감 | 양심에 기반 |
| | | | | 정의 | 불의(양심, 도덕,<br>법 등을 어김)에<br>맞서려는 의지 | 양심에 기반 |
| | | | 이성 | 법 | 구속적인 사회규범 | 양심에 기반 |
| | | | | 이성<br>(광의) | 조화, 중화, 중용,<br>균형 | 사회의 목적 |

## 환생과 윤회

환생과 윤회에 대해서도 조금 알아보자. 먼저 우리가 일반적으로 희망하는 환생이란 죽은 사람이 인간으로, 나아가 그 가문의 사람으로 다시 태어나는 것을 의미한다. 그러나 이러한 일반적 의미의 환생은 어렵다고 본다. 필자의 분석을 설명해 보자. 앞에서 거론했듯이 한 사람은 수많은 카나드로 구성되어 있다.

그런데 한 명이 사망에 이르면 수많은 카나드는 각각 흩어져 새로운 선택을 하게 될 것이다.[144] 왜냐하면 앞에서 여러 속성을 거론했듯이, 개

---

144) 불교에서도 사후에는 地水火風으로 흩어진다고 한다.

개 카나드들은 온전히 독립의식으로 각각 새로운 선택을 시도하기 때문이다. 그러므로 사후에는 한 인간의 카나드들이 각각 근원적인 카나드로 일단 회귀할 가능성이 큰 것이다. 그 후 개개 카나드의 선택에 따라 여러 다른 에너지로 나아갈 것이다.

그러므로 새 생명은 새롭게 구성된 카나드라는 것이다. 이처럼 환생은 카나드 단위로 이루어지는 것이기 때문에, 한 영혼이 한 동물에서 그 동물로, 한 인간에서 그 인간으로, 한 가문에서 그 가문으로 환생한다는 것은 거의 이루어질 리가 없다고 보는 것이다. 극히 일부 카나드가 동일 가문을 선택하더라도, 새로운 실존을 형성하는 데 있어 그 범위는 미미한 것이다. 만약 우리가 희망하는 동일 환생이 이루어지리라고 생각하는 것은, 개개 카나드들의 독립성과 선택권을 무시하는 것이 된다.

다음으로 윤회 혹은 영원회귀에 대해서도 다양한 사상이 있지만, 일반적으로 윤회란 만물이 생성과 소멸을 반복하면서 이것과 저것이 되었다가 다시 원래대로 돌고 돈다는 의미이다. 윤회는 어느 정도 가능성이 있다. 왜냐하면 앞에서도 말했듯이 인간의식이 그렇듯, 카나드도 행복을 추구하여 영원한 고독과 권태로부터 변화하려 하기 때문이다.

그러나 카나드 선택권에 비추어 볼 때, 일반적인 실존 단위(예: 사람, 사자 등)의 윤회라기보다 카나드 단위로 윤회한다고 생각되는 것이다. 즉 한 사람의 사후에 동물이 되고, 그 동물은 구름이 되고, 그 구름은 바위가 되고, 그 바위는 다시 그 사람이 될 수 있는 실존 중심의 윤회가 아니다.

즉 실제적으로 윤회는 환생과 마찬가지로 사람의 사후에는 카나드 단위로 흩어져, 각 카나드의 선택에 따라 카나드 단위로 다시 이합집산을 거듭하게 될 것이다. 즉 어떤 한 카나드는 사람의 일부였다가, 다른 카나드들과 새로이 조합되어 다른 동물과 구름과 바위가 되는 것이다. 물론 물질이나 신체도 생명의식과 마찬가지로 카나드 단위로 윤회하는 것이다. 따라서 실존 중심의 윤회는 '인본주의'[145]일 뿐이다. 그리고 영원회귀도 엄밀히 말해 '영원선택'이 옳은 것이다. 즉 카나드의 선택에 따라 운동, 정지, 되돌기, 윤회, 회귀도 하는 것이다.

그러므로 윤회는 카나드의 이합집산을 말하는 것이며, 불교로 말하자면 고독과 권태로부터의 해탈[146] 과정인 것이다. 따라서 윤회를 인정한다면 인생도 해탈 과정에 있는 것이다. 즉 인간은 이전의 카나드들이 고독과 권태로부터 해탈하기 위해 모인 것이다. 이렇듯 해탈 과정에 있는 인간에게 열반[147]을 독려하는 것은 해탈을 그만두라는 뜻이다. 그것은 '이중해탈'(저승의 고해에 머무르게 하려는 셈.)로 **'역해탈'**逆解脫에 해당될 것이다. 그러므로 인간 행복의 완성도를 높여야 한다. 즉 인간이 행복하여야 이전의 카나드들이 해탈되는 것이다.

---

145) 만물이 인간을 위해 진행된다는 사고.

146) 解脫. 아집과 고통으로부터 해방. 열반과 비슷하다.

147) 涅槃. 해탈의 최고 경지, 즉 생사를 초월한 적멸의 상태.

# 4 상상신조와 운집에너지

앞에서 설명한 바와 같이 신은 의식에너지의 모임을 착각한 것으로 볼 수 있다. 그리하여 필자는 유일신의 존재를 부정한다. 즉 유일신은 '카나드'에 비추어 볼 때 존재한다고 볼 수 없다. 왜냐하면 이 지구상에 나타난 유일신은 합리성과 보편성에서 **'자기거리'**[148]가 너무 크게 나타나기 때문이다. 그리하여 앞으로 인류의 지성과 이성의 발전에 따라 유일신은 더욱 사라지게 될 것이다.

그렇다면 소위 **'정령'**精靈 혹은 잡신이라고 하는 것에 대해서는 어떨까? 수많은 사람은 각 사물에 일정한 영들이 내재한다고 생각하고 있다. 그리하여 역사상 약 10만 개의 신앙체계가 존재했었다는 연구도 있다. 그런데 앞으로 여러분들이 필자처럼 영을 인정하지 않더라도 조금도 이상한 일이 아니다. 그러한 사람은 열심히 자기 행복을 개척하면 된다. 그야말로 **'대견한 삶'**이다.[149]

그럴지라도 여기서는 영들에 대한 설명이 좀 필요할 것 같다. 예를 들어 인도의 케랄라주에서는 3만 3천의 신과 영들을 위해 매년 '아라뚜푸자 축제'가 열린다고 한다. 이같이 현실적으로 우리 이웃들은 여러 영을 간증하고 있으며, 또한 그러한 신비한 영들을 믿으려 하기 때문이다. 여하튼 영의 문제는 사실상 초월적이어서 구체적으로 분석하고 비판하기 어렵다. 그렇더라도 카나드의 관점을 가지고 한번 설명해 볼 필요가 있을 것이다.

---

148) 自己距離. 유일신이 선할수록 자신이 창조한 이 세상의 악과 괴리가 나타나는 현상.
149) 대견한 삶은 뒤에서 다시 설명된다.

## *상상신조*

영에 대한 간증은 두 가지 원인으로 분석된다. 첫째, 인간을 중심으로 보면, 인간의 부족한 의식 때문이다. 우주에 비하면 인간의식은 그 에너지의 넓이, 깊이, 세기 등에서 그 바라는 바에 비해 극히 부족한 상태다. 그리하여 인간뿐만 아니라 모든 생물은 의식의 부족 상태에 시달리고 있는 셈이다.

특히 인간의 오성[150]과 지성[151]과 이성[152]은 부정확하고 애매한 상태에 있다. 우리의 오성은 경험의 인과관계를 밝힘에 있어 부정확하고, 경험적 지성은 물질의 겉보기 현상만을 인지할 뿐이다.[153] 그리고 이성은 오성이 밝힌 인과관계를 더욱 애매한 관념과 개념으로 임시충족[154]으로 처리한다. 예를 들어 인간은 생명의식의 근원과 연속성에 대해 잘 알지 못하고, 그 진행에 대하여도 거의 예측할 수 없다는 것이다.

그러므로 앞 머리글에서도 밝혔듯이 종교와 철학과 과학은 이러한 의식 부족을 충족하려는 시도라는 것이다. 그런데 부족한 의식은 그 부정확함으로 인해 혼란을 일으킨다. 일차적으로 인간들이 생각하는 영들은 거의 인간의 부족한 의식 때문이다.

종교인 이전에 우리는 같은 사람임을 강조한 지두 크리슈나무르티 Jiddu Krishnamurti, 1895~1986는 인간은 "불행, 두려움, 억압으로 신을 창

---

150) 인과를 위한 이성.
151) 지식을 위한 이성.
152) 논리와 균형을 위한 의식.
153) 이것을 철학 용어로 '표상'한다고 한다.
154) 다음으로 나아가기 위해 임시적인 완성으로 처리.

조했다."라고 했다. 즉 영과 신은 객관적인 추론의 결과가 아니라는 것이다. 그리하여 인간들이 자신의 정신을 폄훼하여 더욱 능력 있는 것을 상상하게 되고, 결국 그러한 상상들이 신념에까지 이르게 되어 영과 신이라는 '**상상신조**'想像信條를 형성시킨다는 것이다.

그런데 동물에게는 상상신조조차 잘 나타나지 않는다. 원숭이는 영이나 신으로 종교 활동을 하지 않는 것이다. 그러나 인간의식은 동물의식보다 상상신조가 가능한 폭넓은 의식이다. 더군다나 영과 신은 자기의 식이 내부적으로 자각自覺하는 것을 확대해석 하는 것일 수 있다. 즉 인간도 나름대로 의식이 있어 직관과 통찰과 통각이 나타나고 있어, 그것으로 관념을 만들고 예측을 할 수 있다. 그리하여 그러한 자신의 자각을 외부의 영적인 도움으로 오해할 수 있을 것이다.

예를 들어보자. 2019. 9. 6. BBC와 CNN 등이 '네스호'의 괴물에 관한 연구를 보도했다. '네스호'의 괴물에 대한 소문이 증폭된 것은, 1933년 로버트 윌슨이 스코틀랜드 '네스호'에서 거대 공룡인 듯한 사진을 찍어 발표하면서다. 그 후 윌슨이 사진을 조작했다고 실토했음에도, 괴물에 대한 증언은 사라지지 않았다. 이에 2018. 5월부터 뉴질랜드 오타고대학 연구팀이 호수의 전역에서 생물 약 3,000종의 DNA 표본을 채취해, 그중 250종이 호수 근방의 표본임을 확인하였다. 그리고 그 250종의 표본을 분석한 결과, 그 괴물은 거대 뱀장어일 가능성이 크다는 결론을 내렸다. 그리하여 BBC와 CNN 등은 네스호 괴물 논란이 일단락된 것으로 보도한 것이다.

이렇듯 상상신조가 지속되면 인간이 평상심을 잃고 합리성과 보편성을 더욱 상실하게 될 수 있을 것이다. 그리하여 이제 무당이나 샤먼들과 제사장들이 직업으로서 나타나고, 그들의 신앙에 따라 제물을 바치며 소원을 기도하는 것이다. 특히 빠른 악기 소리와 춤 같은 수단에 의한 들뜬 의식으로, 영매靈媒를 불러 궁금한 것을 물어보기도 한다.

나아가 이러한 상상신조는 어떤 사회의 정치, 도덕, 문화와 결부되어 집단으로 나타나기도 한다. 즉 영원불멸을 위한 피라미드와 순장제도[155], 자식과 처녀를 제물로 바치는 행위[156], 각 거류민의 독특한 제사와 제물들이 그것이다. 따라서 이러한 영들은 인간이 상상하여 창조한 것으로 대개 **'악령'**이 되는 것이다. 다행히 현재는 과학문명의 발전으로 보편적 이성이 서서히 확충되어, 이러한 극단적인 악령들이 많이 줄어든 셈이다.

## 운짐에너지

그러나 인간의 상상신조만으로는 설명이 부족하다고 주장하는 사람들도 있을 것이다. 그렇다면 앞에서 설명한 '의식에너지'를 중심으로도 설명해 보자. 그런데 모든 자연계 사물도 카나드이지만, 그 에너지 대부분은 물질적으로 이미 특화되어 있어 자기법칙을 유지하기도 빠듯하다. 즉 자연계 내에서는 물질은 물질대로 물질법칙 내에서 움직여야 하고, 생물은 생물대로 환경에 적응하기 바쁜 것이다.

그러나 공간이 있으면 어디든 의식에너지 또한 분포되어 있으므로, 사물과 인간의 주변에도 의식에너지가 가득 차 있으리라 생각되는 것

---

155) 힌두, 잉카, 고대 동양 문화 등.
156) 잉카, 마야, 페니키아 문화 등.

이다. 그리하여 우리 주변 공간에 있는 의식에너지의 운집雲集에 의해 민감하게 고양된 사람들은, 앞의 상상신조와 맞물려 그것을 영과 신으로 믿으려고 할 것이다. 특히 그러한 **'운집에너지'**의 느낌이 자신에게 연속으로 발생하여, 어떤 일과 우연히 결부되면 상상신조는 더욱 굳어지고 신앙화되는 것이다.[157]

그리하여 일부 사람들은 이러한 사실들로 인해 영들의 합리성과 보편성이 부족해도 어느 정도 묵인해 왔다. 즉 우리 이웃에 나타나는 영들의 발현이나 출몰 행태가 세상과 존재의 전반적인 문제를 다루는 것이 아니라, 아주 국소적이며 지엽적이며 간헐적으로 나타나는 것이다. 그리하여 영은 주로 주변의 운집에너지 영향에 따른 신변잡기로 나타난다고 할 수 있을 것이다.

그렇다면 여기서 유일신과 영(상상신조 + 운집에너지)을 비교해 보자. 앞에서도 말했듯이 유일신과 영을 뚜렷이 구분할 수 있을 것이다. 즉 정령 혹은 잡신은 보통 국지적이어서 다소 비합리적이거나 무보편적이더라도 무디게 넘어갈 수 있을 것이다.

그러나 유일신이라면 불편부당하고 편만하여 그 합리성과 보편성에 대해, 인간 이성으로도 그 타당성을 만족할 수 있어야 한다는 것이다. 그런데 기독교와 이슬람의 최고신은 실제로는 자기거리뿐만 아니라, 자기 창조의 부정, 실존의 자율성 침해(원죄론과 구원론), 타 종교에 대한 적대감 등에 있어 이율배반적이었다고 할 것이다. 따라서 이 지구상에는 온전한 유일신이 나타났다고 볼 수 없는 것이다.

그러므로 만약 야훼와 알라가 존재하더라도, 자기거리로 인해 영의

---

157) 근자에 회자되는 《신과 나눈 이야기》의 신도 이러한 운집에너지로 생각된다.

범주[158]를 크게 넘어선다고 볼 수 없을 것이다. 따라서 각 종교의 '조직신학' 등은 이러한 비합리적인 영을 조직적으로 합리화하여 유일신으로 옹립하는 역할을 하려는 것이다.

그러나 진정한 유일신이라면 무엇 때문에 '조직적인 설명'이 필요하겠는가? 유일신이라면 부차적인 설명이 없어도, 우주에 편만하고도 논리적으로 조직되어 있어야 할 것이다. 따라서 유일신이 원죄와 구원, 지옥과 천국, 기독교와 이슬람교, 신자와 불신자를 가르는 일은 있을 수 없는 일이다.

---

158) 물론 국지적인 정령과 잡신보다는 폭이 조금 넓게 보이더라도 말이다.

증거 5

# 천국의 허구성

## 증거 5
## 천국의 허구성

　우스꽝스러운 '파스칼의 내기'는 우리의 부족한 의식 단면을 잘 보여준다. 파스칼의 내기는 하나님과 천국이 존재한다고 하는 쪽에 거는 것이, 존재하지 않는다는 쪽에 거는 것보다 유리하다는 것이다. 즉 하나님이 있다는 쪽에 걸어 나중에 하나님이 없어도 그만이지만, 없다는 쪽에 걸어 나중에 하나님이 있으면 낭패(지옥행)라는 것이다.

　그러나 파스칼의 내기는 내기로 성립될 수 없다. 첫째, 내기는 그 결과를 알 수 있어야 하지만, 어떤 경우에도 인간으로서는 그 내기의 결과를 알 수 없다. 즉 결과가 알 수 없는 무결과 내기는 원천무효이므로 내기로 성립될 수 없다는 것이다.

　둘째, 파스칼의 내기는 실체가 없는 상상 속에서만 진행되는 내기이기 때문에 성립될 수 없다. 즉 파스칼은 상상 속에서 자의적인(믿음구제론) 하나님과 천국을 설정하고 있다. 만약 다른 사람이 다른 자의적인(보편구제론 등) 유일신과 낙원으로 내기를 걸어도 모두 가능할 수밖에 없을 것이다. 특히 머리글에서도 말했듯이, 알라, 사탄, 아스다롯, 브라흐마, 제우스, 옥황상제뿐만 아니라, 어워[159], 서낭당, 부뚜막 정령에 대한 내기

---
159) 몽골의 돌무더기.

도, 존재한다는 쪽에 걸어 모두를 바쳐야 유리할 수밖에 없을 것이다.

이처럼 필자가 생각해 볼 때 현재 지구상의 내로라하는 종교들 대부분은 인간을 편하게 하는 것이 아니었다. 즉 천국 쪽에 내기를 걸어, 인간 삶을 전부 내려놓으라고 한다. 그리하여 우상타파를 기치로 전쟁을 일으키고, 억지 고통을 장려하고, 양성평등을 해치는 등 발전을 저해하고 있다.

그러나 진정한 유일신에게서는 그런 비합리적인 정신이 나타날 수 없다. 그러면 본격적으로 기독교에서 주장하는 천국과 지옥, 부활과 심판에 대하여 더욱 자세히 알아보고 그 진위를 설명해 보자. 이에 수천 년 동안 인간들을 교란한 사실들이 더욱 밝혀질 것이다.


# 1 천국과 부활은 없다

우주에는 유일신교에서 말하는 천국과 지옥이 구성될 수 없다. 부활이나 심판도 없다. 그러한 천국은 카나드의 진행에서 나타날 수 있는 일이 아니다. 우주는 에너지일 뿐이고, 그 에너지가 변화하고 있을 뿐이다. 따라서 앞에서 일부 의식에너지(카나드)들의 선택으로 '물질회유'가 점점 확충되어 인간으로까지 진화되었을 뿐이라고도 했다. 그리고 우리 인류의 보편적 삶이 합리적이고 정당한 것이라고도 했다. 그렇지 않다면 우리에게 이성이 불필요할 것이다. 그러므로 우주의 진행은 물질과 마찬가지로 인간에게 불편부당한 것이다.

그렇다면 유일신교에서는 왜 천국과 지옥으로 인간을 나누겠다는 것일까? 또 유일신교에서는 왜 유일신이 창조한 세상을 경멸하고 천국만 바라보라는 것일까? 물론 그것은 종교를 성립시키고 유지하기 위한 수작이자 억지 교리이다.

여하튼 이러한 갈라치기에 대해 일부 기독교 이론가들은 '**단계적 삶**'이라는 이론을 펴 변명한다. 즉 단계적 삶이란 하나님께서 이 세상이라는 낮은 단계의 삶과, 천국이라는 높은 단계의 삶을 구성하였다는 것이다. 그리하여 낮은 단계인 이 세상에서 하나님의 뜻대로 살아 시험을 통과하면, 높은 단계의 삶인 천국으로 갈 수 있다는 것이다.

그러나 이 이론은 치명적으로 보편성이 결여되어 있다. 그렇다면 그 '보편성의 결여'가 무엇을 의미하는지 알아보자. 만약 유일신이 인류를 위해 이 세상과 천국을 만들어 놓았다면, 낮은 단계의 이 세상을 산 사람들에게 크신 사랑으로 위로하며, 모두 높은 단계의 천국에 이르게 하여야 한다는 말이다. 따라서 그렇게 되지 못하면 보편성이 결여되는 것이다. 즉 누구는 낮은 단계의 삶에서 끝나고 누구는 높은 단계의 삶까지 살게 한다면, 유일신은 우리 모두의 아버지가 아니게 되는 것이다.

나아가 천국 시험도 공평하게 치르는 것이 아니라, 누구에게는 이미 믿음 선물을 부여하고 치르는 것이다. 그것은 애초에 차별하기 위해 창조한 셈이 되는 것이다. 만약 유일신이 존재하더라도, 그런 불순한 창조를 하였을 리 없다.

## 보편구제론

'증거 3 구원은 없다'에서 설명했듯이 진정한 유일신이라면 믿음 혹은 믿음 선물의 여부와는 관계없이, 누구나 보편적인 사랑으로 보편적인 천국으로 보내야만 할 것이다. 우리네 부모들도 자녀들을 구별하여 삶과 죽음을 교차시키지 않는데, 내리사랑을 부여한 유일신이 자녀의 우열을 가려 천국과 지옥으로 나눈다는 것은 도리에 맞지 않는다. 따라서 인간을 구별하고 우열을 가리는 저급한 창조행위는 선한 유일신에게는 있을 수 없을 것이다. 그것은 오히려 유일신에 대한 인간들의 모략이 될 것이다.

그리고 앞 '상위이성론'에서 분명히 밝힌 바 있듯이, 필자는 상위이성들이 인간의 선악에 대해서는 관여해서는 안 되며 오히려 더 잘 살아가게 할 책임이 크다고 강조하지 않았던가. 따라서 인간 실존의 자율에 개입해서는 안 되는 상위이성이, 어떻게 천국 갈 인간과 지옥 갈 인간으로 분류할 수 있겠는가.

이처럼 필자는 만약 천국이 존재한다면 모든 인간이 보편적으로 천국에 도달해야 타당하다는 것이다. 이것을 **'보편구제론'**이라고 말한다. 그런데 필자의 보편구제론과 일부 종교인들이 말하는 보편구제론은 그 맥을 분명 달리한다. 즉 종교적 취지의 보편구제론으로는, 먼저 스와미 비베카난다[160] 등이 주창하는 보편구제론이 있다. 비베카난다는 어느 종교를 믿든 간에 그 종교에서 성심을 다하면 모든 종교에는 구원의 길이 열려 있다는 것이다. 이처럼 비베카난다는 인도의 힌두교, 자이나교, 불

---

160) Swami Vivekananda, 1862~1902. 인도의 종교인.

교 등 여러 다양한 종교적 현실과, 당시 밀려오던 기독교의 구원론을 절충하여 인도의 종교적 상황을 포괄적으로 타파하고자 한 것이다.

다음으로 하나님은 단성單性으로만 존재한다고 하여 예수의 삼위일체를 거부하고 예수의 대속을 인정하지 않는 유니테리언 교회 등이 있다. 유니테리언 교회는 하나님을 믿으면 누구나 구원에 이를 수 있다고 하는 '만인구제론'을 펼치는 종파이다.

그러나 필자의 '보편구제론'은 만약 천국이 존재하고 구원이 이루어진다면, 신앙의 여부와 그 정도와는 전혀 상관없이 모든 인류가 구원에 이르러야 한다는 것이다. 왜냐하면 이것은 지금까지 설명해 온 우주의 보편성과 그 카나드의 동등성에 기인한 것이기 때문이다.

### 창조의 하자

나아가 유일신교들이 거론하는 천국이 얼마나 가당찮은지 계속 알아보자. 우선 천국과 지옥을 다른 논리로 설명해 보자. 즉 유일신 '창조주'의 창조 능력에 문제가 있어, 그 창조에는 하자瑕疵가 많다는 것이다. 그리하여 좀 괜찮게 빚어진 자녀가 있는가 하면, 아주 잘못 빚어진 자녀들도 많아 그 완성도가 엉망인 것이다. 따라서 그중 부족한 인간들을 지옥에서 '수리'修理받게 하거나, 아예 인류를 조기에 '**종말처리**'終末處理 하겠다는 것이다. 성경을 보면 다음과 같은 기막힌 구절이 나온다.

"여호와께서 사람의 죄악이 세상에 관영함과 그 마음의 생각의 모든 계획이 항상 악할 뿐임을 보시고 땅위에 사람 지으셨음을 한탄하사 마음에 근심하시고 가라사대 나의 창조한 사람을 내가 지면에서 쓸어 버리되 사람으로부터 육축과 기는 것과 공중의 새까지 그리하리니 이는 내가 그것을 지었음을 한탄함이니라 하시니라" 창 6:5-7

앞에서도 밝혔듯이 '전지전능한 하나님께서 어찌 사악한 사람을 창조하셨는지, 또한 인간이 사악하리라는 것을 어찌 모르셨는지?'라고 하는 의문이 있다. 그러나 그러한 의문은 둘째치고라도, 만약 인간이 잘못된 존재라면 '창조주' 또한 얼치기이고, 인간이 죄 많은 존재라면 '창조주' 또한 죄 많은 것이다.

나아가 이 성경에서는 죽도록 사랑해도 부족할 자녀들을, 하나님 스스로 한탄하며 자녀를 지면에서 쓸어버린다는 것이다. 이것은 창조한 자신을 부정하고 자신의 불완전성을 인정하는 것이다.

## 윤리의 동기

그런데 혹 사람들은 말하기를 천국과 지옥이 있다면 우리가 윤리적으로 선한 일을 굳이 할 필요가 없고, 악한 자를 처벌할 궁극적인 방법이 사라져 악한 자들이 더 활개를 칠 것이라고 한다. 그러나 우리 인간은 우리 자신을 위해서 선하려는 것이지 다른 목적을 위해서 선해야 하는 것이 아니다.

또 인간사회 안에서의 인간들의 잘못은 인간들이 스스로 대견하게 해결해야만 하는 것이다. 그래야만 도덕적 효과가 더욱 나타난다. 즉 인간은 자신과 그 사회공동체를 위해 선해야만 하는 것이지 천국에 가기 위해 혹은 다른 상급에 떠밀려 선하다면, 그것은 인간을 위한 선도 아니고 진정한 인간의 선도 아닐 것이다. 천국에 대해 전혀 들은 바 없는 원시인들이 더 선할 수 있었으며, 천국이 있다고 믿었던 침략적인 기독교도들이 더 악했던 것을 보면 천국과 지옥의 윤리 효과는 거의 없는 것이다.

그리고 앞 '상위이성론'에서 우리는 도대체 최고선을 기준으로 삼을 능력도 없거니와, 그 기준을 안다고 해도 그리 행할 수도 없다고 하지 않았던가? 나아가 전체적으로 볼 때 우리는 인간을 위해 인간적으로 살아갈 수 있을 정도로는 마음의 균형감[161]이 있으며, 또한 그것은 계속 진화하는 것이다.

결국 기독교의 천국론은 고래로부터 전해져 온 여러 민족의 최고신과 낙원에 대한 신화와 상상력을 취합하여 종교화한 것에 불과하다. 나아가 이러한 천국론은 사회통제를 위한 수단으로 사용되는 것이다. 즉 최고신이 있는 곳이 천국이며 우리 인간들도 선하게 살면 그 최고신이 있는 곳에 도달할 수 있으리라는 상상이다.

예를 들어 힌두교에는 천지창조의 신인 '브라흐마'가 있고, 조로아스터교[162]에는 유일신 '아후라마즈다'(지혜의 신)와 '하밍스타간'[163]이 있다. 또 중국의 도가에서는 최고선의 경지에 있는 '옥황상제'가 등장한다. 한국의 단군신화에도 하늘의 천신 '환인'이 나오고, 천도교의 인내천人乃天 사상에도 '한울님'이 나온다. 따라서 세계 도처에 이러한 최고신과 천국

---

161) 양심과 도덕과 정의감.

162) 배화교.

163) Hamingstagan. 천국과 지옥의 중간상태.

의 신화가 나타나, 그것으로 인간을 구속시키고자 하던 것이다.

그러므로 유일신과 그 낙원은 존재하지 않는다. 그것들은 인간의 작품이고 상상물이다. 더욱이 인류의 역사에서 평가할 만한 자격과 품격과 합리성과 보편성을 가진 신이 나타난 바 없다. 즉 지금까지 나타난 신들은 모두 저급하였다. 따라서 신은 인간들이 영(상상신조 + 운집에너지)을 점점 상상하여 진화시킨 것이다.

다시 말하지만 인간은 애초부터 인간의식 그대로를 가지고 천국에 도달할 수 없다. 환생이나 부활도 똑같이 인간의식 그대로의 환생이나 부활은 어려운 것이다. 윤회輪廻나 영원회귀永遠回歸도 마찬가지다. 윤회가 있더라도 우리 의식 그대로의 윤회란 없다. 카나드 단위로 윤회가 있을 뿐이다. 따라서 힌두교나 불교에서 말하는 업보業報도 없다. 업이 있더라도 영혼 그대로의 업이란 없는 것이다. 업보는 인간에게 무턱대고 굴레를 씌우는 일이다. 윤회에서는 카나드 단위로 변화의 차이[164]가 조금 있을 것이다.

나아가 인간적인 해탈解脫 혹은 열반涅槃도 없다. 앞에서 말했듯이 우주는 카나드들이 '영원선택' 하는 곳이므로, 해탈을 장려하는 것은 절 모르고 시주하는 격이다. 즉 우주적으로 볼 때 행복을 추구하는 인간 자체가 해탈 과정에 있는 것이다. 즉 생명체는 영원 속의 '고독과 권태'를 탈피하기 위해, 행복을 찾아 지구에서 '물질회유'라는 해탈을 하는 중이다. 따라서 앞에서 말했듯이 해탈 과정에 있는 인간에게 또 다른 해탈을 독려하는 것은 이중해탈이 되어 해탈의 역행을 독려하는 것이다. 그러므로 과도한 욕심을 자제하자는 정도라면 모를까, 과도한 해탈로 긍정적인 행복추구를 옥죄는 것은 잘못된 일이다.

---

164) 동질성과 이질성의 변화.

## 천국, 지옥, 부활의 모순

확실히 하기 위해 성경에 근거하여 다시 설명해 보자. 우선 성경에는 천국과 지옥과 부활이 구체적으로 어떻게 표현되어 있는지 알아보아야 하겠다. 먼저 천국에 대해서는

"예수께서 이르시되 이 세상의 자녀들은 장가도 가고 시집도 가되 저 세상과 및 죽은 자 가운데서 부활함을 얻기에 합당히 여김을 입은 자들은 장가가고 시집가는 일이 없으며 저희는 다시 죽을 수도 없나니 이는 천사와 동등이요 부활의 자녀로서 하나님의 자녀임이니라"눅 20:34-36
"천국은 좋은 씨를 제 밭에 뿌린 사람과 같으니" "천국은 마치 사람이 자기 밭에 갖다 심은 겨자씨 한 알 같으니" "천국은 마치 여자가 가루 서말 속에 갖다 넣어 전부 부풀게 한 누룩과 같으니라" "천국은 마치 밭에 감추인 보화와 같으니 사람이 이를 발견한 후 숨겨 두고 기뻐하여 돌아가서 자기의 소유를 다 팔아 그 밭을 샀느니라"마 13:24, 13:31, 13:33, 13:44
"하나님의 나라는 먹는 것과 마시는 것이 아니요 오직 성령 안에서 의와 평강과 희락이라"롬 14:17

지옥에 대해서는

"두려워하는 자들과 믿지 아니하는 자들과 흉악한 자들과 살인자들과 행음자들과 술객들과 우상 숭배자들과 모든 거짓말 하는 자들은 불과 유황으로 타는 못에 참예하리니 이것이 둘째 사망이라"계 21:8
"또 왼편에 있는 자들에게 이르시되 저주를 받은 자들아 나를 떠나 마귀와 그 사자들을 위하여 예비된 영영한 불에 들어가라"마 25:41

"하나님이 범죄한 천사들을 용서치 아니하시고 지옥에 던져 어두운 구덩이에 두어 심판때까지 지키게 하셨으며"벧후 2:4

### 부활에 대해서는

"부활 때에는 장가도 아니가고 시집도 아니가고 하늘에 있는 천사들과 같으니라"마 22:30
"저희의 기다리는바 하나님께 향한 소망을 나도 가졌으니 곧 의인과 악인의 부활이 있으리라 함이라"행 24:15
"예수께서 안식후 첫날 이른 아침에 살아나신 후 전에 일곱 귀신을 쫓아내어 주신 막달라 마리아에게 먼저 보이시니 (중략) 주 예수께서 말씀을 마치신 후에 하늘로 올리우사 하나님 우편에 앉으시니라"막 16:9-19

위와 같이 성경에는 천국, 지옥, 부활을 자세하고도 구체적으로 그린 부분이 거의 없다. 그곳이 어떻게 생긴 장소이며 어떻게 생활하는지는 불분명하다. 더구나 여기 말이 다르고 저기 말이 다르다. 여하튼 그냥 열심히 믿으면 천국, 안 믿으면 지옥이라는 말인 듯하다.

그런데 앞의 성경을 전체적으로 볼 때 천국과 지옥과 부활하여 있는 곳이 영적 존재의 무대임이 분명하다. 그런 관점에서 기독교의 천국은 이미 인간의 신체도 없고, 인간과는 생각도 다르고, 인간과는 사는 방식이나 행위가 모두 다르다. 그곳은 먹고 마시지도 않으며 시집가고 장가가지도 않으며 부모 형제와 별로 인연이 없는 아주 영적인 곳이다. 로테르담의 에라스뮈스1466~1536의《우신예찬》에도 천국의 생활에 대해 앞의 성경과 비슷하게 설명하는 부분이 있다.

"경건한 사람들이 그토록 열렬하게 동경하고 있는 '천국의 생활'이란 대체 무엇일까요? 이때 정신은 육체를 지배하고 더 나아가 흡수해 버릴 거예요. 거기에는 두 가지 이유가 있죠. 첫째로 천국은 정신의 주된 활동무대이기 때문이에요. 둘째로 살아생전에 정신이 육체를 정화하고 그 힘을 다 빼놓았기 때문이지요. 즉 정신은 생전부터 육체를 흡수할 준비를 차근차근해 놓았던 거예요."〈#21〉

## 영적 공간

앞 '증거 3'의 '믿음이란 자충수'에서 길게 설명했듯이, 기독교에서는 인간의 믿음(혹은 행위)에 따라 천국과 지옥에 가게 된다고 한다. 그런데 설령 그 영혼이 천국과 지옥을 간다고 하더라도, 인간일 때의 자신과 무슨 관련이 있으며, 어떤 의미가 있다는 것일까? 즉 천국과 지옥에서는 신체를 가졌을 때의 인간의식과는 완전히 다른 영적 존재가 되므로, 인간일 때의 생각과 행위들이 아무 관련과 의미가 없어져 버리는 것이다. 그러므로 이러한 '영적 공간'인 천국과 지옥은 인간과는 별 상관이 없는 곳이다. 즉 인간은 신체와 함께할 때만 진정한 인간적 행복을 향유할 수 있다.

만약 포괄적으로 보아 어떤 동물들이 천국에 갈 수 있다고 해도, 모두가 영적 존재가 되어 버리는 그곳은 그 동물들과도 아무 상관 없는 곳이다. 즉 그 동물은 영적 공간에서는 동물로서의 행복을 누릴 수 없다. 그러므로 동물과 인간이 관계도 없는 그곳을 두고 왈가왈부할 필요조차 없는 것이다. 말하자면 천국과 지옥은 이미 천사와 같은 신들, '그들만의 리그'인 셈이다.

그래서 유일신교에서 말하는 천국과 지옥은 인간과는 아무 상관 없는 곳이므로, 우리 인간들로서는 실제적이든 논리적이든 그곳을 무시해도 무방한 것이다.

### 미발생 통계

또 성경에 예수는 죽은 지 삼 일 후에 부활하여 여러 제자에게 보이신 후 승천하였다고 되어 있다. 그런데 설령 양보해서 그 기록을 그대로 믿는다고 해도 우리와 별로 상관없어 보인다. 왜냐하면 예수 이후로 2천 년 이상의 세월이 흘렀고, 그렇게 열심이었던 바울과 베드로 등 많은 성자도, 어느 누가 부활했다는 증거와 얘기를 들은 바 없기 때문이다. 이처럼 한 명의 성자에게서도 부활이 이루어지지 않았는데, 우리 같은 범인들이 바랄 것이 무엇이겠는가.

그러므로 부활은 통계적으로 없는 것과 마찬가지다. 즉 예수 자신만 부활하고 실제 2천 년 이상 단 한 명도 이루어지지 않는 부활이 우리에게 무슨 소용이 있다는 말인가. 그리하여 2천여 년 동안은 좀 기다려 보자는 심정으로 사람들이 속았을지도 모르지만, 2천여 년이 지난 지금은 더 속을 수 없는 노릇이다.

또 성경에는 종말 때에 그리스도의 재림과 심판이 이루어지고 그때 산 자와 죽은 자가 함께 부활한다고도 한다. 즉 "나팔 소리가 나매 죽은 자들이 썩지 아니할 것으로 다시 살고 **우리도** 변화하리라"고전 15:52 이 구절에 따르면 바울은 스스로 속기도 하고 속이기도 하는 상태에 있는 것으로 보인다. 즉 자신의 당대에 그리스도의 재림이 있을 것으로 기대하며, 자신은 산 채로 영적 존재로 부활할 수 있으리라고 믿은 듯하다. 이처럼 바울이 산 채로 영적 존재로 부활하지 못한 것은 참으로 안타까운 일이다. 그러나 거짓 부활은 이루어질 리가 없는 것이다. 이런 종말론 사상은 상상의 자유를 넘어서, 인류를 교란하고 착취하여 큰 피해를 주는 것이다.

그러므로 인간의 부활은 영적 존재 아닌, 인간의 눈높이에 맞게 나타나는 부활이 되어야 할 것이다. 즉 인간의 부활은 신체를 가진 인간으로 부활하고, 인간적인 시간에 비교해서 자주 일어나야, 진정한 인간의 부활이고 인간 사랑의 부활이 되는 것이다.

이처럼 2천여 년 동안 부활을 부르짖었으나 그 많은 인류 중에서 한 명도 부활하지 않았다. 더구나 현생 인류를 '종말처리' 및 폐기처분 하는 마지막 심판 날에, 인간이 아닌 영적 존재로 부활한다. 그러나 그것은 사랑의 부활도 아니고 우리 인간과 상관도 없다. 수십만 년의 긴 인류의 역사에서 선조들은 예외 없이 주검이 되었을 뿐이다. 따라서 종교에 반드시 통계를 적용하기는 어렵지만, '0%대의 통계'를 믿으라고 하는 것은 인간 이성과 카나드의 진행을 무시하는 것이다.

### 다양한 변명

그런데 여기저기서 또 다른 변명을 줄기차게 하고 있다. 먼저 '여호와의 증인[165]' 및 일부 신학자들이 성경의 자구에 얽매이지 않고, 천국의 존재를 넓게 해석하여 논리화하고 있다. 즉 하나님이 지상에서도 눈물이 없는 시대가 오게 하고, 그러면 '지상천국'이 이루어지게 되리라는 것이다. 그렇게 되면 인간 실존이 영적 공간에 도달할 필요가 없기에 논리가 쉬워진다.

그러나 천국에 대한 그러한 넓은 해석은, 성경에 기반한 기독교라는 구체적인 종교를 넘어 과도한 철학적인 해석으로 나아가게 된다. 즉 기독교의 성경과 교의를 각색해 점점 넓게 해석하게 되면, 기독교라는 종교의 특징이 희석되어 다른 일반종교와 비슷하게 되는 것이다.

나아가 더 변질하면 **진화신학**[166]과 '과정신학'[167]처럼 되고, 더 진행되면 점점 일반철학인 '이신론'理神論과 '범신론'[168]으로 나아가게 된다. 그리되면 기독교뿐만 아니라 종교 자체가 무의미해질 것이다. 더군다나 인류도 스스로 눈물이 없는 세상인 지상천국을 만들려고 기술문명을 발전시키고 있다. 아마 인간 정신과 기술의 발달이 하나님보다 지상천국을 속히 이루게 할 것 같다.

---

165) Jehovah's Witnesses. 19C 미 찰스 테이즈 러셀 등이 만든 종교단체이다. 이들은 기독교 회복을 가르치며 삼위일체론과 영혼 불멸, 지옥불 사상은 인정하지 않는다. 따라서 예수를 하느님과 동일하거나 동등하다고도 여기지 않는다.

166) 신과 진화론을 모두 인정하여 신은 생물이 발현될 수 있는 잠재력만 지구에 허용하고 그 후 생물로의 진화는 우연에 맡긴다는 이론을 주장했다.

167) 화이트헤드 등의 과정철학에 기반하여, 하나님은 인간과 함께 악으로 고통받으며 함께 선을 이루어 나가기를 원한다고 본다.

168) 汎神論. 자연에 신이 내재되어 있다는 이론. 즉 신과 자연은 동일하다는 것.

## 2 종말과 심판도 없다

기독교에서는 이 세상에는 반드시 그리스도의 재림으로 종말이 오고, 인류에겐 심판이 뒤따른다고 한다. 우선 재림과 종말과 심판에 대하여 기독교의 주요 성경과 코란을 보면 다음과 같이 기록되어 있다.

"주께서 호령과 천사장의 소리와 하나님의 나팔로 친히 하늘로 좇아 강림하시리니 그리스도 안에서 죽은 자들이 먼저 일어나고 그 후에 우리 살아 남은 자도 저희와 함께 구름 속으로 끌어 올려 공중에서 주를 영접하게 하시리니 그리하여 우리가 항상 주와 함께 있으리라"살전 4:16-17

"인자가 아버지의 영광으로 그 천사들과 함께 오리니 그 때에 각 사람의 행한 대로 갚으리라"마 16:27

"선한 일을 행한 자는 생명의 부활로, 악한 일을 행한 자는 심판의 부활로 나오리라"요 5:29

"하나님의 날이 임하기를 바라보고 간절히 사모하라 그 날에 하늘이 불에 타서 풀어지고 체질이 뜨거운 불에 녹아지려니와 우리는 그의 약속대로 의의 거하는바 새 하늘과 새 땅을 바라보도다"벧후 3:12-13

"또 내가 보니 죽은 자들이 무론 대소하고 그 보좌 앞에 섰는데 책들이 펴 있고 또 다른 책이 펴졌으니 곧 생명책이라 죽은 자들이 자기 행위를 따라 책들에 기록된대로 심판을 받으니 (중략) 누구든지 생명책에 기록되지 못한 자는 불못에 던지우더라 또 내가 새 하늘과 새 땅을 보니 처음 하늘과 처음 땅이 없어졌고 바다도 다시 있지 않더라"계 20:12-21:1

"모든 눈물을 그 눈에서 씻기시매 다시 사망이 없고 애통하는 것이나 곡하는 것이나 아픈 것이 다시 있지 아니하리니 처음 것들이 다 지나갔음이러라"계 21:4

"사람들아, 너희들의 주를 두려워하고 공경하라. 진실로 그때(최후의 심판일)의 지진은 소름끼치는 일이다. 너희들이 그것을 보는 날, 젖을 먹이는 여자는 모두 자기의 젖을 빠는 아이를 잃고, 임신한 여자는 태아를 유산할 것이다. 사람들은 모두 취한 것처럼 보일 것이나 실은 그들이 취한 것이 아니다. 알라의 징벌이 처절한 까닭이다.' (중략) 믿지 않는 자에게는 불의 옷이 있고, 그의 머리 위로부터 열탕이 부어진다. 그 때문에 그들의 내장도 피부도 녹을 것이다. 또 그들을 위한 철로 된 곤봉도 있다. 고통 때문에 그곳에서 탈출하려고 할 때마다 도로 끌려오게 된다. '불의 징벌을 마음껏 맛보는 것이 좋겠다.'"[169]

예술가는 자신의 빼어난 작품은 오래 유지되었으면 하는 마음이 당연하다. 그렇다면 기독교와 이슬람교의 창조주는 자신도 기뻐한창 1:10 이 세상과 인간을 왜 조기에 폐기하려는 것일까? 그것은 혹시 자신의 창조 하자瑕疵가 드러날까 하여 덮어 버리려는 것이 아닐까? 그럴 수는 없다. 전지전능한 유일신이 그렇게 허술할 리 없을 것이다. 그렇다면 유일신교 교의는 다음과 같이 이래저래 모순일 것이다.

첫째, 유일신이 이 세상과 인간을 온전하게 창조했다면, 인간을 지옥에 던지지 않을 것이다. 왜냐하면 자신의 온전한 작품을 스스로 폐기할 리는 없기 때문이다. 따라서 지옥을 거론하는 성경과 코란은 잘못된 것이 된다. 둘째, 만에 하나 유일신이 실수하여 이 세상과 인간을 허술하게 창조하였다면, 그것은 제대로 된 유일신이 아니게 된다. 그것은 좋게 보아도 아마 잡신일 것이다. 더군다나 허술한 창조가 있었다면, 우선 그것에 대해 미안해하고 보상해 주어야 마땅한 것이다. 그것이 옳은 신일 것이다.

그러므로 잘못 만들어진 불쌍한 자식들을 또 불못에 던져, 두 번 죽일

---

169) 김용선, 《코란》, 명문당, 2022년, pp.354~356. 22. 순례의 장(章) 1-22.

수는 없는 것이다. 아인슈타인도 이런 말을 했다. "나는 자기 창조물에게 상이나 벌을 내리고, 우리 내면에서 일어나는 것과 같은 의지를 지닌 신을 상상할 수가 없다."〈#22〉

그리고 앞 '상위이성론'에서 상위이성은 인간의 선악을 거론할 수가 없다고 한 바가 있다. 따라서 인간의 선악을 거론할 수도 없는 유일신이, 어떻게 심판을 할 수 있단 말인가. 그래서 유일신교에서 말하는 종말과 심판은 인류의 '보편적 이성'과 '상위이성론'으로 볼 때 매우 잘못된 것이다.

나아가 앞에서도 말했듯이 인간적 삶을 팽개친 대가로 특별구원 된 천국에서는, 진정한 인간적인 행복은 어디에서도 찾을 수 없다. 우리들의 행복은 만족에서 나오고 만족은 욕구에서 나오며 욕구는 고통과 함께한다고 하지 않는가. 따라서 이러한 종말론은 인간을 창조한 유일신을 부정하는 행위이다.

결론적으로 고래로 계속 이어져 온 이 종말론과 심판론은 상상신조에 몰두한 사람들이, 가짜 유일신을 진짜로 둔갑시키려는 과정에서 나타난 부질없는 것이다. 또 성경과 코란과 수많은 예언가가 카나드의 선택원리를 미처 깨닫지 못했거나, 종교와 인간들이 자신의 입지를 위해 악용한 것이다.

그러므로 카나드의 선택에는 천국과 지옥이 있을 수 없다. 즉 인간은 카나드의 선택에 따라 물질회유가 일어나고, 그 결과 정당하게 진화되었으므로 심판받을 이유가 없는 것이다. 따라서 인간은 행복을 위한 우리 의식의 보편적인 행로에 따라 자연스럽게 진행하고 진화하면 되는 것이다.

# 3 인류의 구원

그러면 우리가 가야 할 진정한 구원과 천국은 어디에 있을까? 그것은 첫째, 단기적인 행복추구이다. 물론 어떤 사업이나 목표를 위해 장기적인 계획도 필요하겠지만, 결국 인간의 목적은 행복이다. 따라서 너무 많은 계획과 무리한 행위보다는 그날의 행복을 생각하며 살 필요가 있는 것이다. 그리해야 자신도 편안해지고, 이웃들을 배려하는 마음이 커진다.

둘째, 우리의 실존에 맞는 **'대견한 삶'**을 살아야 한다. 이제 어떤 종교나 철학에서 인생이나 현실을 '마야'[170]나 그림자로 취급하는 경멸은 사라져야 할 것이다. 즉 우리의 진정한 천국은 바로 '물질회유' 하는 이 세상의 삶에 있는 것이다. 따라서 카나드의 의미는 인류가 최대한의 합리성과 보편성으로 대견하게 이 세상을 '천국과 같이 만들어 행복하라'는 뜻이 담겨 있다.

셋째, 장기적으로 우리의 천국은 **'올바른 진화'**에 있다. 우리는 계속 진화 중이다. 그러므로 '복합회유' 중 특히 양심과 이성을 올바르게 심화시켜야 한다. 그리하여 공동번영 하며 지상천국을 이루고 행복해야 할 것이다.

---

170) 힌두교에서 말하는 허상.

### 대견한 삶

먼저 '대견한 삶'이 무슨 뜻인지 좀 더 알아보자. 앞 '증거 4 카나드'에서 설명하였듯이 우주에는 물질과 생명을 형성하는 카나드들이 있다. 물론 인간의식도 전체적인 '카나드'의 일원이다. 즉 인간의식은 '생명의 식'이 '물질회유' 하여 물질과 결합한 생물의식이다. 그런데 인간의식의 목적은 행복이다. 따라서 하나뿐인 자신은 자기의 행복을 위해 살아가야 한다. 즉 하나의 실존으로서 최선으로 선택하며 사는 것이다. 이처럼 광막한 우주에서 한 점 인간으로 태어났다는 것은 엄청난 행운이다. 언제 다시 인간으로 태어날지 모른다. 그러므로 '대견한 삶'이란 '최선의 주체적인 삶'이란 뜻이다.

특히 '대견한 삶'은 자신의 선택을 대견하게 여기고 신에 휘둘리지 않는 것이다. 대견한 삶은 신을 초월하라는 것도 아니고, 신을 무시하라는 것도 아니다. 대견한 삶은 미리 신을 상상하여 자신의 삶을 신에 구속하지 말라는 의미이다. 부족하면 부족한 대로 외로우면 외로운 대로, 최선을 다해 자신의 삶을 스스로 꾸리는 것이다. 설령 영의 힘에 붙잡히더라도 자신의 주체성을 놓아서는 안 될 것이다. 따라서 진정한 종교란 대견하게 자신을 찾는 것이고, 더 나은 행복을 위해 자신의 뜻을 이루어 가는 것이다.

앞에서 말했듯이 우리가 죽으면 신체는 지수화풍地水火風처럼 해체되고, 물질회유에 의해 물질과 결합한 우리의 생명의식도 해체되고, 그 해체된 각 카나드는 새로운 선택을 하게 된다. 그 해체된 각 카나드는 선택이 가능한 선에서 새로운 실체로 변화하는 것이다. 따라서 인간이 죽으면 인간의식은 전체 카나드의 일원으로 다시 재구성되는 것이다. 다시 말해 인간은 최선의 행복을 꾸리고 가급적 사랑하며 살다, 죽음이 오면 넉넉히 받아들이고, 그 이후 각 카나드의 선택에 따라 새로운 실체(물질, 생명, 카나즈 등)로 변화하면 되는 것이다.

그러므로 진정한 인간들의 구원은 실존(실천적, 개체적)으로서의 구원이 되어야 한다. 그러려면 그 구원은 이 세상에서 인간이 행복해지는 방법밖에 없다. 즉 슈바이처 박사의 말처럼 '성공이 행복의 열쇠가 아니라, 행복이 성공의 열쇠'가 되는 것이다. 그러므로 상상된 환생이나 천국에서의 영적 삶은 현재와의 이별을 아쉬워하는[171] 위로일 뿐이다. 우리의 천국은 이러한 우주적인 에너지의 진행 이외에는 있을 수 없을 것이다.

### 올바른 진화

다음으로 '올바른 진화'에 대해서도 좀 더 설명해 보자. 올바른 진화란 앞에서 설명한 '물질회유'뿐만 아니라 '관계회유'가 더욱 심화하는 것도, 인생의 행복을 위해서는 실질적으로 중요하다는 것이다. 그런데 지질학적인 생명의 역사로 보건대 50만 년 정도 된 호모사피엔스(인간)는 이제 진화의 초기 단계에 불과하다. 즉 인류 또한 생물인 이상 계속 진화 중이다. 그리고 현재 인간의식은 크게 부족하다. 따라서 의식충족을 위해 물질회유는 끊임없이 계속되어야 한다. 나아가 인류는 앞으로 충분

---

171) 삶의 중단에 대한 관성적 아쉬움.

히 공동번영할 기회가 있을 것이다.

그러나 무턱댄 진화는 오히려 인류에게 독이 될 수 있다. 따라서 진화하더라도 조화롭고도 올바르게 해야 한다. 그렇다면 어떻게 하면 '올바른 진화'가 될 것인가? 그 구체적 방법은 '관계회유' 또한 지속적으로 발전하여 인류가 조화를 이루어야 사회공동체에 이로운 진화가 되는 것이다.

그리고 '관계회유'를 위해서는 첫째, 본능인 양심을 더욱 올바르게 심화시켜야 한다. 양심은 '본능적인 윤리균형감'이고, 도덕은 '현행적인 윤리균형감'이며, 정의는 '불의(양심, 도덕, 법 등을 어김)에 맞서려는 의지'를 말한다. 따라서 양심은 도덕과 정의를 위한 기본적인 본능이다. 따라서 가장 기본적인 본능인 양심을 올바르게 심화하고 진화시켜야 할 것이다. 만약 양심이 유일신에 의해 창조된 것이라면 그것은 결정론에 속할 것이고, 그 피투[172] 된 양심으로는 현 상황의 고착화[173]에 대한 죄를 물을 수는 없을 것이다.

둘째, 사랑의 정신을 폭넓게 심화시켜야 한다. 가장 양질의 행복은 사랑이다. 즉 자신이 진정으로 행복하기 위해서는 이타적으로 되어야 하고 남을 사랑해야 한다. 즉 진정한 행복을 위해서는 물질적 축재나 명성도 사랑에 비할 바가 아니다. 나아가 사랑을 폭넓게 심화시키면 훌륭한 진화로 이어져, 후세의 행복을 위한 첩경이 되는 것이다.

셋째, 이성도 올바르게 사용하여 정신적 성숙으로 나아가야 할 것이다. 감성과 이성은 생명의식의 진화적 발현이다. 즉 진화할수록 감성과 이성이 크게 발현하는 것이다. 그러나 그중 이성이 더욱 올바르

---

172) 被投. 세상에 이미 던져짐.

173) 현재의 독재권력, 독점재벌, 전쟁, 폭력 등.

게 발현되도록 그 사용에 신중해야 할 것이다. 예를 들어 인류는 지구 온난화, 열대림 파괴, 난개발, 가공할 핵무기, 생태계 교란(멸종), 동서문제, 남북문제 등의 난제에 직면하고 있다. 따라서 이러한 문제를 서로 양보하면서 올바르게 해결해야, 진화 시에 이성이 더욱 합리적으로 발현될 수 있을 것이다. 그리되어야 인류가 바라는 지상의 천국이 가까워지는 것이다.

그리고 그러한 정신적 성숙과 합리적인 이성을 위한 현재의 방법으로는 '보편적 이성'을 점차 확충하고 확장해야 한다. 보편적 이성이란 주로 창조적 소수에게서 시작하지만, 점차 대다수가 인정하게 되는 '객관적이고도 합리적인 이성'을 말한다. 이제 원시적이고 퇴행적인 신앙이나 고행, 원죄론, 구원론, 천국론, 지옥론 등에 기대어서는 안 될 것이다.

이제 '증거 5'를 마무리해 보자. 앞 '증거 2'나 '증거 3'에서 분명히 밝혔듯이 원죄란 있을 수 없고, 그에 따른 구원도 필요 없는 것이다. 굳이 인간이 자범죄에 대한 구원을 받고자 한다면 자신의 양심에 대해 질책하고, 타인에게 피해를 주었다면 상응하는 대가를 치르고 그동안 부족했던 사랑과 용서를 더욱 실천하면 될 것이다. 따라서 우리의 구원은 종교적 천국에 있는 것이 아니다. 천국은 애초에 존재하지도 않지만, 설령 존재한다고 하더라도 우리 인간들과는 아무 상관 없는 영적 존재들을 위한 곳이다.

이제 천국과 지옥과 부활은 터무니없는 허구라는 것을 밝혔다. 마찬가지로 종말과 심판도 없다. 따라서 종교는 대개 자신의 상상으로 스스로를 옥죄는 것이다. 즉 <u>종교는 자신이 만든 신과 갈등하는 것이다</u>.

그런데도 《천국은 확실히 있다》라는 책 등이 나타나는 것이 현실이다. 이러한 간증들은 우리의 부족한 의식이 우리 스스로를 혼란에 빠트리는 것이다. 그 책의 저자는 7년 동안 무려 17번이나 천국에 다녀왔다고 주장한다. 그리고 그 책의 내용에는 이런 게 있다. 예수님이 말씀하시기를 "십일조를 하지 않는 자녀들은 불순종하는 자녀들이다." "나는 낙태를 싫어한다." 따라서 이런 내용들은 앞에서 낙태에 관한 교황의 천명과 같이, 그 책이 평가받을 수 없음을 단적으로 잘 나타낸다.

나아가 그 어록이 사실이라면 예수 또한 평가받을 수 없을 것이다. 앞에서 계속 설명했듯이 십일조와 낙태는 신이 거론할 사항이 아니다. 그것은 인간 내부에서 자체의 실존적인 문제를 위해 선택하는 것이다.

그러므로 인간의 천국은 우리의 삶이 이루어지는 이 세상에 있는 것이지, 영적 공간에서는 있을 수 없다. 실존적 존재는 실천적(도덕적) 삶에서만 의미가 있다. 따라서 진정한 인간의 천국이 될 수 있는 곳은 이 세상뿐이다. 이것이 인간이 이 세상을 천국으로 열심히 만들어 가야 하는 이유일 것이다.

나아가 우리는 실존에 근거한 우리의 정체성을 확고하게 알아야 한다. 그 정체성이란 우주의 정당한 일원이지만, 실존적인 인간은 신체를 가지고 이 세상에서 합리적으로 살아가는 존재라는 것이다. 따라서 상상된 신들의 허황한 논리에 매료되어 이 세상을 도외시해서는 안 되는 것이다. 그것이 '대견한 삶'이다.

그러므로 그러한 관점에서 개인적인 삶도 중요하지만, 인류 전체의 미래도 좀 조망할 수 있어야 하겠다. 동서와 남북문제 해결을 위한 발전적 상호이해와 사려 깊은 개발로 공동번영에 더욱 힘을 쏟아야 할 것이다. 그리되면 바람직한 방향으로 '올바른 진화'도 이루어져 행복과 기쁨이 크게 진척될 것이다.

증거 6

# 하나님의 실수와 예수의 한계

## 증거 6
# 하나님의 실수와 예수의 한계

앞에서 우주의 근원과 생명의 기원 등에 대한 궁금증을 시급히 해결하기 위해 '카나드'와 '천국의 허구성'까지 모두 설명하였다. 이제 유일신은 없으며 만일 영적인 무언가가 있다손 치더라도, 그것은 '상상신조'이거나 '운집에너지'일 것이다. 그리하여 성경과 코란에는 영적이든 논리적이든 하나님과 예수, 알라와 마호메트에 대한 여러 실수와 한계로 인한 모순이 드러난다.

특히 기독교 내에서 동일하다고 주장하는 유대인의 하나님과 예수의 하나님은 도저히 동일 신이라고 보기 어렵다. 그러므로 그 교의와 부속 이론들은 하나님과 예수가 유일신이 아님을 자체적으로도 증명하는 것이다. 이제 그중에서도 지엽적인 것은 뒤로 하고 중대한 상호모순만으로, 하나님과 예수는 유일신으로서 자격도 없고, 그 처사가 매우 부당하다는 것을 더 알아보도록 하자.

# 1 하나님의 실수

기독교의 성경과 그 교의에서 영적인 영역이라고 보아 객관적 토론이 어려운 부분을 제외하더라도, 직접 인간과 관계된 많은 부분에서 하나님은 우리의 이성을 충족시키지 못하는 한계를 가지고 있다. 머리글에서 이미 밝혔듯이 만물에 대해 합리성과 보편성을 가지지 못하고, 자주 편협한 기적에 의존한다면 유일신이라고 할 수 없다. 즉 기적을 자주 발휘할수록 점점 악령에 가까워진다고 할 수 있을 것이다.

## 불민한 아담 창조

하나님이 만약 창조주라면 인류의 시조 아담의 창조는 매우 실수한 것으로 보인다. 즉 기독교의 교의에 의하면 아담이 하나님의 뜻에 거슬러 '선악과'를 따 먹게 되었고, 결국 인류 전체가 타락하게 되었다고 한다. 그렇다면 '왜 하나님은 하필 선악과나 뱀을 지어 그곳에 두었는가?'라는 지엽적인 질문은 차치하고라도, 전지전능 하나님이 어찌 당신의 뜻에 부응하지도 못하는 그런 불민한 인간을 창조해야만 했는지 의아하다.

나아가 어찌 인간들과 원수까지 되고, 외아들을 화목제로 보내기까지 하는 사태를 예견하지 못했는지도 이상하다. 즉 전지전능한 유일신은 피조물을 자신의 마음에 들도록 온전히 창조했어야만 하는 것이다. 즉 훌륭한 토기장이는 마음에 드는 토기를 만들기 위해 수많은 질고를 감내한다. 하물며 부족한 인간들도 이러한데, 유일신이 대충 창조한다는 것은 상상조차 하기 어려운 것이다.

　나아가 하나님은 노아의 심판이라는 장면에서 "내가 홍수를 땅에 일으켜 무릇 생명의 기식氣息 있는 육체를 천하에서 멸절하리니 땅에 있는 자가 다 죽으리라"창 6:17 하고 천명하고 있다. 그러나 자신이 만든 물건에 화를 내는 것은 자기의 잘못을 인정하는 것이다. 그러므로 하나님은 창조의 실수와 그 책임에서 피할 수 없는 것이다.


### 이스라엘 선택 오판

　하나님이 이스라엘 민족을 택한 것도 실수다. 앞에서 거론했듯이 유일신이 한 민족만을 선택하여, 타민족들을 줄기차게 배척하는 것도 사리에 맞지 않는 일이다. 그런데도 하나님은 이스라엘 민족을 택하여 하나님을 가장 잘 숭배하는 나라가 되기를 바랐다. 즉 "너희가 내게 대하여 제사장 나라가 되며 거룩한 백성이 되리라"출 19:6

　그러나 그 결과는 실패했다. 즉 하나님은 이스라엘 민족에게 그만을 잘 섬기기를 바라면서, 수많은 기적으로 출애굽을 시키고 주변 열국들에 대하여 승리하게 하였다. 그런데 어찌 된 영문인지 이스라엘은 우상숭배와 인간적인 행보로 하나님의 뜻을 계속 저버린 것이다. 그리하여 화가 난 하나님은 이스라엘 민족으로 아시리아, 바빌론, 페르시아, 로마 등의 침략을 당하게 하였고 디아스포라의 길로 내몰았다. 즉 이스라엘을 가장 고난받은 민족 중 하나가 되게 한 것이다.

그렇다면 전지전능한 유일신이 어찌 그런 오판을 하셨을까? 다른 민족도 많은데 왜 굳이 이스라엘을 새로이 택해야만 했을까? 그러나 기독교의 교의로는 그에 대한 설명이 가능하지 않다. 따라서 거의 유일한 설명으로는 하나님이 악령이기 때문일 수밖에 없다는 것이다. 즉 전쟁신 하나님은 자신의 영광과 유희를 최대한 보장받기 위해 한 민족을 새로이 세워 편애해야만 했던 것이다.

그 후 잡신으로서의 능력 부족과 다른 잡신들(사탄 등)의 견제로 한계에 봉착하였기 때문에, 이스라엘을 고난 중에 방치하였다고 생각된다. 더군다나 지금까지도 하나님의 뜻대로 잘되지 않고 있다. 아직도 이스라엘이 가나안을 온전히 평정하지 못하고 **팔레스타인은 온통 분쟁 중**이다.

### 이스라엘의 용도폐기

성경을 보면 하나님은 이스라엘 민족의 영원한 구원을 약속하셨다. 그러고는 외아들 예수를 보내어 인간의 죄를 대속하고 예수 그리스도를 믿는 자마다 구원코자 하셨다고 한다. 그러나 현재 유대교인들은 예수를 그리스도로 믿기는커녕 인정도 하지 않는다. 그리하여 그들은 아직도 다윗과 같이 이스라엘 민족을 강성하게 할 현실적인 메시아를 기다리고 있다. 즉

"이스라엘은 여호와께 구원을 입어 영원한 구원을 얻으리니 영세에 부끄러움을 당하거나 욕을 받지 아니하리로다"사 45:17
"그 정사와 평강의 더함이 무궁하며 또 다윗의 위에 앉아서 그 나라를 굳게 세우고 자금 이후 영원토록 공평과 정의로 그것을 보존하실 것이라 만군의 여호와의 열심이 이를 이루시리라"사 9:7

현재의 유대교인들이 하나님의 이러한 약속을 그대로 믿는 것은 당연한 일이다. 왜냐하면 만약 조상들처럼 하나님의 뜻에 부응하지 못했다가는, 또다시 무서운 형벌이 가해짐을 잘 알기 때문이다. 그러므로 현재의 유대교인들은 유대교를 그대로 믿으며 하나님의 약속을 대망하고 기다려야만 하는 것이다. 지금도 유대교인들은 야훼를 잘 섬기며, '토라'Torah의 수많은 준칙을 열심히 지켜 가고 있다.

그런데 기독론으로 보면 유대교인들은 구원받지 못한다. 왜냐하면 예수를 그리스도로 받아들이지 않기 때문이다. 아마 유대교인들도 갈등이 많으리라 생각된다. 한편으로는 이사야서에 기록된 메시아 약속을 믿으라 하고, 다른 한편으로는 예수를 그리스도로 믿으라 하기 때문이다.

그러나 어찌 되었건 기독론으로 볼 때 유대교인들은 예수를 그리스도로 인정하지 않기 때문에 이제 버림받은 셈이다. 즉 하나님에 의해 몇천 년을 이용당하다 이제는 '용도폐기' 된 것이다. 따라서 유대교인들은 현재 구원받기가 불가능한 상태에 있다. 즉 하나님은 유대교인들도 제발 구원하라 그러고, 예수는 자신을 믿지 않는 유대교인들은 구원하지 못하겠다고 버티는 형국이다.

그러므로 한 민족에 대한 약속도 지키지 못하면서 세계 만민을 구원한다고 하는 것은 사리에 맞지 않는다. 따라서 이 사안 또한 잡신으로서의 하나님의 한계 및 하나님과 예수와의 상호모순 때문이라 하겠다. 이에 이러한 이스라엘의 용도폐기에 대해서는 뒤 '증거 8'의 '대성령 소성령'에서 그 이유를 더 자세히 분석해 볼 것이다.

### 인류의 발전 저지

하나님은 자유, 평등, 박애, 인권신장, 노예제도 폐지 그리고 민주주의라는, 인류의 가장 크고 소중한 가치들을 그 넓은 예지로 우리를 선도하거나 일깨워 주지 못했다. 오히려 하나님은 주변 나라들이 이미 이룩한 왕정王政보다는 퇴행적인 제정일치祭政一致를 계속 선호했다. 즉 인류 역사의 전진 수레바퀴를 탐탁지 않게 여긴 것이다. 구약성경에 다음과 같이 쓰여 있다.

> "이스라엘 모든 장로가 모여 라마에 있는 사무엘에게 나아가서 (중략) 열방과 같이 우리에게 왕을 세워 우리를 다스리게 하소서 한지라 (중략) 그것을 사무엘이 기뻐하지 아니하여 여호와께 기도하매 여호와께서 사무엘에게 이르시되 백성이 네게 한 말을 다 들으라 그들이 너를 버림이 아니요 나를 버려 자기들의 왕이 되지 못하게 함이니라" 삼상 8:4-7

그리고 예수 이후에는 기독교로 인한 인간성 말살과 인간의 창의성을 무시하는 역사로 얼룩진다. 즉 기독교는 인류를 암울한 중세 암흑기 5~14C를 지나게 함으로 말미암아 그 문화와 정신의 발전에 큰 정체기를 보내게 했다. 또 기독교는 흑인 노예나 인디언과 인디오의 자유와 생명과 재산을 빼앗아 기독교도들만 잘살도록 앞장섰다.

이처럼 하나님과 예수는 인류를 인간답게 살도록 선도하고 발전시키기는커녕, 인류의 보편적 이성을 퇴보시켰고, 인류가 '공동번영' 하는 데 있어 무수한 방해를 하였다. 지금도 중남미 등 세계 각지에서는 기독교도로 인해 수많은 사람의 삶이 교란되어, 인간적인 자유와 발전이 가로막히고 있다.

그런데도 이러한 불합리에 대해서 호교가들은 세상의 수많은 선행을 기독교인들이 담당한다고 변명하며 자랑스러워한다. 그러나 다시 말하지만, <u>선과 악은 서로 상쇄되는 것이 아니다.</u> 선과 악은 그 마음의 진로부터가 다르며 결과도 다르다. 즉 영육 간의 깊은 상처를 다른 선행으로 갚기는 어려운 것이다. 또 과거의 고통과 치욕에 대해 현재의 어떠한 보상으로도 갚을 수 없다. 왜냐하면 다음 '증거 7'에서 보듯이 이미 누릴 행복을 빼앗긴 다음이고, 오랫동안 행복의 기반을 상실하기 때문이다.

나아가 **유일신은 선하고 정의로워야 함은 당연한 것**이다. 왜냐하면 창조주가 있다면 그 내리사랑은 따뜻한 부모의 모상일 것이다. 그리고 악한 신을 우리가 굳이 따를 필요가 없기 때문이다. 따라서 그 종교의 악행만을 계산해야 한다. 더군다나 기독교인들의 선행은 그 교의에 의한 것이라기보다, 아마 진화에 따른 인간의 본능적인 양심과 도덕과 정의가 작동한 면이 더 클 것이다. 왜냐하면 원시인들과 일반인들도 그와 같은 덕과 선행을 많이 쌓기 때문이다.

그러나 어떻든 이러한 방해에도 인류의 역사는 하나님의 뜻과는 전혀 상관없이, 제정일치에서 군주제를 지나 많은 나라가 민주주의에 이르고 자유, 평등, 박애의 공동번영으로 나아가고 있다. 또 보편적 이성이 제법 확충되어 원시 신앙과 극악한 폐습이 많이 사라졌으며, 과학과 기술의 발달로 점점 안락한 세상이 확대되어 간다.

그러므로 역사적으로 보면 사실상 하나님이 인류를 위해 한 일은 거의 없다고 보면 된다. 오히려 하나님과 예수가 나타나지 않았더라면, 인류는 종교적 분쟁이 줄어 훨씬 발전하고 자유롭고 행복했을 것이다.


### 어록의 악령성

성경에는 하나님과 예수의 많은 어록과 예언이 새겨져 있다. 그리고 신실한 기독교인들은 그 예언이 그대로 성취되었으며, 또 성취되리라고 믿고 있다. 그러나 필자는 그 어록과 예언의 성취 여부와는 관계없이, 그것들의 발상과 범주 자체가 유일신으로 보기에는 턱없이 편협하고 치졸하여 악령성을 잘 드러낸다고 본다. 왜냐하면 유일신이라면 모든 자녀를 극진히 사랑해도 부족하므로, 어떤 이유에서건 그 자녀의 일부라도 배척할 필요가 전혀 없기 때문이다.

따라서 성경은 사실 인간에게 진정한 인간으로 사는 정신을 매몰시키고 있는 기록이다. 왜냐하면 앞 '카나드'에서 보았듯이 우주에서 인간이 구성될 때, 그 목적은 가장 인간적인 삶을 위해 구성된 것이다. 차라리 우주까지 무시하더라도 더욱더 인간적으로 살아가라고 하기 때문이다. 우선 성경에서 끔찍한 살육에 관한 주요 어록과 예언을 살펴보자.

"가라사대 나의 창조한 사람을 내가 지면에서 쓸어 버리되 사람으로부터 육축과 기는 것과 공중의 새까지 그리하리니 이는 내가 그것을 지었음을 한탄함이니라 하시니라"창 6:7

"내가 왕벌을 네 앞에 보내리니 그 벌이 히위 족속과 가나안 족속과 헷 족속을 네 앞에서 쫓아내리라 (중략) 내가 너의 지경을 홍해에서 블레셋 바다까지, 광야에서부터 하수까지 정하고 그 땅의 거민을 네 손에 붙이리니 네가 그들을 네 앞에서 쫓아낼찌라"출 23:28-31

"그러나 너희가 만일 돌이켜 내가 너희 앞에 둔 내 율례와 명령을 버리고 가서 다른 신을 섬겨 숭배하면 내가 저희에게 준 땅에서 그 뿌리를 뽑아내고 내 이름을 위하여 거룩하게 한 이 전을 내 앞에서 버려 모든 민족 중에 속담거리와 이야기거리가 되게 하리니"대하 7:19-20

"이제 여호와께서 말씀하여 가라사대 품꾼의 정한 해와 같이 삼년내에 모압의 영화와 그 큰 무리가 능욕을 당할찌라 그 남은 수가 심히 적어 소용이 없이 되리라 하시도다"사 16:14

"대저 여호와께서 만국을 향하여 진노하시며 그들의 만군을 향하여 분내사 그들을 진멸하시며 살육케 하셨은즉 그 살육 당한 자는 내어던진바 되며 그 사체의 악취가 솟아오르고 그 피에 산들이 녹을 것이며"사 34:2-3

"그러므로 나 만군의 여호와 이스라엘의 하나님이 이같이 말하노라 보라 내가 앗수르 왕을 벌한 것 같이 바벨론 왕과 그 땅을 벌하고"렘 50:18

"내가 애굽 땅으로 황무하여 사막이 되게 하여 거기 풍성한 것이 없게 할 것임이여 그 가운데 모든 거민을 치리니 그들이 나를 여호와인줄 알리로다"겔 32:15

"내가 세상에 화평을 주러 온 줄로 생각지 말라 화평이 아니요 검劍을 주러 왔노라"마 10:34

이처럼 하나님이 많은 나라와 거민들을 끔찍하게 징치하겠다는 표현은, 구약성경 대부분이라 해도 과언이 아닐 정도이다. 그리하여 평정심을 잃은 듯 하나님과 예수는 독선적이고도 파괴적이다. 따라서 이러한 의도와 행위는 유일신으로 모든 자녀에게 공평하기보다, 악령의 의도를 명백히 드러냈음을 알 수 있을 것이다.

다음은 비교적 뚜렷하게 지켜지지 않은 하나님의 약속을 보자. 성경에는 이스라엘이 다시는 주변 열국으로부터 무너지지 아니하리라는 약속이 많이 있다. 그러나 그 후 이스라엘은 열국으로부터 수많은 침략을 받아, 한 자락의 땅도 온전하지 못하고 처참하게 부서지고 뿔뿔이 흩어졌다.

"그가 열방 사이에 판단하시며 많은 백성을 판결하시리니 무리가 그 칼을 쳐서 보습을 만들고 그 창을 쳐서 낫을 만들 것이며 이 나라와 저 나라가 다시는 칼을 들고 서로 치지 아니하며 다시는 전쟁을 연습지 아니하리라"사 2:4
"시체와 재의 골짜기와 기드론 시내에 이르는데까지와 동편 말문 모퉁이에 이르기까지의 모든 밭에 이르리니 다 여호와의 성지가 되고 영영히 다시는 뽑히거나 전복되지 아니하리라"렘 31:40
"내가 또 너로 열국의 수욕을 듣지 않게 하며 만민의 비방을 다시 받지 않게 하며 네 나라 백성을 다시 넘어뜨리지 않게 하리라 나 주 여호와의 말이니라 하셨다 하라"겔 36:15

## 2 예수의 한계

과거 가나안과 십자군과 신대륙에서의 기독교도의 잔혹함과 폐해에 대해, 현재 대부분 기독교인과 그 이론가들은 다음과 같이 변명한다. 즉 예수의 가르침과 행동은 옳고 바른 것이었으나, 일부에서 그것을 와전하고 왜곡하였으며, 이기적으로 믿는 기독교도들의 잘못 때문이라는 것이다. 또 이러한 잘못된 믿음은 '사탄의 역사'라고도 한다.

나아가 '인간은 신이 되어 가는 존재'라고 보는 헤겔조차도 예수의 가르침과 행동은 옳은 것이었으나, 후의 기독교 이론가들이 예수의 가르침을 잘못 이해하여 이론을 전개했다고 말한다. 그러나 헤겔도 이 점에서는 잘못된 주장을 하고 있다.

여하튼 사실상 실제적인 인간 예수에 대한 객관적인 기록은 거의 없다. 즉 성서에 기록된 예수의 가르침과 행동은 신앙을 위해 작성된 것이다. 나아가 신앙을 위해 작성된 성서는 거의 상상과 기대에 기반을 둔 것이다. 따라서 예수의 실제적인 가르침과 행동은 불분명하다. 그러므로 실제 인간 예수의 가르침과 행동에 관한 판단은 유보되어야 한다.

그러나 여기서는 종교화된 유일신의 문제를 거론하고 있으므로, 필자가 문제 삼는 것은 기독교 교의 내에서의 예수이다. 즉 기독교의 예수는 우선 두 가지 점에서 그 출발부터가 잘못된 것이다.

첫째, 예수는 이스라엘의 민족적 전쟁신 야훼를 유일신으로 착각하여 그에게 모든 영광을 올렸다. 즉 하나님을 부인하지 못한 것이다. 그리하여 유대교인들의 구원 단절 같은, 모든 불합리와 모순이 발생하게 된 것이다.

둘째, 하나님을 위해 십자가를 진 예수가 짐짓 인간을 위해 십자가를 진 것처럼 한다는 것이다. 즉 앞 '증거 3 구원론의 허구성'에서 말했듯이, 결과적으로 예수는 악령 하나님을 포교하기 위해 십자가를 진 것이지, 인류의 인간다운 발전을 위해 십자가를 지지 않았다는 것이다.

### 세계복음화 모순

앞에서 말한 대로 예수의 첫 번째 잘못은 하나님을 부정하고 극복했어야 했는데 그렇지 못했다는 것이다. 즉 하나님을 부정하고 극복했어야만 모든 민족을 구원할 수 있는 것이다. 다시 성경을 보자.

> "이 천국 복음이 모든 민족에게 증거되기 위하여 온 세상에 전파되리니 그제야 끝이 오리라"마 24:14
> "그러므로 너희는 가서 모든 족속으로 제자를 삼아 아버지와 아들과 성령의 이름으로 세례를 주고"마 28:19
> "주께서 가라사대 가라 이 사람은 내 이름을 이방인과 임금들과 이스라엘 자손들 앞에 전하기 위하여 택한 나의 그릇이라"행 9:15

예수는 복음이 모든 민족에게 증거되기를 바랐으며, 모든 족속으로 제자 삼기를 원했다고 되어 있다. 그리하여 사도 바울을 택하여 '세계복음화'를 시도했다. 그러나 하나님은 이미 이스라엘 전쟁신으로서 아말렉족을 도말하고 가나안족들을 몰아내고, 주위 나라들과 전쟁하며 분란을 일으켜 왔었다. 그 연속선상에서 3천5백 년이 지난 아직도 중동은 전쟁 중이다.

그리하여 주위 민족들은 고향 땅에서 도륙되고 쫓겨나고 생이별한 아픈 역사를 한시도 잊을 수가 없었다. 그래서 아랍인들이 지푸라기라도 잡는 심정으로, 다소 불합리한 정교일치 이슬람교에 더욱 집착하였는지도 모르겠다. 이렇듯 한쪽에서는 전쟁을 일삼고 다른 한쪽에서는 세계화와 구원을 거론하는 것은 설득력이 없다. 즉 <u>하나님이 예수의 세계복음화에 가장 큰 걸림돌</u>이 되고 있다는 것이다.

즉 예수는 세계복음화를 위해 이스라엘의 기존 유대교 신앙은 부정하였다. 그러나 예수는 정작 제일 큰 장애물인 하나님을 부정하지는 못한 것이다. 이스라엘의 모든 유대교의 신앙과 악행은 하나님으로부터 기인한 것인데도 말이다. 그러므로 버트런드 러셀1872~1970의 말대로 기독교는 아무래도 전쟁신 하나님을 믿는 원시적인 유대교에, 물타기용 사랑을 강조하여 표현을 좀 고상하게 한 것일 뿐이다.

"화 있을찐저 외식하는 서기관들과 바리새인들이여 너희는 천국 문을 사람들 앞에서 닫고 너희도 들어가지 않고 들어가려 하는 자도 들어가지 못하게 하는도다"마 23:13

"시몬 베드로가 대답하여 가로되 주는 그리스도시요 살아계신 하나님의 아들이시니이다"마 16:16

"아버지께서 나를 사랑하신 것 같이 나도 너희를 사랑하였으니 나의 사랑안에 거하라"요 15:9

이는 예수가 하나님을 유일신으로 착각했거나, 자신의 태생적인 한계마 1:20-21, 11:13, 17:3, 20:30를 극복할 수 없었음을 의미한다. 나아가 자신도 모르게 하나님에게 휘둘려 상당한 올무 속에 갇혀 있음을 보여 준다. 즉 예수는 유대인을 회유하기 위해 다윗의 자손이라고 했다가, 구원자로 나서기 위해서는 동정녀 마리아의 아들[174]이라고 하는 등 이율배반적인 것이다.

결론적으로 하나님과 예수는 세계복음화에 서로 상충된 언행을 하고 있으므로, 예수가 하나님을 아버지라고 받드는 것은 무리한 것이다. 예수는 차라리 '하나님은 유대교의 악령이고, 나만이 진정한 유일신이다.'라고 했다면 기독교의 논리 전개가 좀 더 쉬웠을 것이다. 그리되었으면 세계복음화가 더 빠르게 이루어졌을지도 모르겠다.

두 번째로 예수가 잘못한 것은 그가 인간을 위해 십자가를 진 것이 아니라, 실제로는 하나님을 위해 십자가를 졌다는 것이다. 예수는 당시 누구의 실증적인 죄를 대신해 십자가를 진 것은 분명 아니다. 다만 기독교 교의에서 예수는 하나님의 뜻에 따라 인간들을 구원하기 위해 십자가를 졌다고 주장하는 것이다.

그렇다면 실제로 구원의 결과가 분명히 나타나야만, 십자가가 인간들을 위한 것이었다는 사실이 증명될 것이다. 그러나 앞 '증거 3 구원론의 허구성'에서 밝혔듯이 예수는 구원의 능력이 부족하여 구원을 전혀 이루지 못한 것이다.

그리고 기독교에서는 예수는 동정녀 마리아의 몸에서 태어났다고 한다. 그런데 육신의 아버지 없이 태어난 생명체를 어찌 인간이라고 할 수 있겠는가? 그것은 아주 하등동물인 자웅동체에서나 나타날 수 있는 현상이다. 그러므로 예수는 보편적 인간이 아니다. 보편적 인간은 신과 인간의 양면성을 가지지 않는다. 즉 예수가 신과 인간의 양면성을 모두 간

---

174) 동정녀는 다윗의 대를 이을 수 없다.

직한다고 하는 기독교의 주장대로라면, 예수는 보편적 인간이 아니므로, 오히려 기독교의 구원론에서 말하는 보편적 인간의 구원을 이룰 수 없을 것이다.

그러므로 예수의 십자가 죽음은 인간들을 위한 죽음이 아니라, 진정 악령 하나님을 알리기 위한 변형된 포교 수단이었음을 입증하는 것이며, 그 이상도 그 이하도 아니라고 보는 것이 합리적이다.

## 거짓 사랑

예수의 거룩한 '사랑'이라는 것도, 결과적으로 기독교라는 종교 안에서의 사랑이었다. 그것은 인간을 위한 순수한 사랑이 아니다. 즉 기독교는 인간이 인간보다 하나님과 예수를 더 사랑해야만 하는 것이다. 이처럼 예수 안에서의 사랑은 예수를 믿는 자들을 좀 더 사랑할 수밖에 없는 '그들만의 사랑'일 뿐이다. 따라서 포이어바흐는 또한 "신앙과 결부되는 사랑은 편협하고 잘못된 사랑이며 사랑의 개념, 곧 사랑 자체에 모순되는 사랑이며 거짓된 성스러운 사랑이다."⟨#23⟩라는 것이다.

더군다나 기독교도 비대해지거나 분화될수록 그 내부의 사랑마저도 좁아지게 된다. 그리하여 그 사랑은 기독교 내의 여러 종파와 소집단에서 점점 분화되고 **각질화**[175]되는 것이다. 왜냐면 종교적인 집단도 인간적인 집단일 뿐이어서, 인간사회의 각질화 현상을 벗어날 수 없기 때문이다.

---

175) 角質化. 어떤 집단이 딱딱해져 점점 배타적으로 변하는 것.

나아가 천국을 염두에 둔 사랑은 순수한 인간 사랑이 될 수 없을 것이다. 그것은 천국이라는 보상심리에 매여 있는 사랑이다. 나아가 주변 가나안을 줄기차게 제거하려 했던 하나님과 십자군과 신대륙에서 비기독교인들에게 무차별 박해를 가한 기독교도들을 보면, 예수의 사랑이 그들만의 사랑이었으며 거짓 사랑이었다는 실체가 분명해진다. 즉 기독교가 인간 세상의 사랑과 평화를 선도하기는커녕 유대인들과 무슬림들과 인디언들과 인디오들을 무참히 도살하였다.

결과적으로 예수는 거짓된 사랑을 외쳤을 뿐이다. 오히려 자비慈悲의 불타나 인仁의 공자나 겸애兼愛의 묵자가 좀 더 인간적인 사랑을 외쳤다고 생각된다.


## 경쟁하는 예수

성경에서는 하나님은 유일신이며 대적할 다른 신이 없음을 많이 천명한다. 그러나 그러한 선포와는 달리 삼위일체인 예수가 사탄 등 다른 악령들과 전쟁 또는 경쟁하고 있는 성경이 다수 나타난다. 또 현실적으로도 이슬람교 등 타 종교와 전쟁하고 있으며, 예수 이전 시절보다 분쟁이 광범위하고 심하다고 볼 수 있다. 이는 예수가 유일신의 아들이 아니라, 잡신의 아들임을 스스로 증명하는 것이다.

"그런즉 너는 오늘날 상천 하지에 오직 여호와는 하나님이시요 다른 신이 없는 줄을 알아 명심하고"신 4:39

"하늘에 전쟁이 있으니 미가엘과 그의 사자들이 용으로 더불어 싸울쌔 용과 그의 사자들도 싸우나 이기지 못하여 다시 하늘에서 저희의 있을 곳을 얻지 못한지라 큰 용이 내어 쫓기니 옛 뱀 곧 마귀라고도 하고 사단이라고도 하는 온 천하를 꾀는 자라 (중략) 용이 자기가 땅으로 내어쫓긴 것을 보고 남자를 낳은 여자를 핍박하는지라 그 여자가 큰 독수리의 두 날개를 받아 광야 자기 곳으로 날아가 거기서 그 뱀의 낯을 피하여 한 때와 두 때와 반 때를 양육 받으매 (중략) 용이 여자에게 분노하여 돌아가서 그 여자의 남은 자손 곧 하나님의 계명을 지키며 예수의 증거를 가진 자들로 더불어 싸우려고 바다 모래 위에 섰더라"계 12:7-17

요한계시록은 여러 번을 읽어도 무슨 말을 하는지 어리둥절하다. 이렇게 해석도 되고 저렇게 해석도 되며, 여기 갖다 붙여도 되고 저기 갖다 붙여도 되는 듯하다. 아마 이런 묘한 문장들도 사람들을 미혹하고 교란하는 것이므로 악령의 한 증거라고 볼 수 있다. 혹 다른 종교에서도 보편적 이성으로 이해할 수 없는, 이런 애매하고도 폐쇄적인 표현이 많이 나타난다면 그 종교는 틀림없이 악령을 믿는 종교일 것이다.

그런데 이런 애매한 표현은 '카나드'의 진행에서는 거의 나타날 수가 없다. 모든 카나드에게 백해무익하며 인간의 삶도 교란하고 파괴하는 것일 뿐이기 때문이다. 따라서 카나드의 보편성을 이해하게 되면, 요한계시록과 같은 신비는 상상신조라는 사실을 자연스럽게 알게 된다.

본론으로 돌아가서 위의 성경대로라면 삼위일체 예수는 사탄(용, 뱀, 마귀 등) 등과 심하게 전쟁하고 있음을 알 수 있다. 물론 성경에는 예수가 최후 승리하게 된다고 생각하지만, 전쟁이란 자신도 언제나 패배자가 될 수 있음을 전제하는 것이다. 그것은 하나님이든 예수든 사탄을 온전히 장악하지 못하고, 전쟁을 치를 수밖에 없는 한계를 가졌다는 뜻이다. 즉 그러한 전쟁은 **'악령과 악령들의 세력다툼'**을 의미하는 것이다.

또 데살로니가후서2:1-12 등에 의하면 세상 종말쯤에는, 많은 '적그리스도'가 나타나 인간들을 미혹하여 하나님의 뜻을 방해한다고 되어 있다. 그러나 사탄이 함께하는 적그리스도라는 개념도 예수가 적그리스도와 대적을 해야 함을 뜻한다. 물론 이 대결에서도 예수가 최후 승리한다고 보지만, 전쟁이란 적그리스도와의 치열한 싸움에서 예수가 패할 수도 있음을 의미하는 것이다.

구약의 '다니엘서'에도 하나님이 경쟁 관계에 있음을 보여 주는 대목이 나온다. 하나님의 사자使者가 다니엘에게 나타나는 장면이다. 성경 내용 중 하나님의 사자는 통상 가브리엘 천사이고, 이 가브리엘을 도운 미카엘 천사는 전쟁을 담당하는 천사라고 한다.

그런데 진정한 유일신이라면 기타 악령들도 당신이 창조하였기 때문에 온전히 장악하고 있을 뿐만 아니라, 말 한마디에 그 악령들이 깨끗이 사라질 수 있는 정도가 되어야만 할 것이다. 즉 유일신에게는 전쟁과 경쟁이란 개념은 아예 있을 수가 없다는 것이다. 그러나 이러한 성경으로도 볼 때 하나님은 그렇지 못했던 게 분명하다.

> "그가 내게 이르되 다니엘아 두려워하지 말라 네가 깨달으려 하여 네 하나님 앞에 스스로 겸비케 하기로 결심하던 첫날부터 네 말이 들으신바 되었으므로 내가 네 말로 인하여 왔느니라 그런데 바사 국군이 이십 일일 동안 나를 막았으므로 내가 거기 바사국 왕들과 함께 머물러 있더니 군장 중 하나 미가엘이 와서 나를 도와주므로 이제 내가 말일에 네 백성의 당할 일을 네게 깨닫게 하러 왔노라 대저 이 이상은 오래 후의 일이니라 (중략) 그가 이르되 내가 어찌하여 네게 나아온 것을 네가 아느냐 이제 내가 돌아가서 바사군과 싸우려

하나님의 실수와 예수의 한계 187

니와 내가 나간 후에는 헬라군이 이를 것이라 오직 내가 먼저 진리의 글에 기록된 것으로 네게 보이리라 나를 도와서 그들을 대적하는 자는 너희 군 미가엘 뿐이니라"단 10:12-21

## 예수는 이단의 왕

다음으로 하나님과 예수는 여러 이단異端이 기독교를 다른 교리로 각색하고 변질시켜, 서로 싸우더라도 크게 구애받지 않는다. 왜냐하면 인간들의 혼란과 목숨이야 어찌 되던, 하나님과 예수에게는 '영광과 유희'라는 목적만 크게 달성하면 그뿐이기 때문이다.

처음에 유대교에서 야훼라는 하나님이 시작된다. 그리고 십자가 사건 이후 하나님과 예수를 동시에 믿는 기독교의 가톨릭이 문을 연다. 그런데 가톨릭에서 보면 이단시되는, **펠라기우스파**(원죄설, 구원설, 세례 등을 부정), **그노시스파**(영지주의, 예수의 십자가 죽음을 믿지 않는 가현설 주장), **아리우스파**(삼위일체 등을 부정), **네스토리우스파**(경교, 예수의 신성과 인성을 구분, 마리아를 모시지 않는 비신모설 주장), **유니테리언**(반삼위일체론, 만인구제론) 등이, 서로 옳다고 주장하며 가지를 치고 나타나게 된다.

그리고 가톨릭 자체에서도 각 나라의 포교를 위해 현지 종교와 융합을 시도하는, 싱크레티즘syncretism으로 예수와 동시에 숭배하는 수호성인과 지역신이 있다. 즉 각 나라의 수호성인에는 영국의 성 조지, 스코틀랜드에는 성 안드레, 프랑스는 성 마르탱 등이 있다. 또 굴뚝 청소부에는 성 엘모, 세리에는 성 마태, 두통에는 성 아가티우스, 치통에는 성

아폴로니아가 훨씬 효능이 있을 것이다.⟨#24⟩

그리고 기도를 더 잘 들어줄 부드러운 모성이 필요했던 대중들의 요구에 부응하여, 각 교회에서는 성모상을 세우게 된다. 특히 '파티마 성모'[176], '과달루페 성모'[177] 등을 숭배하는 것을 묵인하여 전도의 기폭제로 사용하고 있다.

그리고 가톨릭에서 개혁을 외치며 파생된 장로교·감리교·성결교·침례교 등 개신교의 각 종파. 또 그 개신교들에서 파생된 '몰몬교'[178], '여호와의 증인'(지옥을 부정하여 지상 천년왕국 주장), 문선명의 '통일교'와 박태선의 '감람나무' 등의 사유화된 이단들. 또 야훼와 성경을 '알라'와 '코란'이라는 다른 명칭과 다른 성전聖典을 만들어 믿는 이슬람교가 있다.

이처럼 각 나라와 각 지방과 각 민족과 각 거민이, 자신들의 입장이나 이익에 맞추어 각색하고 조작하여 만든, 수많은 다른 하나님과 다른 예수를 믿고 있다. 그런데도 힌두교, 불교와 비교해 보면 상대적으로 유일신을 믿는 이들이 서로 더 배타적이고 더 적대적이다.

그리하여 이들은 어느 한 종파에서 보면 나머지는 모두 **'카피르'**[179]이거나 우상 숭배자들이다. 그렇기에 다른 종파는 인정될 수도 없을 뿐만 아니라, 처단되어야 할 이단들일 뿐이다. 그런데 정상적인 신이라면 자신을 위해서건 사랑하는 인간들을 위해서건, 이러한 자신의 큰 왜곡에

---

176) 포르투갈의 파티마에서 세 명의 어린이에게 나타났다.
177) 멕시코의 과달루페에서 한 어린이에게 나타난 검은 피부에 눈물 흘렸다는 성모.
178) 예수 그리스도 후기성도교회-초기 기독교의 권위 회복을 주장했다.
179) Kafir. 이슬람교에서의 가장 경멸적인 언사로, 알라의 존재를 믿지 않는 사람 혹은 알라를 믿는다고 하면서 이슬람식 기도와 금식 등을 하지 않는 사람.

대하여 명확한 정리를 해야 할 것이다.

그러나 팔레스타인의 바알, 아세라, 몰렉, 그모스, 다곤 등 우상이라면 치를 떨던 하나님이, 예수 이후부터는 이상하게도 자신을 엉뚱하게 변질시켜 새로운 우상을 믿는 사람들에게, 이렇다 할 제재나 정리를 안하고 있다. 그리하여 어떤 면에서는 바알이나 아세라보다 더 우상다운 이단들에 대해서도 관대하다. 오히려 그들을 축복하고 있다는 느낌마저 든다.

그런데 여기에는 분명한 이유가 있다. 이는 이제 하나님과 예수의 심령이 변질되어 그들의 이름만 많이 불러 주면 되리라고 보는 것이다. 그리하여 어찌 보면 이런 이단들이 자신의 영광과 유희를 더욱 확장하고 있기에 오히려 권장하고 있는 셈이다. 나아가 악령의 능력으로서는 인간의 자유로운 정신활동을 온전히 통제할 수도 없음을 보여 준다고 할 것이다.

이렇듯 예수는 인간들이 혼란하든 말든 서로 죽이건 말건, 이단들을 속히 정리할 필요가 없다. 나아가 정리할 능력도 부족하므로, 자신의 영광과 유희라는 목적만 최대한 달성하려는 것이다. 이것으로 볼 때 기독교의 예수는 인간으로 치자면 조금 고급스러울지 모르지만, 신으로 치자면 아주 저급한 것이다.

증거 7

하나님은 분쟁자

## 증거 7
# 하나님은 분쟁자

하나님은 인류 역사의 주요한 분쟁紛爭과 갈등마다 그 가운데 있었다. 머리글에서도 거론했듯이 유일신이 있다면 기독교도건, 이슬람교도건, 불교도건, 힌두교도건, 무신론자이건 모두가 동등한 자녀이다. 따라서 성전이라 주장하며 서로 타도하는 것을 그 유일신이 인정할 리가 없는 것이다. 나아가 서로 타도하는 것을 어떤 신이 조장하고 부추겼다면, 그는 더더욱 유일신이 될 수는 없을 것이다.

그러나 "사람들은 모든 가증스러운 범죄가 신의 이름으로 자행되었다는 것을 잊는다."〈#25〉라는 말이 있다. 즉 인류 역사상 대부분의 극악한 범죄가 신의 이름을 앞세운 것이었다. 이렇게 볼 때 애초 유일신교란 없는 것이고 그 유일신교라는 것이 비대해질수록, 그 비합리성과 무보편성으로 인해 자체모순이 심각해지는 것이다.

그동안 많은 사람이 기독교의 모순과 죄악상을 용감하게 고발[180]하였기 때문에, 그 많은 분쟁과 갈등 대부분을 생략하겠다. 다만 여기서는 이 책의 목적에 맞게 하나님과 기독교계, 즉 신과 인간이 얽혀 무고한 사람들을 괴롭혀 온 많은 사건 중, 비교적 하나님과 예수의 책

---
180) 특히 니체의 《반그리스도》.

임이 뚜렷한 몇 가지만, 새로운 시각에서 역사적 분쟁으로 소개하고자 한다.

## 1 아말렉과 가나안 도말

하나님은 이스라엘을 택하여 장자 민족으로 삼는다. 그리하여 모세와 여호수아를 세워 기적까지 일으켜 가면서, 팔레스타인에서 아말렉족과 가나안 족속을 도말塗抹케 하고, 또한 지속적으로 거세시키도록 종용한다. 성경을 한번 보자.

> "여호와께서 아브람에게 이르시되 너는 정녕히 알라 네 자손이 이방에서 객이 되어 그들을 섬기겠고 그들은 사백년 동안 네 자손을 괴롭게 하리니 (중략) 네 자손은 사대만에 이 땅으로 돌아 오리니 이는 아모리 족속의 죄악이 아직 관영치 아니함이니라 하시더니 (중략) 그 날에 여호와께서 아브람으로 더불어 언약을 세워 가라사대 내가 이 땅을 애굽강에서부터 그 큰 강 유브라데까지 네 자손에게 주노니 곧 겐 족속과 그니스 족속과 갓몬 족속과 헷 족속과 브리스 족속과 르바 족속과 아모리 족속과 가나안 족속과 기르가스 족속과 여부스 족속의 땅이니라 하셨더라"창 15:13-21
>
> "여호와께서 모세에게 이르시되 이것을 책에 기록하여 기념하게 하고 여호수아의 귀에 외워 들리라 내가 아말렉을 도말하여 천하에서 기억함이 없게 하리라"출 17:14

"그러므로 네 하나님 여호와께서 네게 주어 기업으로 얻게 하시는 땅에서 네 하나님 여호와께서 너로 사면에 있는 모든 대적을 벗어나게 하시고 네게 안식을 주실 때에 너는 아말렉의 이름을 천하에서 도말할찌니라 너는 잊지 말찌니라" 신 25:19

"지금 가서 아말렉을 쳐서 그들의 모든 소유를 남기지 말고 진멸하되 남녀와 소아와 젖먹는 아이와 우양과 약대와 나귀를 죽이라 하셨나이다" 삼상 15:3

필자는 이와 같은 잔혹한 성경 구절에 대해 하나님이 전부 지시한 것이라고는 믿고 싶지 않다. 왜냐하면 그것은 필자처럼 부족한 인간보다도 못하기 때문이다. 그러나 문제는 이러한 성경을 토대로 유대교와 기독교가 형성되었다는 것과 하나님이 그러한 유대교도와 기독교도의 영광과 섬김을 받는다는 사실에 있다. 만약 하나님이 유일신이라면 자신이 창조한 사람들을 분류하여 우열을 매거나 배척할 수는 없는 것이다.

나아가 자신의 보편적 창조원리를 스스로 위배하는 기적을 일으키면서까지, 적극적이고도 지속적으로 누구를 도말하고 거세하는 일을 할 리가 없다. 루소가 다시 말한다. "<u>특정 국민을 선택하는 신은 모든 인간의 아버지가 아니오.</u> 그가 만든 최대 다수를 영원히 고통에 빠트리는 그런 신은 나의 이성이 보여 준 관대하고 자애로운 신이 아니오."⟨#26⟩ 특히 아모리 족속의 죄가 무르익을 때까지를 기다려서, 그 족속들을 그 땅에서 쫓아내겠다고 하는 부분은 저주의 압권이다.

만약 아말렉이나 가나안 사람 중 한 명이라도 하나님을 진정한 유일신이라고 믿었다면, 그 사람은 하나님이 어느 한쪽을 줄기차게 미워한다는 사실에 얼마나 놀라고 상심했을까. 왜냐하면 그러한 일은 유일신으로서는 너무도 편협한 처사이기 때문이다.

우리네 인간들도 자식들을 분류하여 우열을 매기지 않을 뿐만 아니라, 더욱이 어떤 자식을 도말하고 거세하도록 적극적이고도 지적으로 도울 수는 없는 일이다. 나아가 하나님은 빼앗은 가나안 땅의 소산물을 가지고 감사하며 경배하라고까지 하고 있다. 즉

> "여호와께서 강한 손과 편 팔과 큰 위엄과 이적과 기사로 우리를 애굽에서 인도하여 내시고 이곳으로 인도하사 이 땅 곧 젖과 꿀이 흐르는 땅을 주셨나이다 여호와여 이제 내가 주께서 내게 주신 토지 소산의 맏물을 가져왔나이다 하고 너는 그것을 네 하나님 여호와 앞에 두고 네 하나님 여호와 앞에 경배할 것이며 네 하나님 여호와께서 너와 네 집에 주신 모든 복을 인하여 너는 레위인과 너의 중에 우거하는 객과 함께 즐거워할찌니라"신 26:8-11

이것은 이 자식들이 저 자식들을 잘 도말할 수 있었음에 대한 감사와 경배이다. 가나안 족속들은 이제 객으로서도 이스라엘과 같이 음식을 먹을 수 없는 처지가 되어 버린 것이다. 언제 다시 위대한 문명발상지의 거주민으로 자유와 평등을 되찾을 수 있을지 아득하기만 하다. 특히 성경에는 사랑의 하나님과 예수가 금과옥조처럼 여기는 유명한 구절이 있다. 즉

> "이웃 사랑하기를 네 몸과 같이 하라"레 19:18
> "네 이웃을 네 몸과 같이 사랑하라 하셨으니"마 22:39
> "우리는 한 아버지를 가지지 아니하였느냐한 하나님의 지으신 바가 아니냐"말 2:10
> "사랑은 여기 있으니 우리가 하나님을 사랑한 것이 아니요 오직 하나님이 우리를 사랑하사 우리 죄를 위하여 화목제로 그 아들을 보내셨음이니라"요1 4:10

이 말은 참으로 유일신다운 표현이라 할 수 있겠다. 그러나 행위로는 어떤가. 아무 죄도 없는 이웃 족속들을 도말하고 거세하려 하지 않았던가. 그렇다면 하나님이 말하는 이웃의 범주는 어디까지인가. 고작 이스라엘 백성들끼리 서로 사랑하고 도와주라는 말인가. 아말렉족과 가나안족은 하나님의 자식은커녕 이웃 범주에도 아예 속하지 않는다는 말인가.

그렇다면 그 정도로의 편협한 이웃과 자녀의 범주로는, 필자처럼 부족한 사람의 생각에도 만물의 유일신이 될 수는 없다. 물론 일시로 자식의 앞날을 위해 매를 들 수도 있다. 그러나 수백, 수천 년에 걸쳐 지속적으로 미워할 수는 없는 일이다.

나아가 아말렉족과 가나안족들은 우상숭배가 만연하여 몰아내었다고 변명할 수 있지만, 앞 '증거 1'에서 밝혔듯이 우상숭배라는 것은 유일신에게 없는 개념이며 애초 어울리지도 않는 것이다. 또 백번 양보하여 유일신이 어떤 민족을 내칠 수 있다 하더라도, 전지전능한 유일신이 그토록 거세시키기를 바라던 가나안 족속들을, 지금까지도 왜 거세시키지 못했는가에 대한 현실적인 의문을 제기하지 않을 수 없다. 가나안(팔레스타인) 지역은 3천5백여 년 전부터 현재까지 분쟁이 더욱 거세져 이제는 세계를 위험에 빠트리고 있다.

1948년 제2차 세계대전이 끝날 무렵 유대인들은 팔레스타인 지역에 이스라엘 건국을 선포한다. 로마에 의해 예루살렘이 파괴된 후 세계로 흩어졌던 유대인들은 제1차 세계대전 전부터 '시오니즘'[181]을 제창하며, 조금씩 팔레스타인으로 모여들었다. 그리하다 영국의 위임통치가

---

181) Zionism. 팔레스타인에 유대 국가를 세우려는 민족주의 운동.

끝나자 전격적으로 건국을 선포하기에 이른 것이다.

물론 그 지역 비유대인 거주민과 주변의 아랍인들은 극렬히 반대하였고, 곧 전쟁에 돌입하게 된다. 그리하여 이스라엘은 세계에서 쌓아 올린 막대한 자금력으로 여러 전쟁에 승리하며 비유대계 거주민들을 몰아내기 시작했다. 즉 다시 예전의 가나안 점령방식으로 팔레스타인을 점령한 것이다. 따라서 이제 팔레스타인은 얽히고설킨 피해의식에다 테러와 순교로 인류의 모든 악이 생기다시피 하고 있다. 즉 그곳은 인간의 모든 이성이 무력화되어, 비참함이 극단적으로 나타나는 현장으로 이어지고 있다.

어떻든 가나안 족속들을 거세시키려는 끈질긴 노력에도 불구하고, 하나님은 지금까지 온전히 성공하지 못하고 있는 셈이다. 앞에서도 말했듯이 이는 하나님이 뭔가 착각하고 있거나, 하나님의 계획에 찬성하지 않는 다른 잡신들의 세력이 분명히 있음을 의미한다. 또한 하나님도 그 잡신 분량만큼의 능력밖에 없음을 증명하는 것이다.

따라서 하나님이 정녕 이스라엘 민족을 본보기로 세우기를 원했다면 그 크신 능력으로 땅을 매입해서 이스라엘 민족을 살게 하든지("아브라함이 에브론의 말을 좇아 에브론이 헷 족속의 듣는데서 말한대로 상고의 통용하는 은 사백 세겔을 달아 에브론에게 주었더니"창 23:16), 새로운 땅을 창조하든지 하면 될 일이었다. 왜 동등한 자녀를 무단으로 몰아내는 어처구니없는 일을 계속 자행하는 것일까? 이것은 어떠한 이유로도 설명할 수 없는 것이다.

나아가 원주민 아말렉족을 도말하고 가나안족들을 거세시키도록 종용해 왔으며, 다윗을 도와(유일신으로서는 아주 치졸한 도움) 주변을 정복했던 하나님이, 지금은 다시 예수를 앞세워 세계복음화에 나섰다. 그 과정에서 세계로 세력을 넓혀 인디언이나 인디오 등 다른 민족들을 또 박멸하고 도살한 것이다. 이런 잔인성은 두고두고 하나님의 발목을 잡을 것이다. 그러므로 하나님은 중동과 세계의 분쟁자로서 유일신이 아닌 악령이었던 것이다.

## 2 십자군 전쟁

　11C 말에서 13C 말 사이에 일어난 십자군 전쟁은, 서유럽의 기독교도들이 원활한 성지순례의 목적으로, 성지 팔레스티나와 성도 예루살렘을 이슬람교도들로부터 탈환하기 위해, 총 8회에 걸쳐 감행한 전쟁을 말한다. 먼저 동로마의 비잔틴제국 황제 알렉시오스 1세는 이슬람 셀주크튀르크와의 전쟁으로 피폐한 비잔틴제국의 부흥이라는 절박함이 있었다. 그리고 당시 로마교황은 세속적인 신성로마제국 황제와 골치 아픈 지방 기사들에 대한 교황권 확립과 '그리스정교회'[182]를 로마교회 산하에 두려는 정략이 있었다. 그리하여 이 둘의 공동이익이 맞아떨어지자 원활한 성지순례라는 기치를 내세워 전쟁을 부추긴 것이다.
　예루살렘은 역사적으로 참으로 영욕의 도시이다. 앞에서 보았듯이 그 일대는 원래 가나안 족속들이 살던 곳이었다. 그러나 출애굽 한 유대(이스라엘) 민족이 그곳을 쟁취하여 터전으로 삼았다. 그 후 다윗 왕이 처음으로 예루살렘을 유대 나라의 수도로 삼아 주변 나라를 크게 복속시켰

---

182) 동방정교회 중 그리스를 중심으로 한 기독교.

다. 뒤이어 솔로몬 왕은 그곳에 백향목 성전을 건축하고 나라의 영토를 가장 크게 확장하였다.

그러나 이후 예루살렘은 남북조 시대를 거쳐 아시리아와 바빌론에 의해 성전과 다윗 왕궁이 철저히 파괴되었고, 이스라엘 민족은 이때부터 '디아스포라'가 되기 시작한다. 그 후 페르시아 시대가 도래하자 키루스 2세(성경에는 '고레스')의 종교포용 정책에 따라, 일부 유대인들이 귀향하여 '스룹바벨 성전'을 재건하였다.

그리고 다시 오랜 세월 이후 헬라 시대를 거쳐, 로마 시대에 헤롯이 예루살렘의 분봉왕이 된다. 헤롯은 불안한 정치적, 종교적 입지를 타개하기 위해 인기 정책을 펼치게 되는데, 이에 따라 다시 그동안 허물어졌던 성전을 재건하게 되었다.

그러나 A.D. 70년경 로마는 유대인들의 반란을 제압할 때, 이 헤롯 성전을 비롯한 예루살렘의 모든 것을 철저히 파괴한다. 현재는 그 성전의 일부인 '통곡의 벽'(서쪽 성벽)만 남아 있다. 이처럼 예루살렘은 이스라엘 민족의 모든 중심이었으며, 다시 다윗과 같은 현실적인 메시아가 나타나 이스라엘 민족을 구원해 줄 유대교의 성지였다.

그리고 A.D. 33년경 나사렛 예수가 골고다 언덕에서, 유대교의 사주로 로마 십자가형을 당함으로 기독교가 배태되게 되어, 예루살렘은 더불어 기독교의 성지도 되었다.

이후 이슬람교의 전승에 따르면 이슬람교를 창시한 마호메트가 이곳을 점령한 후, A.D. 632년 이곳 '바위산'[183]에서 기도하고 승천하였다고 하여, 이슬람교에서도 예루살렘은 성스러운 도시가 되기는 마찬가지였다. 이처럼 예루살렘은 이러한 역사적 배경에 의해 군사적, 종교적,

---

183) 성전산이라고도 하며 현재는 알아크사 사원과 바위 사원(황금 돔 사원) 등이 있다.

문화적 교통 요충지이고 성지여서, 지금도 많은 나라와 민족의 갈등 온상이 되고 있다.

11C 말 당시에도 서유럽 그리스도인들에게 있어 팔레스타인, 특히 예루살렘은 그리스도의 삶과 열정의 장소였다. 그곳은 그들의 정신 속에서 가장 중요한 자리를 차지하고 있었으며, 성지순례는 죄를 사면받는 효과가 있는 것으로도 여겨졌다. 그리하여 십자군 전쟁은 여러 인간적인 욕망이 뒤엉킨 전쟁이었지만, 이와 같은 신념에 따라 기독교도들과 이슬람교도들 간의 종교전쟁이라는 의미가 가장 크다.

당시 교황 우르바누스 2세는 1095년 클레르몽 공의회에서 이 전쟁을 '성전'이라 규정하고 전쟁 참여를 독려하였다. 그리하여 교황의 십자군 모집 광고에는 다음과 같이 우스꽝스럽기까지 하는 글들이 쓰여 있다. 물론 '코란'에서도 마찬가지로 무슬림이 목숨 걸고 전투하도록 독려하는 문장이 비일비재하다.

- 십자군 종군자의 가족과 재산은 교황이 보호해 준다.
- 십자군 종군자의 모든 죄는 사함을 받을 수 있다.
- 형무소에서 복역 중인 자가 종군하면 세상의 법적인 죄와 종교적인 모든 죄도 사함 받는다.
- 종군자의 빚은 탕감되고 하나님 나라에 갈 수 있다.
- 동방에서는 성자의 유골, 금은보화, 미녀가 많으니 전리품으로 얼마든지 가져올 수 있다.

"진실로 알라께서는 낙원과 바꾼 신자들의 생명과 재산을 사시었다. 그들은 알라의 길을 위해 싸우고 죽이고 살해되고 있다. 이것은 율법, 복음서, 그리고 코란에 명시된 알라께서의 분명하신 약속이시다. 누가 알라보다 충실하게 계약을 이행할 것인가? 그러므로 너희들이 알라와 계약한 거래를 기뻐하라. 이것이야말로 큰 이득이다."[184]

여하튼 1096년 1차 십자군 원정에 급조되어 참전한 기사들과 평민들은 열정에 사로잡혀 예루살렘으로 이주할 계획까지 세우고 있었다. 그러나 평민 십자군들은 기나긴 행군 여정에 군수물자가 부족해지자, 죄 없는 사람들을 죽이고 약탈하고 파괴하였다. 즉 예수를 십자가에 못 박았다는 이유로 '라인란트'[185]에서 유대인을 학살하였고, 동맹인 헝가리와 비잔틴제국에서까지 약탈과 살육을 자행하였다.

이처럼 자신들은 '성전' 하는 군대이니 식량 등 편의를 받아야 한다는 것이다. 그렇지 못할 시에는 강도나 강간을 해도 상관이 없고, 심지어 살인과 약탈을 해도 가책받을 일이 아니라는 것이었다. 왜냐하면 십자군 전쟁은 그러한 죄까지도 사면받을 수 있는 '성전'이었기 때문이다.

이어 십자군은 예루살렘으로 가는 도중에 여러 차례의 전투를 치르면서, 이슬람교에 대한 극한 증오심으로 인해 선량한 이슬람 주민들을 계획적으로 살해하였다. 나아가 여자와 아이들까지 무차별로 학살하였고 인육까지 먹기에 이르렀다.

그리고 드디어 아름다운 천상의 예루살렘에 도착한 그들은, 우여곡절 끝에 마침내 예루살렘 성벽을 돌파해 그 도시를 점령한다. 그리하여 이슬람교도들과 유대교도들은 참살되거나 불태워진다. 그 2주일 동안 약탈과 살육이 계속된 당시를 경험한 한 성직자의 수기라는 글을 소

---

184) 김용선, 《코란》, 명문당, 2022년, p.231. 9. 회개(悔改)의 장(章) 111.
185) 현재 프랑스 알자스-로렌 주변.

개해 보자.

"십자군은 보급품이 떨어졌을 때는 사람을 잡아먹기까지 했다. 십자군 연대기 저자인 라울드 카엥은 '마라에서 우리들은 이교도 어른들을 커다란 솥에 넣고 삶았다. 또 그들의 아이들은 꼬챙이에 꿰어 불에 구웠다.'고 고백하고 있다. 십자군들은 가죽을 벗겨 먹겠다고 거리를 뛰어다니면서, 닥치는 대로 사람을 죽여 잡아먹었다. 그들에게는 회교도가 인간이 아니라 짐승이었던 것이다."〈#27〉

그러나 교황이 일으킨 십자군 전쟁은 애초에 하느님의 역량까지 넘어선 것이었다. 즉 예루살렘에서의 십자군이 저지른 극악함이 이슬람 세계를 뭉치게 했고, 계속해서 십자군이 파견되었지만, 팔레스타인 주변에서 이슬람 군대와 일진일퇴를 거듭하게 된다. 그리고 마침내 1187년 술탄 '살라딘'에 의해 예루살렘이 재탈환된다. 이후 서유럽은 8차까지 십자군을 계속 파견하지만, 1291년 이슬람 '지하드' 군에 의해 최후 거점 '아크레'[186]가 무너짐으로 십자군은 팔레스타인에서 완전히 격퇴된다.

이 큰 전쟁에서 패한 비잔틴제국은 멸망했으며 로마 교황청도 쇠퇴해 갔다. 그리고 유럽에서는 왕권이 강화된 새로운 중앙집권적 세속국가들이 힘을 얻는다. 이제 비로소 인류의 정상적인 길로 진입한 것이다. 상기하건대 가톨릭의 '교황제'라는 것은, 교황이 현실정치에 관여하여 제정일치로 되돌아가는 인류 역사의 퇴행적 제도이다. 왜냐하면 교황제는

---

186) Acre. 이스라엘 북부에 있는 항구도시.

원시적인 제사장 제도의 연장이기 때문이다.

여하튼 십자군의 패배와 교권의 몰락 종교개혁과 르네상스 등 일련의 기독교의 뒤안길은, 무능한 하나님은 악령이고 예수 그리스도의 구원은 애초에 타당성이 없는 교의였다는 것이다. 따라서 결과적으로 건재한 이 세상과 지속적인 인간들만이 의미 있는 것임을 재삼 말하는 것이다.

그리하여 일부 사람들이 소크라테스가 예수보다 훌륭하다고 생각하는 이유가 있다. 즉 소크라테스는 종교의 교주가 되지 않았고, 예수는 자의든 타의든 종교의 교주가 되었기 때문이라고 한다. 왜냐하면 소크라테스는 최소한 종교전쟁의 발단이 되지 않았지만, 예수는 결국 종교전쟁의 발단이 되었기 때문이다.

그러므로 십자군 전쟁의 결과 예수가 외친 사랑은 허무하게도 증오와 악덕만이 난무하는 팔레스타인으로 만들어 버린 것뿐이다. 이것은 바로 예수가 진정한 인간적인 사랑을 설파한 것이 아니라, 인간을 죽여 하나님을 사랑하라고 한 것이 아니고 무엇이겠는가.

"서서 기도할 때에 아무에게나 혐의가 있거든 용서하라 그리하여야 하늘에 계신 너희 아버지도 너희 허물을 사하여 주시리라 하셨더라"막 11:25

"죄 지은 모든 사람을 용서하오니 우리 죄도 사하여 주옵시고 우리를 시험에 들게 하지 마옵소서 하라"눅 11:4

"만일 하루 일곱번이라도 네게 죄를 얻고 일곱번 네게 돌아와 내가 회개하노라 하거든 너는 용서하라 하시더라"눅 17:4

"그런즉 믿음, 소망, 사랑, 이 세 가지는 항상 있을 것인데 그 중에 제일은 사랑이라"고전 13:13

이처럼 하나님과 예수의 사랑은 오히려 십자군 전쟁 같은 수없는 분쟁을 발발시켰다. 그리고 기독교도들이 악행을 저지르거나 우상숭배자들에게 패배할 때도, 하나님과 예수는 속수무책으로 그들만의 천국에 숨어 있었다. 나아가 하나님은 당신의 이름을 위해 싸웠던 사람들에게 모든 패배의 잘못을 뒤집어씌우며, 선민 이스라엘이 가장 고난받은 민족이 되게 한 것과 같은 이유로 이렇게 변명을 둘러댈 것이다. '너희 십자군의 나를 향한 믿음은 잘못된 것이었다. 즉 너희들은 나를 완벽하게 숭배하지 못했다. 그리고 나는 내 이름을 앞세우라고 허락한 적도 없다. 나는 아무 잘못이 없다. 패배의 책임도 없다.'

그리고 예수도 이렇게 자의적인 기준으로 변명할지 모른다. '하나님이 비록 모든 인간을 창조하셨지만, 나를 믿지 않는 유대인들과 무슬림들, 그리고 믿는다면서도 의심 많은 십자군과 그렇게 죽임을 당한 사람들은 나의 사랑하는 지체들이 아니다. 내가 인정하는 완벽한 기독교인들만이 천상의 예루살렘에 갈 자격이 있다.'

## 3 인디언 박멸

1620년 청교도들은 '영국 국교회'의 박해를 피해, 자신들이 믿는 '칼뱅주의'[187]의 자유를 얻기 위해, 메이플라워호를 타고 신대륙인 북아메

---
187) 프랑스의 칼뱅에서 발단한 프로테스탄트 사상. 대개 장로교파.

리카의 플리머스항에 처음 도착했다. 즉 그들은 하나님과 예수에 대한 순수한 열정과 신념으로, 정든 고향과 일가친척과 이웃들과 헤어져 고난의 길을 가기로 한 것이다. '프런티어 정신'(개척 정신)이었다.

그러나 점차 신대륙에 이주인구가 늘어나면서 처음의 순수한 종교적 자유보다는, 더 풍요한 삶을 위해 이기적으로 변모해 가기 시작했다. 그리하여 급기야 그 땅의 원주민인 인디언Indian들을 가차 없이 박멸撲滅하고 몰아내게 된다.

우선 인디언 멸망사 중에서도 《나를 운디드니에 묻어주오》란 책에 나오는 몇 구절에 대해 짚어 보자. 첫째, 백인 정책입안자들이 지어낸 조어 중에 **'명백한 운명'**Menifest Destiny이라는 말이 있다. 그것은 신대륙과 인디언들은 유럽인들과 그 후손들에 의해 당연히 지배받도록 운명이 정해져 있다는 것이다. 그리하여 백인들은 지배자로서 인디언들의 땅과 삼림과 광산을 모두 가질 수 있으며, 그에 대한 책임을 져야 한다는 것이다. 나아가 인디언들은 그들의 문화를 버리고 농사를 지어야 하며, 그들의 종교를 버리고 기독교를 받아들여야 한다는 것이다.

둘째, 백인들에게는 **'좋은 인디언은 죽은 인디언'**이라는 것이다. 그리하여 백인 군인들은 인디언의 여자, 어린이 할 것 없이 학살했다. 즉 총으로 벌집같이 만들거나, 총검으로 닥치는 대로 찔렀다. 여자들은 강간당하고, 임산부는 배가 도려내져 죽었다. 백인 군인들은 인디언 여성의 성기를 말안장과 모자에 장식했다.

셋째, 서구인들은 이슬람 민족이 '한 손엔 코란을, 다른 한 손엔 칼을 들고 있다'고 비난해 왔다. 그러나 오히려 신대륙의 청교도들이, 이제는 '한 손엔 성경을, 다른 한 손엔 장총'을 쥐고, 인간적인 참삶을 살고 있던 인디언들을 박멸하고 거주지에서 쫓아내 버렸다. 그런데 미국 3

대 대통령을 지냈던 토머스 제퍼슨1743~1826은 미국독립선언문에 다음과 같은 명문을 남겼다.

"모든 인간은 평등하게 창조되었다. 어떤 불가분의 권리를 조물주로 부여받았으니, 거기에는 생명과 자유와 행복추구의 권리가 포함된다."

이 문장은 존 로크의 자연법사상에서 영향을 받았다고 한다. 자연법이란 무엇인가? 앞 '증거 4'에서 설명했듯이, 그것은 다름 아닌 카나드의 동등한 권리에서 나오는 법이다. 즉 카나드의 동등성을 이성이 자연스럽게 인정하는 것이다. 즉 쉽게 얘기하면 모든 인간은 똑같이 생존할 정당성과 권리가 있다는 것이다.

그런데 이상하게도 영국으로부터 독립하려는 자신들의 생명과 자유와 종교는 하나님으로부터 부여받은 것이고, 대대로 그 땅에 살아왔던 인디언들의 생명과 자유와 종교는 박탈되어도 된다는 것이었다. 만약 그렇다면 인디언들은 다른 잡신이 창조한 사람들일까?

그러나 필자는 여기서 이러한 인간사의 비참한 아이러니를 다시 이야기하려는 것이 아니다. 그 논점은 청교도들이 그토록 소중하게 믿었던 하나님과 예수에 대한 의문이다. 즉 청교도들이 부당하게 인디언들을 박멸하고 있을 때 하나님과 예수는 어디에 있었을까? 아말렉족의 도말과 가나안족들의 거세 때처럼 인간 뒤에 숨어서 자신들의 영광과 유희만 즐기고 계셨는가? 그리고 인디언들은 세계복음화의 대상조차도 되지 못하는가? 나아가 인디언들이 다 죽어야 세계복음화가 이루어지는가?

필자가 생각할 때, 만약 하나님이 참사랑의 유일신이었다면 이렇게 시행하였을 것 같다. 즉 기독교도들이 거룩한 하나님의 이름을 앞세우고[188] 행하는 이율배반적인 행태에 대해, 최소한 그들의 생각을 바꾸게 함으로써 막으셨을 것 같다. 왜냐하면 이것은 하나님의 이름을 앞세우는 기독교도들의 악행에 대해, 하나님에게도 최소한의 도의적 책임이 있기 때문이다. 그러나 하나님과 예수는 그 이름을 앞세우고 살아가는 사람들을 제대로 인도하지 못하였고, 오히려 그들이 그러한 악행으로 더 큰 성공을 이루도록 도와준 셈이었다. 더군다나 모든 책임을 그들에게 뒤집어씌우고 자신들만의 천국으로 숨어, 자신들은 별로 잘못이 없다고 하는 것은 온당치 못한 일이다.

예수는 사랑을 설파하고 바울과 베드로 등의 사도들은, 그 사랑을 전파하기 위해 피를 흘리며 순교하였다 한다. 그리하여 많은 사람이 예수를 믿고 기독교를 받아들이면, 이 세상이 사랑으로 가득 차서 나아지리라고 믿었다.

그러나 앞에서도 얘기했듯이 예수 이후 2천 년이 지난 지금까지도 이 세상이 조금이라도 나아졌다는 증거는 어디에도 없다. 아직도 아프리카 등지에서는 내전과 영양실조로 죽어 가는 아이들이 부지기수다. 일부 북반구의 나라에서 인간의 노력으로 인해 물질적으로 조금 나아졌을 뿐이다. 그리고 극히 일부 기독교인들이 마음의 위로와 안식을 누렸을지 모르지만, 보편적으로는 인류 역사상 오히려 십자군 전쟁과 중동 전쟁 등의 종교분쟁이 증폭하고, 두 차례의 세계대전까지 일어나 많은 이들이 불행히도 죽어 갔다.

---

188) 지금도 미국 대통령은 취임식에서 성경에 손을 얹고 선서한다.

이처럼 아브라함이 하나님으로부터 선택된 뒤 2천 년, 예수 이후 2천 년, 도합都合 4천 년. 그 4천 년은 짧은 인생사에 비추어 볼 때 너무나 긴 시간이다. 이토록 오랜 시간을 참고 기다렸지만, 결국 나아지지 않았다는 것은 구원이 거짓이라는 얘기이다. 이제 통계상 기대할 확률이 전혀 없다.

그리하여 조금 더 참고 기다리면 예수가 이 세상을 나아지게 할 것이라는 말은 소용없게 되었다. 즉 하나님과 예수는 낙원을 펼칠 수 있는 역사적 시간을 거의 탕진해 버렸다. 나아가 하나님과 예수가 책임을 회피하고 있을 때, 그 숭배자들의 악덕은 여러 모양으로 변신해(뒤 '증거 8'에서 나타나듯, 목사와 신부들의 성폭력과 재물도용) 도처에서 되풀이되고 있다. 결론적으로 하나님과 예수는 '좋은 세상'을 위한 뜻도 없고 능력도 없다. 오히려 자신들의 영광과 유희만을 위해 이단들을 묵인하면서 시간을 보내고 있다.

## 4 흑인 노예

1492년 크리스토퍼 콜럼버스에 의해 아메리카 신대륙이 발견된 이후, 16C에 포르투갈인들이 브라질에 사탕수수 농장을 조성하기 위해, 본격적으로 아프리카에서 '흑인 노예'들을 끌어들이게 된다. 이어 스페인령의 서인도 제도에도 같은 방식으로 흑인 노예가 유입되게 되었고 북아메리카로 퍼지게 된다. 이로써 인류 최대의 '인종차별' 서막이 올라가게 되는 것이다.

16C부터 남북전쟁이 끝난 19C까지 400년 가까이, 기독교도들은 아프리카 흑인들을 이용해 자신들의 배를 불리고 있었다. 반면 아프리카 흑인들은 고향과 부모 형제들과 생이별하게 되고, 낯선 아메리카에서 짐승 취급을 받고 있었다. 그 후 지금까지도 그 흑인들의 후예는 타지에서 온전한 적응을 하였다고 볼 수 없으며, 보편적 자유와 평등에도 이르지 못하고 있다. 아직도 심한 편견과 차별로 고통을 받고 있다.

다음은 아프리카 흑인 노예가 어떻게 아메리카로 유입되었고, 아메리카로 온 그들은 어떻게 착취당하며 살아가게 되었는지 조금 알아보자.

## 노예선

16C부터 식민지 활동을 해 온 당시의 유럽 나라는 중상주의重商主義 정책에 따라, 대서양을 사이에 두고 대개 유럽-아프리카-아메리카를 잇는, 삼각 형태의 삼 단계 무역으로 짭짤한 수익을 올리고 있었다. 당시의 대표적인 방식 중 한 예를 들자면, 영국과 프랑스 등은 우선 아프리카에서 유럽의 싸구려 물건들로 노예들을 사들인 뒤 이들을 아메리카로 수송했다. 그곳에서 노예들은 현금 또는 어음과 교환되기도 했지만, 대부분 유럽으로 가져가 되팔게 될 열대작물과 교환되었다. 이러한 여행에 걸리는 시간은 한 번에 평균 18개월 정도였다.

즉, 1단계에서는 노예 상인들은 유럽에서 아프리카 동부 해안으로 흑인 노예를 구하러 갔다. 그곳의 노예는 족장에게 바쳐지는 유럽 상품과 교환되었는데, 그 품목들은 대개 양털, 목화, 브랜디, 쇠막대, 화약, 소총, 유리구슬 등이었다.

2단계에서 노예 상인들은 매입한 흑인 노예들을 배에 태우고, 아메리카로 가서 13개 식민지로 배분되어 매매되었다. 3단계에서는 당연히 노예 매매 후 노예 상인들은 노예들이 가득했던 화물창에 열대작물을 채우고 유럽으로 돌아갔다.

먼저 노예선이 아프리카의 여러 노예해안에 도착하면 선장과 아프리카 족장들 사이에 긴 협상이 벌어진다. 그리고 노예시장이 본격적으로 열리면 노예들은 나무로 된 형구形具 같은 것이 목에 씌워진 채 마치 가축처럼 긴 행렬을 지어 도착했다. 끔찍한 운명을 목전에 두고 공포로 일그러진 이 남녀들은 어째서 이런 처지에 놓인 것일까? 무엇보다 약탈이라고 일컬을 수 있는 부족 간 전쟁이 그 원인이었다.

그리고 백인들은 그 약탈을 부추기고 그것도 모자라 급기야는 직접 약탈을 일삼기도 하였다. 그 약탈은 부모로부터 자식을, 형제로부터 자매를 갈가리 찢어 놓았다. 그리고 백인들은 약탈된 흑인들을 싼 가격으로 매입하여 머나먼 아메리카로 팔아넘기는 것이다.

노예선은 출항할 때부터 항해일지를 적게 되는데, 맨 첫 페이지에 이렇게 적고 시작한다. '주님과 성모의 이름으로 이 항해일지가 비롯될지어다.' 그리고 노예 상인들은 흑인들을 노예로 만들면서 '흑인들을 구제한다'고 믿었다. 그러나 주님과 성모가 아마 정상적인 선신이었다면, 그 항해일지가 아예 적힐 수 없도록 하였을 것이다.

이처럼 노예선에 실려 대서양을 건너는 일은 흑인 노예들에게는 두렵기 그지없는 악몽이었다. 실제로 항해가 끔찍한 시련이었음은 통계를 통해서도 알 수 있다. 이러한 노예무역이 이루어지는 동안 대서양을 '가로지른' 1,200만 명에서 1,500만 명에 이르는 흑인들 가운데, 150만에서 200만 명의 노예가 목숨을 잃었다. 노예선에 실려 대서양을 건너는 동안 끔찍한 위생환경과 빽빽이 들어찬 사람들 사이에서 몇 개월을 버텨야만 살아남을 수 있는 것이었다.

그리고 선상 반란, 지저분한 식단 등 여러 어려움 과정에서도 아메리카에 도착한 노예들은 가능한 한 비싼 값을 받기 위해 '표백'이라고 하는 회복 과정을 거쳤다. 노예의 도착은 대단한 사건이었다. 광고지를 통해 알려진 노예 매매는 노예선의 갑판에서 시작되었다. 그곳은 '흑단나무'(흑인 노예)들과 구매자들이 접촉하기 편리한 곳이었다. 그리고 일단 새 주인과 노예가 노예선을 떠나면 선장에게는 더 이상 책임이 없었다.

## 식민지 농장

식민지 농장주들에게는 그들 농장의 작업을 위해, 흑인 노예는 아메리카 인디언들이나 백인 노동자들에 비해 가장 수익성이 높은 해결책이었다. 열대기후에 익숙한 아프리카 흑인 노예들은 비용이 덜 들뿐 아니라 언제든지 팔아 버리고 갈아 치울 수도 있었기 때문이었다. 당시 흑인 노예들이 주로 노동하는 곳은 사탕수수 농원과 목화밭이었다.

사탕수수 '농원'에 배속된 노예들은 위험하고 고된 노동에 시달렸다. 제당 농장에는 사탕수수밭인 농원에서 일하는 이들과 사탕수수를 설탕으로 만드는 제당소에서 일하는 이들이 있었다. 농원에서 일하는 노예들은 작업감독의 채찍질 소리에 동이 트기도 전에 잠을 깼다.

작업감독은 노예들의 움직임을 감시했고 게으름을 피우거나 피곤한 기색을 보이며 작업에 열중하지 않으면 가차 없이 처벌을 가했다. 제당 작업에 배속된 노예들의 일도 위험하고 고된 것은 마찬가지였다. 원통형 롤러에 빻을 사탕수수를 날라야 했고 빻은 사탕수수를 가마솥에 넣고 끊임없이 저어 주어야 했다. 과로와 쏟아지는 졸음을 이기지 못한 많은 노예의 팔은 롤러에 으스러지거나 가마솥에 심한 화상을 입었다.

그리고 19C 전반, 미국 남부에서 가장 많이 산출되는 작물은 목화였다. 1815~1861년의 목화 수확량은 8만 톤에서 115만 톤으로 늘었다. 수확은 8월 후반에 시작되었다. 노예들은 통상 하루 작업으로 200파운드 정도 수확할 수 있었는데, 정량을 채우지 못하는 경우는 벌을 받았다.

위와 같은 농장에서 흑인 노예들은 삼엄한 감시, 빈번한 체벌, 끊임없는 채찍질 등, 관리인은 농장이 잘 돌아가도록 하기 위한 감시의 눈길을 소홀히 하지 않았다. 통행금지는 저녁 8시부터였다. 이 시간 이후에는 순찰자가 인원을 점검하는 숙영지 외부에서는 어떤 노예도 눈에 띄는 일이 없어야 했다. 이를 어기면 채찍질이 가장 흔한 형벌이었다. 채찍질은 관리인 또는 그 일을 위해 고용된 '채찍꾼'이 맡았다.


**노예제도 폐지**

최초로 노예 폐지론을 펼쳤던 이들은 아메리카 개신교의 한 종파인

퀘이커교인들이었다. 1688년 그들은 "백인을 노예로 부리기보다 흑인을 노예로 부리는 것이 합당하다는 주장을 용인할 수 없다. 사람을 훔치거나, 사람을 사고파는 이들, 이들이야말로 노예로 삼아 마땅한 이들이다."라고 외쳤다. 드디어 노예제도를 폐지하려는 투쟁이 시작된 것이었다. 하지만 그 투쟁이 빛을 보기까지는 수 세기가 걸렸다. 그 후 1833년 8월 29일, 영국 하원에서 노예제도 폐지안이 가결되었다.

마침내 1860년 11월 공화주의자 에이브러햄 링컨이 미국 대통령으로 선출되었다. 그러자 1861년 2월 8일 남부의 7개 주는 '분리'를 선언했다. 그리고 링컨의 연방정부에 맞서 남부는 북부 요새들을 포위해 공격했고, 북부연방 또한 군대를 소집했다. 그 후 남부는 4개 주[189]가 가세하면서 병력이 더욱 증강되었다. 이렇듯 전쟁 발발 당시 남군은 11개 주의 연합이었고 북군은 23개 주의 연합이었다. 한쪽은 900만 인구 가운데 350만이 노예였고 다른 한쪽은 2,200만 인구 가운데 30만이 노예였다. 남북전쟁은 4년을 지속하다 끝나게 되었다.〈#28〉

위와 같이 흑인 노예들에게 인간으로서는 당할 수 없는 육체적 고통과 정신적 모욕감이, 가장 순수하게 하나님과 예수님을 믿어 보겠다던 기독교도들Puritan에 의해 자행되고 있었다. 즉 유일신 하나님은 당신의 이름을 앞세우는 기독교도들이 동등한 자식들인 흑인들을 노예로 삼아 짐승처럼 취급하고 있을 때, 400년 동안 천국에서 모른 체하였다.

또 우리를 사랑하여 십자가에서 죽기까지 했다고 하는 예수는, 인류를 구원한다고 외쳐 댄 후 천국에서 기독교도들의 영광만을 받고 있었다. 나아가 기독교도들이 '주님과 성모'의 이름으로 흑인들을 사고팔 때

---

189) 버지니아, 테네시, 노스캐롤라이나, 아칸소.

값을 후하게 받을 수 있도록 축복하고 있었다. 또 흑인들이 각종 농장에서 죽음 같은 고통으로 부르짖을 때도, '예수님(보지도 듣지도 못한 이름)을 믿지 않은 죄'라며 기독교도들의 채찍 쥔 손에 성령을 내리고 있었다.

## 5 인디오 도살과 착취

콜럼버스에 의해 아메리카 신대륙이 발견될 당시, 그 땅이 인도의 일부인 줄로 알아 인디아스Indias라는 이름이 유래되었다. 그리고 인디오 Indio란 그 땅 인디아스의 원주민을 말한다. 이듬해부터 에스파냐(스페인) 기독교도들이 그 땅을 본격적으로 식민지화하기 위해 진출한다.

### 도살하는 기독교도들

기독교도들인 정복자들은 본국에 보낼 많은 황금을 얻기 위해, 또 단시일에 출세하고 부유해지기 위해, 신부들[190]이 보는 앞에서조차 최소 7천만 명 이상의 인디오들을 도살하였다. 그 후 그나마 살아남은 인디오들을 동물보다 못한 노예로 삼았다.

---

190) 인디오들을 개종시키기 위해 본국에서 파견되었다.

다음은 인디오의 보호자라고 불렸던 바르똘로메 까사스Bartolome de las casas, 1474~1566 신부에 의해 '양심선언'되어, 1552년 출간된 《인디아스 파괴에 관한 간략한 보고서》를 조금 발췌하여, 그 기독교 정복자들의 잔혹한 만행을 알아보고자 한다. 필자는 이 얇은 책을 읽으면서 구토가 날 지경이어서 몇 번을 숨 고르기 하며 나눠 읽었다. 먼저 까사스 신부는 인디오들의 성품을 다음과 같이 적고 있다.

> "그들은 겸손하고 인내력이 있으며, 평화롭고 온화하며, 이 세상 어디에나 가득한 분쟁도 소요도 없고, 분노도, 불평도, 증오도, 복수심도 가지고 있지 않습니다. 또한 가장 섬세하고 여위고 연약한 체격의 사람들이어서 노동을 견디기에 힘들고 작은 질병에도 죽습니다."〈#29〉

그리고 계속해서 기독교 정복자들의 만행에 대하여 적고 있다.

> "에스빠냐인들은 누가 단칼에 사람을 두동강 내는지 혹은 말뚝으로 머리를 자를 수 있는지 창자를 들어내는지 내기를 하곤 하였습니다. 젖을 먹고 있는 젖먹이를 두발을 잡고서 어머니의 젖가슴에서 떼어내어 바위에 머리를 내동댕이쳤습니다."〈#30〉

이러한 만행들이 멕시코, 니카라과, 쿠바 등의 서인도 제도와 중남미에서 광범위하고도 지속적으로 이루어졌다. 이러한 만행은 아무리 극한 상황을 가정해 보아도 이해하기 어려운 것이다. 제정신으로서는 그리 잔혹하게 행할 수는 없을 것이다.

이것은 악령들의 부추김으로 인해 넋이 나간 상태에서 저지른 행동이라고밖에 말할 수 없다. 까사스 신부도 악마에 씌어 그런 행동을 했다고 기록했다. 그 기독교도들을 도운 악마는 도대체 누구일까?

## 수탈의 참상

에스파냐의 돼지치기 출신 프란시스코 피사로는 페루에 다시 도착한다. 그가 이끄는 군대는 63명의 기병과 200명의 보병이 고작이었다. 그러나 피사로는 1532년 잉카Inca제국의 왕을 교묘하게 생포하고 잉카의 군대 6천 명을 '까하마르까' 전투에서 무찌른 후, 전능하신 하나님에게 감사하게 된다. 피사로의 동생 에르난도와 페드로를 비롯한 여섯 명의 동료는 이렇게 진술한다. "저희의 수는 너무 적었으므로 사실이 일은 저희의 힘이 아니라 전능하신 하느님의 은총으로 이루어진 것입니다."〈#31〉

그리고 이듬해에는 비운의 마지막 황제 아타우알파Atahuallpa를 처형한다. 그 죄명은 기독교를 믿지 않고 우상(태양신)을 숭배했다는 것이다. 이로써 찬란했던 대제국 잉카는 막을 내렸다. 그 후 안데스산맥의 쿠스코, 키토 등을 중심으로 살아왔던 인디오들은, 앞의 도살 만행처럼 개처럼 죽임을 계속 당하게 된다. 그리고 나머지 겨우 목숨을 건진 인디오들은 정복자들의 박해를 피해 점점 더 침보라소 산6,310m이나, 코토팍시5,897m 등의 고지대로 숨어들었고, 미처 피하지 못해 남아 있던 대다수 인디오는 정복자들의 수탈과 착취에 시달리며 짐승같이 살아가게 된다.

이쯤에서 정복지를 잘 다스려 황금을 본국으로 보내고 자신들의 더 빠른 출세와 호의호식을 위해, 그 기독교 정복자들은 기막힌 아이디어를 개발하여 더욱더 인디오들을 착취하고 괴롭히게 된다. 그 착취 수단은 '엥코미엔다Encomienda' 제도와 '아시엔다Hacienda' 제도이다.

## 엥코미엔다

먼저 '엥코미엔다'라는 제도에 대하여 알아보자. 엥코미엔다는 '엥코미엔다로'라는 스페인 단어에서 유래한 말로 이 엥코미엔다로는 정복자 또는 수탈자라는 의미이다. 엥코미엔다의 논리로 말하자면 정복자 엥코미엔다로의 눈에는 인디오들이 살았던 그동안의 삶은 모두 다 잘못되었다는 것이다. 즉 생전 보지도 듣지도 못했던 기독교를 믿지 않았던 그동안의 삶은 틀렸다는 것이고, 이 잘못된 삶을 고쳐서 기독교를 받아들여 잘 믿으면, 이 땅에서 정복자 엥코미엔다로와 어울려서 올바르고도 행복하게 잘 살 수 있다는 것이다. 그래도 여기까지는 억지스러우나 그런대로 넘어갈 수 있겠다.

그러나 그다음이 문제이다. 엥코미엔다 제도란 엥코미엔다로가 인디오들의 이런 잘못된 삶을 고치고 기독교를 가르쳐 주는 대신에, 인디오들은 무상의 노동력을 엥코미엔다로에게 제공해야 한다는 것이다. 즉 이 지역에서 우리와 같이 살려면 교회에 나와야 하고, 우리의 교회에 나오기 위해선 우리가 시키는 대로 무한 봉사를 해야 한다는 뜻이다.

이것은 엥코미엔다로들이 **교회를 미끼**로 인디오들을 노예화한 것이다. 즉 황금을 찾아야 하고 정복지를 구미에 맞게 만들어야 하고 또 풍요한 삶을 누리기 위해서, 인디오들을 지속적으로 착취하도록 짜낸 것이 바로 엥코미엔다 제도라는 것이다.

언제나 정복지의 땅 중앙에는 지배자들이 중심이 되어 살아가는 중앙청사와 중앙광장이 있고, 착취한 황금으로 도배를 한 교회가 있다. 예를 들면 현재 멕시코의 수도 멕시코시티에는 중앙에 소깔로 광장이 있고 이를 중심으로 중앙청사와 대성당이 자리 잡고 있으며, 볼리비아의 도시 산타크루즈에는 중앙에 산타크루즈 대성당이 있고, 에콰도르의 수도 키토에는 중앙에 시청과 관사 및 중앙광장이 있고 그곳에 '제수이트' 황금교회가 있다.

이 같은 정복지 배치는 일손이 부족한 소수의 지배자가 그들의 위엄과 기독교를 이용하여, 변두리에 사는 피지배자인 인디오들을 효과적으로 착취하기 위해 교묘하게 만든 것이다. 정복지를 다스리는 데는 종교와 무력을 섞어야 효과적이던 것이다. 즉 한 손엔 성경을 다른 한 손엔 칼을.

나아가 앞의 황금교회는 그야말로 내부가 온통 황홀한 황금 마감인데, 그 황금은 물론 인디오들의 피와 눈물의 산물이다. 그리고 그 중앙제단 위에는 황홀한 황금으로 이렇게 쓰여 있다. **인류의 구원자 예수!**Jesues Horninurn Salvator 또한 브라질 살바도르에 있는 '성 프란시스코' 황금교회에도 비슷하게 황금으로 도배된 제단이 있다.

그렇다면 인디오들은 엥코미엔다로들이 그토록 개종을 강요한 사랑의 구원자 예수님이 계시는 교회에 나가면, 교회 내에서라도 인간적인 대우를 받았을까. 전혀 그렇지 않았다. 인간적인 대우는 차치하고라도 기독교도들의 따뜻한 시선조차 받지 못했다. 즉 교회 내에서도 자리가 엄격히 정해져 있었다. 제일 상석에는 종교인들이 있고 그다음은 힘 있는 정치인이나 귀족 그다음은 일반 백인 그다음은 메스티소[191] 그다음은 물라토[192] 그다음은 인디오와 '개' 이런 순이었다. 인디오들은 짐승 그 이상도 그 이하도 아니었다. 이러한 엥코미엔다의 폐해가 너무 심해지자 에스파냐 본국에서조차 문제가 되게 되고, 1542년 마침내 엥코미엔다 제도를 폐지하라는 왕의 칙령까지 내려지기에 이른다.

### 아시엔다

이제 왕의 칙령으로 엥코미엔다 제도가 폐지되었다. 그러나 착취가 지속적으로 필요했던 지배계층은 왕의 칙령을 교묘히 피해 가는 또 하나의 기막힌 아이디어를 개발하는데, 이것이 바로 '아시엔다' 제도이다.

아시엔다란 인디아스 정복지를 에스파냐 본국에서 본국인들에게 불하拂下한 땅을 말한다. 그런데 땅값이 헐값이어서 역량 있는 귀족들은 어마어마한 땅을 소유하게 되며, 이를 기반으로 인디오를 무차별 착취하게 된다. 이러한 대지주들 가운데는 교회들도 있는데, 교회가 오히려 착취가 더 심한 편이었다.

여하튼 이런 방대한 땅을 관리하기 위해서 많은 노동력이 필요하게 된다. 그리하여 그 해법으로는 물론 인디오들을 이용하는 것이었고 그 방법은 '소꼬로'Socorro이다. 소꼬로란 도움이라는 뜻이다. 소꼬로는 인디오들이 '아시엔다' 지주들에게 쌍방이 아닌 일방적 도움을 준다는 의

---

191) Mestizo = 백인 + 인디오 혼혈인.
192) Mulato = 백인 + 흑인 혼혈인.

미로 쓰인다.

소꼬로란 간단히 말하자면 일종의 착취를 위한 소작농제도인 것이다. 즉 그 지역을 차마 떠나거나 달아나지 못했던 인디오들에게, 아시엔다의 척박한 땅을 나눠 주거나 원하지도 않는 물건을 강제('미타'라고 함)로 떠안겨서 과도한 세금을 부과하는 것이다. 겉으로는 인디오들을 살리려는 좋은 일처럼 포장하겠지만 실상은 착취 음모가 숨겨져 있는 것이다.

즉 아시엔다 지주들은 더 큰돈을 벌기 위해 아시엔다 내에 큰 직영농장과 직물공장 '오브라헤'Obraje 등을 운영하게 된다. 그 오브라헤의 모든 노동력은 소꼬로로 빚이 쌓여만 가는 인디오들이, 빚이 조금 탕감된다는 이유로 무한히 제공하였고, 여타 아시엔다 지주의 다른 모든 부당한 요구를 감내하여야만 하는 것이었다.

나아가 이 아시엔다는 교회와 함께 인디오들의 문화와 정신을 여지없이 파괴하는 데 앞장선다. 예를 들면 에콰도르에는 '산 아우구스틴'이라는 '아시엔다'가 있다. 이 '아시엔다' 지주의 집은 잉카제국의 궁전을 부수고 지어진 스페인식 저택으로, 지금도 잉카 당시의 석축이 그 거실의 한 벽면을 장식하고 있다. 잉카의 정신과 존재를 깔아뭉개는 것이다.

그리고 교회의 인디오 정신 파괴 실례로, 멕시코시티 중앙광장 소깔로에 면해 있는 대성당이 있다. 이 대성당은 아즈텍의 신전을 부수고 그 자리에 그 신전의 석재와 벽돌로 지어 놓은 것이다. 또한 페루에 있는 '산토도밍고' 성당은 잉카의 태양 신전을 깔아뭉개고 지어진 것으로, 지금도 당시 잉카의 석축이 교회의 기반으로 되어 있다.

## 인디오가 인간이냐?

이즈음 '바야돌리드 논쟁'이 시작된다. 1550년부터 스페인 바야돌리드의 산 그레고리오 수도원에서는 '인디오가 인간이냐 아니냐?' '자유인의 가치가 있느냐?' '노예의 가치밖에 없는 존재냐?'로 논쟁이 시작된 것이다. 즉 인디오가 인간이면 인디오도 예수의 구원 대상이 되는 것이고, 인디오가 자유인의 가치가 있다면 정당한 노임을 지불해야만 하는 것이었다.

이러한 인디오의 인간성을 옹호하는 측으로는 앞의 까사스 신부가 대표적이고, 인디오의 야만성을 폭로하는 측으로는 신학자 후안 세풀베다1490~1573였다. 이 논쟁의 심판을 위해 성직자, 법학자들로 구성된 위원회도 구성되었다. 그러나 인디오의 인간성은 불리하게 되어, 잠시 눈치 보던 정복사업도 계속되었다.

그리하여 앞의 무자비한 도살과 '엥코미엔다'와 '아시엔다'의 억압과 착취, 서방 전염병으로, 중남미에서의 인디오 인구는 급격하게 줄어들었다. 1520년 당시 7천5백만 명이었던 인디오 인구가 1620년엔 다만 5백만 명이 될 정도였다.

그런데 더 큰 문제는 과거의 무너진 기반 위에서, 인디오들의 참상이 지금도 계속 이어지고 있다는 것이다. 페루, 볼리비아, 에콰도르 등 중남미와 서인도 제도 각 나라의 인디오들과 그 혼혈인들은, 도시 변두리나 고산지대에서 인간 취급도 받지 못하고 풀뿌리로 연명하며 짐승처럼 살고 있다. 그리하여 정상적으로 발전하여 세계인으로 살아갈 기반이 무너져 버린 것이다. 그들 삶의 역사는 기독교도들에 의해 중간에 토

막 나 어디론가 사라져 버린 것이다.〈#32〉

이제 '증거 7'을 마무리해 보자. 앞의 다섯 가지 역사적인 사건은 사실 필자와 별 관련이 없는 먼 나라 먼 사람들의 죽음과 고통이다. 그러나 필자는 한 인간으로서 이러한 역사에 너무 부끄럽고 가슴이 아프다. 왜냐하면 최소한 양심을 가졌기 때문이다. 그런데 하나님과 예수는 그렇지 않은 것 같다. 그리고 바울과 아우구스티누스도 자신들이 정립한 기독교 교의가, 인류를 이다지도 비참하게 교란하리라고는 차마 꿈에도 몰랐을 것이다.

앞의 사건들 속에서 당시의 유일신교도들은 하나님과 예수의 이름으로 인류 역사상 가장 씻지 못할 악행들을 저질렀다. 그리고 그들이 일으키는 여러 형태의 계속된 분쟁과 갈등 가운데는, 언제나 하나님과 예수의 이름이 찬란하게 빛나고 있었다.

그런데 가만히 살펴보면 3천5백 년 전 가나안에서의 그 방법대로, 십자군 전쟁, 흑인 노예, 인디언 박멸, 인디오 도살로 면면히 이어지는 것을 알 수 있다. 즉 여인들과 젖먹이들과 우양牛羊까지도 잔혹하게 죽이는 방법으로.

그 이유는 유대교도들이나 십자군이나 기독교도들이 똑같은 악령을 믿었기 때문으로 생각된다. 그들은 인간적 욕심을 채울 수도 있는 데다 천국까지 갈 수 있다고 하니, 더욱 열심을 내어 그 같은 악행을 할 수 있었을 것이다. 또 이슬람교도들도 우상숭배 척결과 낙원행이라는 미명으로, 잔혹한 '지하드'聖戰와 폭탄 순교를 일으키기는 마찬가지였다.

그런데 기독교도들의 이러한 만행에 대해 "왜 하나님을 믿는다고 하면서도 그런 일을 저지를 수 있는가?"라고 질문하면, 대부분 기독교도와 목사와 신부들과 신학자들은 "하나님과 예수는 절대 선하시고 가장 합리적이시나, 인간들이 원래 악하여 하나님의 뜻을 왜곡하여 그러한 행동을 하는 것이다."라고 말한다.

더 나아가 "예수가 없었다면 세계는 존속하지 않았을 것이다. 세계는 이미 파괴되었거나 아니면 지옥으로 변했을 것이기 때문이다."⟨#33⟩ "하나님과 예수님을 더 잘 믿고 더 잘 알려서 이 땅에 천국을 도래시켜야 한다."라고 한다. 여기에다 기독교도들의 악행을 무마하기 위해 원죄론, 구원론, 심판론, 천국론, 자유의지론, **거짓 선지자론** 등 별별 이론들이 다 등장한다.

그러나 앞에서 이미 이러한 원죄론, 구원론, 심판론, 천국론, 자유의지론, 거짓 선지자론 등의 이론들이 모두 허구라고 밝힌 바 있다.

여기서 변명거리 거짓 선지자론에 대해서는 좀 더 알아보자. 많은 기독교 신학자는 하나님을 믿는다고 하면서 악행을 저지르는 자들을 거짓 선지자들이라고 한다. 그리고 거짓 선지자들은 사탄의 꼬임에 빠져 하나님의 뜻에 반하여 악행을 저지른다고 한다. 그리고 그러한 거짓 선지자들은 반드시 지옥에 던져진다고 한다.

그러나 앞의 '증거 5 천국의 허구성'에서는 이미 지옥이 존재할 수 없음을 증명하였고, '증거 3 구원론의 허구성'에서도 사탄이 존재하는지는 둘째치고라도, 유일신이 사탄 하나를 처리하지 못하고 구원을 들먹이고 있다고 하였다. 나아가 하나님과 예수는 기독교도들 또는 거짓 선지자들을 제어하거나 선도하지는 못할망정, 어찌 세계복음화나 구원을 외칠 수 있는지 이해할 수 없는 것이다.

그렇다면 특히 유일신교에서 왜 그토록 잔혹성이 나타나는지 현실적으로 한번 생각해 보자. 그것은 첫째, 인간들이 악령을 유일신으로 옹립하는 데서 문제가 커진다고 생각된다. 즉 어떤 종교의 성립과 유지를 위해 점점 더 유일 체제와 전체주의적인 구심력을 띨 필요가 있을 것이다. 둘째, 원래 유일신이 아니면서 유일신 행세를 하려다 보니, 자기 합리화를 위해 무리해서 과격해지는 것이리라 생각한다. 그러나 최고 능력의 진정한 유일신이라면 구심력을 강조할 필요도 없고, 그 힘을 상대적으로 연약한 사람들에게 잔혹하게 나타내 보일 리 없다.

지금까지 수없는 경멸을 했는데도 아직도 하나님과 예수는 기독교도들의 만행에 대하여 이렇게 발뺌을 계속할 것이다. "우리는 원하지 않았다, 잔혹한 인간들과 거짓 선지자들과 사탄의 짓이다. 우리는 만행을 허락하지 않았다, 그러므로 우리와는 상관없다."라고 할 것이다.

그러나 백번 양보해서 나쁜 기독교도들이 저지른 잘못이라고 치자. 그렇더라도 우리는 능력과 권한이 큰 자가 책임도 크다는 사실을 알고 있다. 아마 하나님과 인간의 능력과 권한의 차이는 우리가 상상할 수 없을 것이다. 기독교 교의에서 말하는 유일신의 높음과 인간의 낮음 차이니까.

그러므로 이제 빠져나갈 구멍은 어디에도 없다. 즉 그 기독교도들이 유일신을 조금이라도 믿고 앞세웠다면, 유일신의 무한한 능력과 권한은 그에 상응하는 무한한 책임이라는 데 더는 부인하지 못할 것이다.

그리고 하나님과 예수도 참 이상하다. 왜 사람들에게 날마다 전도나 세계복음화에 힘쓰라고 하는지 모를 일이다. 그냥 가만 계시면 책임도 적고 욕이라도 덜 먹을 것인데 말이다. 즉 그 전도를 받아 믿게 된 사람들이 각질화되어 또 만행을 저질러, 그 높은 이름을 더럽히면 어떻게 하시려고 그러실까.

그런데 그 이유는 이제 자명해졌다. 하나님은 **'유희악령'**이기 때문에 더욱 많은 인간을 희롱하고 싶기 때문이다. 나아가 그렇게 다른 악령들과 경쟁하여야 하기 때문이다. 간혹 다른 종교에서도 잔혹한 만행이 나타나는데 그 신 또한 악령이라는 증거이다. 평화 시에는 구분이 애매하지만, 종교전쟁이 발발하면 그 신이 좋아하는 '성전'과 '지하드'의 방법으로 최선을 다해 만행을 저지르게 되는 것이다.

그리고 일부 신실한 목사들이나 신부들이 자신의 모든 것을 바쳐 가며 순수한 사랑을 실천하려고 노력하고 있다. 즉 구제사업, 교육사업, 의료사업, 사회정의 운동 등등. 그리하여 기독교에서는 그러한 선행이 우선하는 것처럼 자랑하며 강조하고 있다.

그러나 다시 말하지만 '선과 악은 상쇄되지 않는다.' 더군다나 기독교도의 악행을 나쁜 인간의 탓으로 돌린다면, 기독교도의 선행 또한 선한 인간의 공적功績으로 돌려야 한다. 그렇게 되어야만 사리에도 맞고 공평한 것이다.

나아가 유일신은 당연히 선해야 한다. 왜냐면 보통의 우리네 부모는 자녀에게 선하기 때문이다. 그러므로 기독교의 악행만 계산에 넣어 그 허울이 밝혀져야만 하는 것이다. 그리고 그들이 지금은 선한 일에 종사하더라도, 언젠가 또다시 각질화된 종교 아래 뭉쳐 잔학한 일을 지지할지 모를 일이다.

예수와 기독교의 가장 큰 덕목은 '사랑'이다. 그런데 앞의 사건들은 기독교의 사랑이 진정한 사랑이 아니었음을 확연히 나타내는 것이다. 즉 앞의 사건들로 볼 때 그 사랑은 인간의 모든 것을 내려놓으라는 <u>하나님을 위한</u> 사랑이다. 따라서 예수가 그토록 외쳐 댄 '사랑'이 이제 말뿐인 허구인 것을 잘 알았을 것이다.

진정한 인간 사랑은 악령들의 사랑이 될 수 없다. 그들은 겉으로는 인간들을 사랑한다고 하였지만, 속으로는 자신들만을 위하여 인간을 이용하고 괴롭힌 것밖에 없다. 이것은 악령들의 전형적인 '병약놀이'인 것이다. 이는 앞에서 설명했듯이 지난 인류 역사가 이를 잘 증명해 주는 것이다.

인간을 위한 진정한 사랑은 인간 세상과 인간 자유를 인정했던 소크라테스, 아리스토텔레스, 칸트, 묵자, 공자와 같은 정신들의 사랑이다. 종교의 사랑은 태생적으로 순수한 인간 사랑이 될 수 없다. 그것은 인간 세상을 무시할 뿐만 아니라, 다른 종교인에게 배타성을 띠기 때문이다. 에리히 프롬E. Fromm은 그의 저서 《소유냐 존재냐》에서 이런 말을 한다.

"기독교로의 개종에도 불구하고 유럽과 북아메리카의 역사는 정복과 자만과 탐욕의 역사이다. 노예상인들, 인도를 지배했던 자들, 인디언 살육자들, 중국을 강요하여 그들 나라에 아편을 수입케 한 영국인들, 양차대전의 선동자들, 그리고 다음 전쟁을 준비하고 있는 무리들은 모두 마음속으로는 기독교도였을까 하는 말이다. 그러면 어째서 현대에는 어울리지 않는 기독교를 깨끗이 포기하지 않고 있는가? 사회적 결합을 위해서다. 사람들은 이 소외된 신앙을 소외된 경험으로 바꾸어 〈자기들을 대신하여〉 사랑해 주는 예수로 만들 수 있다는 것이다."〈#34〉

파스칼1623~1662의 《팡세》에도 이런 말이 있다. "인간은 신이 보낸 종교를 받아들일 의무를, 신은 인간을 잘못으로 인도하지 않을 책임을 인간에 지고 있다."〈#35〉 그러나 신이 인간보다 위대하다면 그 신의 이름

앞에서 인간이 억울하게 되어서는 안 될 것이다. 그런데도 하나님과 예수는 잔혹한 기독교도들을 선으로 선도하고 그 책임을 지기보다는, 아직도 살아 계셔서 우리에게 성령과 은혜를 충만하게 역사하신다고 자랑하고 있는 것이다.

따라서 유일신교에서는 아직도 '종교선행 현상'(과학과 이성보다 종교)이 지속되는 것이다. 특히 삼위일체는 샤머니즘의 연장일 뿐이다. 즉 대부분의 샤머니즘은 인간의 이성 앞에 무력화되었지만, 삼위일체는 아직도 발호하고 있다.

따라서 삼위일체가 죽인 사람들과 삼위일체로 인해 죽은 수많은 사람이 안타깝다. 그런데도 수많은 역사적 분쟁을 일으키거나 묵인하고 방치한 삼위일체는 천국에서 전혀 가슴이 아프지 않다. 따라서 삼위일체가 조금이라도 일찍 와해되었더라면 인류는 좀 더 발전하고 좀 더 행복하였을 것이다. 그러므로 삼위일체는 사랑의 유일신이 아닌 탐욕스러운 지방관地方官 같은 악령이 틀림없는 것이다.

그렇다면 이제 우리가 합리적이고도 보편적 이성으로 '삼위일체'를 올바르게 인도할 필요가 있을 것이다. 그런 의미에서 만약 유일신이 존재한다면, 진정한 유일신은 어떤 분이어야 하는지 다시 상고해 보자.

유일신은 자녀들을 모두 기뻐한다. 또 모든 영광을 갖추고 있으므로 굳이 자녀들로부터 얼치기 영광을 바라지도 않는다. 또 다른 잡신들과도 전쟁과 경쟁이 될 수 없으므로, 전도나 세계복음화로 당신을 굳이 드러낼 필요도 없다. 또 당신의 이름을 앞세워 이 자녀가 저 자녀를 타도하는 행태를 부추기지도 않고 인정하지도 않는다.

나아가 애초에 우상숭배라는 개념 자체가 없기에, 무엇을 믿든 말든 편하게 두어 인간들이 다양한 행복을 누리기만을 바라고 있을 것이다.

진정한 유일신이라면 그 정도로 덕과 배포가 충만한 것이다.

증거 8

성령과 은혜는 미끼

## 증거 8
# 성령과 은혜는 미끼

앞에서 야훼와 알라는 유일신이 될 수 없으며, 하나님은 좋게 보아도 잡신일 수밖에 없다는 증거를 크게 일곱 가지로 알아보았다. 그런데 잡신도 영인지라 이를 믿는 연약한 사람들에게는 놀라운 영적인 힘이 있다고 느껴질 수 있다. 즉 일부 사람들의 관점에서 보면 이적異蹟이라는 것을 일으킬 수 있다는 것이다. 그렇게 보기에 영이라고 하는 것이지, 우리의 일상적인 능력과 같이 보이면 영이라는 명칭도 붙지 않았을 것이다.

그런데 아브람을 불러낸 이후 지난 4천 년을 거슬러 조망해 보면, 앞에서 보듯이 하나님은 그 영적인 힘을 인류의 발전과 행복을 위해 사용하였다기보다, 극히 자신의 영광과 유희를 위해 사용하였음을 알 수 있다.

조금만 깊이 생각해 보자. 유대교와 기독교의 대표적인 기적인 모세의 '홍해 가르기'와 예수의 '오병이어'五餅二魚를 그대로 인정한다 해도, 유일신의 역사라고 하기에는 너무나 지엽적이고 치졸한 처사임이 분명하다. 왜냐하면 앞에서 말했듯이 유일신이라면 한 민족과 일부 사람들을 위해 자신의 합리성과 보편성을 스스로 무너뜨리는 일이 있어서는 안 되기 때문이다.

즉 유일신으로서 이왕 기적을 일으키려면 창조 수준의 기적을 일으켜야 하지 않겠느냐는 것이다. 따라서 지구를 아예 천국처럼 만들어 모두를 영생케 하든지, 아니면 모두가 당장 천국에 가는 기적 정도가 되어야 할 것이다. 즉 전체 인류에게 혜택을 주는 기적 정도가 되어야, 유일신에게 걸맞은 역사라고 할 수 있을 것이다.

아무튼 이 장에서는 기독교에서 말하는 성령과 은혜가 우리에게 어떠한 미끼로 작용하는지 알아보도록 하자. 성령과 은혜는 영적인 문제이기 때문에 논리를 적용하거나 객관화를 시도하기가 상당히 어려운 문제이다. 그러나 이 성령과 은혜의 문제점을 파헤치지 않고서는 하나님과 예수의 정체를 더 심도 있게 파악하기는 어려울 것이다. 왜냐하면 하나님과 예수는 모든 잘못을 인간들에게 뒤집어씌우고, 또다시 그들만의 천국으로 숨어들 것이 분명하기 때문이다.

## 1 성령과 은혜의 특징

앞 '증거 4'의 '4 상상신조와 운집에너지'에서 영들은 인간들의 상상신조이거나 상상신조와 운집에너지가 합쳐진 것일 거라고 설명했다. 이렇듯 대부분의 의식에너지는 인간 세상과 관계없이 자기의 행로를 지키기에 바쁠 뿐이다. 그런데 우리 이웃들이 간증하는 영들은 그들에게 가

끔 강력한 영향력을 행사하기도 한다는 것이다. 물론 그 영들이 하는 처사를 보면, 대개 지엽적이고 신변잡기에 관한 것이다.

그리하여 필자는 이러한 영들은 대개 인간 세상을 교란한다고밖에 볼 수밖에 없어, 그 교란하는 영을 '악령'이라고 부르는 것이다. 나아가 대부분 악령은 일부 인간들에 의해 교묘하게 부풀려지고 이용된 측면도 있다. 그리하여 나쁜 종교에서는 악령들을 유일신으로 둔갑시키고, 비합리적이고도 무보편적인 교의로 인간들을 현혹하는 것이다.

여하튼 악령은 '영광과 유희'를 위해 인간을 희롱하기를 좋아한다는 것이다. 그러나 악령들이 일으키는 유희도 전체적인 카나드 내에서 그 운집에너지의 분량만큼 가능한 것이다. 즉 대부분은 그 에너지가 아주 제한적이라는 것이다. 따라서 국지적 영은 무당을 통해 약간의 통찰력과 치유력을 보여 주며 유희를 즐기고, 하나님과 알라는 국제적 영으로서 좀 더 광범위한 유희를 즐긴다고 보면 될 것이다.

## 영들과의 교통 사례

우리는 각 지역에서 영들과 교통한다고 주장하는 특색 있는 샤먼들을 알고 있다. 대표적으로 서부 아프리카(말리, 세네갈 등) 지역의 전통 무당 '마라부'나 몽골의 '버', 우리나라의 '무당' 등이 있다. 우리나라 무당 중에는 강신무降神巫가 있고 세습무世襲巫가 있다. 즉 강신무는 자신이 직접 영을 받은 경우이고, 세습무는 그냥 대를 이어 무당이 되는 경우이다.

그런데 보통 강신무는 우리 주변에서 흔히 보듯이, 자신은 무당이 되고 싶지 않아도 몸이 아파 어쩔 수 없이 무당을 하게 되었다는 것이고, 무당을 하면 몸이 다소 아프지 않다는 것이다. 이처럼 지역 악령들은 자신의 유희를 위해, 자신이 선택한 사람의 육신부터 괴롭히는 것이다. 그러한 사례를 두 개 정도 소개해 보자.

2011년 서울에 사는 36세의 한 여인이 '내림굿'[193]을 하는 과정이 방송된 적이 있었다. 그녀는 15세 이후 원인 모를 병을 앓아 왔다고 한다. 그리하여 그녀의 어머니가 여러 경로를 통해 알아본 결과, 그 병은 무병巫病이며 무당이 되어야 낫게 되리라는 것이었다. 그러나 그녀는 그러한 증상에도 무당이 되기 싫어 견디었고, 결혼 후 6세 된 아들까지 두게 된다.

그런데 이제 자신의 몸이 더욱 아픈 것은 물론, 아들조차 이상한 행동[194]을 자주 하게 되었다고 한다. 그리하여 그녀는 어쩔 수 없이 무당이 되어야겠다고 남편에게 말한다. 이를 전해 들은 남편은 이혼도 불사하겠다며 극구 반대했다. 견실한 사회인으로서의 남편은 도저히 받아들이기 어려운 일이었다.

그러나 그녀는 자신과 아들이 몸이 아프다가도 굿을 하면 좋아지는 과정을 여러 번 겪으면서, 자신보다 아들을 살려야겠다는 심정으로 '신내림'을 받아들이려 결심하였다고 한다. 그 후 사회적 편견과 불이익을 감수하면서, 선배 무당들의 자문에 따라 '내림굿'을 하고 무당이 된다는 얘기였다. 남편도 울면서 마지못해 곁을 지키며 돕겠다고 했다.

몽골의 어떤 무당 얘기도 해 보자. 몽골에서는 남자 무당을 '버'라 한다. 몽골의 최북단 러시아와의 접경지역 '다르하트'라는 곳에 원시적 샤

---

193) 신의 내림을 스스로 받아들이는 의식.
194) 자다 벌떡벌떡 일어나거나 눈이 뒤집히는 증상.

머니즘이 아직 남아 있다. 이 샤머니즘은 밤에만 굿을 하는데, 빛이 없는 어둠 속에서 더욱 순수한 영혼을 만날 수 있다고 보기 때문이다. 이 지역의 차탄순록 마을에 '거스타'라 이름하는 유명한 '버'가 있는데, 그는 9대째 세습무를 하고 있었다. 그의 말을 한번 정리하여 인용해 보자.

> "나는 사회주의 시절, 종교를 죄악시 하는 그 당시 상황에 맞게 '버'가 되기를 거부했으나 몸이 자꾸 아파와 아버지의 뒤를 이어 어쩔 수 없이 '버'가 되었다. 그리하여 강과 산, 대지의 주인에게 부모가 자식을 돌보듯 해달라고 사람들을 위해 부탁한다.
> 이번 촬영도 모시는 신(강의 신, 대지의 신, 흙의 신)에게 허락을 받고 한 것이다. (중략) 남을 위해 무언가 부탁하는 일은 어렵다. 쉬고 있는데 멀리서 병자가 찾아오면 거절할 수가 없다. 다른 선택이 내겐 없었다."〈#36〉

이렇듯 소지역에서 나타나는 영들도 적으나마 나름대로 능력을 발휘하며 유희를 즐기는 듯하다. 여하튼 앞의 강신무나 '버'의 체험처럼 사람이 합리적이고도 보편적으로 체득하는 자연현상과는 달리, 아주 특수한 현상이나 사건을 기적이나 이적이라고 우리는 표현한다.

그런데 부연하자면 사실 우리의 평범한 삶도 따지고 보면 모두 기적으로 이해될 수 있다. 왜냐하면 생로병사의 기본 틀은 우리의 의지와 상관없이 진행되고 있기 때문이다. 즉 태어남에서부터 스스로 세포분열하여 성장하고, 곡물을 섭취하면 저절로 소화되고 영양이 되어 힘을 얻게 된다. 그리고 심장을 나온 혈액은 신체 각 부분을 저절로 순환하여 생명을 잇고, 그 후 각각의 사람은 저절로 늙어 간다.

그런데 그러한 본능은 조상들의 피땀으로 된 기적적인 '물질회유'가, 오랜 기간 겹겹이 DNA에 새겨져 자동화된 것이다. 그래서 우리가 알 수 없는 그러한 생로병사가, 현재로서는 자연스러운 일상이 되어 기적 같이 느끼기 어려운 것이다.

여하튼 예수를 믿는 일부 사람들에게도 강신무와 같은 이적이 비슷하게 나타나고 있다. 현재 기독교가 교인들뿐만 아니라 일반 사람들에게도 가장 영향력을 발휘하는 것이 바로 이런 '성령'과 '은혜'라는 이적에 관한 부분이다. 즉 기독교에서 이 성령과 은혜라는 이적을 빼면 기독교라는 종교가 형성될 수 없을 정도다. 그리하여 기독교인들은 성령과 은혜를 받기 위해 물불을 가리지 않는다.

이처럼 기독교에서 성령이라고 함은 어떤 사람에게 어떤 형태의 기쁨과 도움을 주는 하나님의 영을 말하는 것이고, 은혜라고 함은 그러한 도움의 결과(선물)를 뜻한다. 이제 앞으로 특별한 구분이 아니라면 성령과 은혜를 같은 뜻으로 봐도 무방할 것이다.

필자가 지난날 교회에서 알게 된 어떤 분의 간증도 소개해 보자. 그분은 예수를 믿기 전 나이트클럽을 운영하는 등 세상에서 비교적 자유분방하게 살았던 분이었다. 그런데 어느 날 몸이 마비되고 뒤틀리기 시작하더니, 점점 그 고통이 심해져 갔다고 한다. 그리하여 여기저기 병원을 찾아다녔으나, 치료는커녕 병명조차 알 수 없었다는 것이다. 이처럼 아픈 몸으로 약재와 의원들을 찾아 전국을 누비다시피 하였으나 차도는 나타나지 않았다.

그런데 우연히 주위 교인들의 권유로 교회에 나가게 되었고, 그러자 이상하게도 몸에 차도가 생기더라는 것이었다. 그리하여 꾸준히 교회 생활함에 따라 거의 완치되었다고 한다. 그러나 생업을 위해 다시 주점 등을 운영하였으며, 이런저런 이유로 교회에 잘 나가지 않았다는 것이다. 그러자 예전의 병이 또 재발하여 어쩔 수 없이 다시 교회를 나가게 된 것이다. 이제는 몸을 위해 교회에서 살다시피 하는 정도가 되었다는 것이다.

이와 같은 간증은 기독교인들에게 비일비재하게 나타난다. 웬만한 목사나 성도들은 이적 한 가지쯤은 간증할 수 있다. 그런데 중요한 사실은 어찌 된 영문인지 이러한 영들과 교통한 무당들과 신도들이 대부분 인생의 하층에 머물러 있다는 것이다. 이에 대하여 필자는 무당들이나 신자들이 배가 부르면 그 영을 망각할까 하여, 그 영이 계속 고만고만한 삶을 살도록 유도하는 것이 아닐까 생각한다. 즉 악령들의 전형적인 방법인 '병약놀이'가 나타나, 제한된 틀 속에 계속 두는 것이다.

### 성령의 특징

여하튼 이러한 영에 속하는 기독교의 성령은 비교적 뚜렷한 특징이 나타난다. 첫째, 아주 일시적이며 둘째, 신실한 순서대로 받는 것이 아니며 셋째, 그 대가를 반드시 치른다는 특징이 있다. 왜 그런지 알아보자.

첫째, 성령은 아주 일시적인 현상이다. 그 이유는 성령이라는 이적도 전체적인 카나드의 보편적 범주를 넘어설 수 없으며, 속히 보편적인 일상으로 돌아가야 하기 때문이다. 예를 들어 모세가 홍해의 기적을 일으켰다 해도 계속해서 오늘날까지 홍해가 갈라져 있지 않고, 속히 다시 보편적인 바다로 돌아가야 하는 것처럼 말이다. 또 누군가 성령의 도움으로 암이 낫게 되었지만, 그가 영원히 사는 것이 아니라 또 일상적으로 사망하는 것처럼 말이다. 즉 거시적으로 볼 때 극히 제한적이고 임시처방인 것이다.

둘째, 성령은 신실한 순서대로 받는 것이 아니다. 즉 성령은 믿음의 신실함과 상관없이 나타나고, 또한 신실한 순서대로 도움을 주지 않는다는 것이다. 또 성령을 한번 받았던 사람도 예전처럼 성령을 갈구할 때마다 매번 받지 못한다. 즉 비슷한 열정으로 기도하는데도 어떨 때는 도움이 되는 듯하지만, 어떨 때는 전혀 도움이 되지 못하는 것이다.

그것은 영의 한계 때문이다. 즉 각각의 영에게는 가진 에너지의 분량이 있는 것이다. 따라서 영들도 자신들의 목적을 위해서, 신실한 순서대로 모든 것을 다 들어줄 수 없다. 즉 악령들의 목표에 최대한 부합하는 것부터, 선별해서 들어줄 수밖에 없을 것이다.

무슨 말인지 예를 들어보자. 만약 하나님이 신실한 순서대로 은혜를 내린다면, 두메산골 등에서 항상 자신의 모든 것을 내려놓고 봉사하는, 시골교회 목사나 수도사들부터 최고의 은혜(능력)를 받아야 할 것이다. 그러나 현실은 정반대로 나타나고 있다. 대부분은 큰 도시에 있는 큰 교회의 목사들이 최고의 '은혜 수혜자'가 되어 성공하고 있다. 그 이유는 큰 도시의 큰 교회가 하나님의 목표에 가장 잘 부합하기 때문이다. 그 하나님의 목표는 바로 '영광과 유희'라는 것이다.

그리하여 성경이나 교의 등에서 겉으로는 "모든 것을 내려놓고 신실하게 기도하라, 그리하면 모든 것을 이루리라." 한다. 그러나 실제로는 신실한 순서대로 은혜를 내리는 것이 아니라, 하나님의 분량 내에서 영광과 유희를 누가 가장 잘 성취할 수 있는가가 관건이라는 것이다. 즉 하나님의 영광과 유희를 위해서는 신실하지 못하더라도 머리가 잘 돌아가거나 말 잘하는 순서대로 은혜를 내려 줄 수밖에 없다는 것이다. 왜냐하면 하나님은 그 에너지의 제한이 있으므로, 은혜를 효과적으로 사용해서 가능한 한 최대한 목표를 성취해야 하기 때문이다.

셋째, <u>성령은 반드시 그 대가를 치른다.</u> 즉 성령을 받으면 반드시 그 대가를 치러야 한다는 것이다. 즉 악령들은 결코 손해 보는 장사를 하지 않는다. **사람은 사람을 위하고 악령은 악령을 위할 뿐이다.** 그리하여 어떤 사람이 성령의 도움을 받았다고 생각하면, 대개 그는 성령을 위해서 무언가를 하거나 또 해야만 한다. 즉 부유하면 재물로서, 가난하면 길거리 전도라도 해야만 하는 것이다.

그런데 만약 성령을 받고도 모른 체하거나 그에 상응하는 대가를 치르지 않는다면, 언젠가는 성령을 받지 않음만도 못한 결과에 이를 수 있다. 즉 성령의 도움으로 아픈 몸이 낫게 되었는데, 그에 상응하는 영광을 돌리지 않으면 몸이 더욱 아프게 되거나 속히 죽을 수도 있게 되는 것이다.

여하튼 대부분 사람은 급한 마음에 성령이 주는 미끼를 우선 덥석 물게 된다. 특히 특정한 연약함을 집요하게 파고들면, 대개의 사람은 성령에 넘어가게 된다. 그러나 위에서 말한 강신무나 나이트클럽 사장님처럼 악령의 은혜를 입으면 평생 그의 종으로 살아가게 된다. 또 당장은 아니더라도 언젠가는 그 대가를 톡톡히 치러야만 하는 것이다. 나아가 그러한 은혜는 자신의 영혼을 파는 일이며, 자신의 자유의지를 저당 잡히는 일이다.

## 2 이스라엘의 미끼

그러면 여기서 주 논점인 기독교의 성령과 은혜가 얼마나 모순되며, 사람들을 어떻게 희롱하는 미끼인지 계속해서 알아보자. 그런데 성령 또한 그야말로 영인지라 비가시적이어서 그 출현 정황이 모호하다. 그리하여 성령의 범위와 통계를 세울 수 없으며, 그 모순과 문제에 대해 증거를 포착하기 어렵다. 즉 이성적인 접근이 어렵다는 것이다. 따라서 그런 점이 바로 악령들이 부족한 인간들을 활용하기에 안성맞춤일 것이다.

그러나 먼저 성령과 은혜를 거론하는 자체가 벌써 하나님이 악령임을 직접적으로 증명하는 것이다. 왜냐면 세상의 합리성과 보편성을 무너뜨리고 있기 때문이다. 즉 앞에서도 말했지만 진정한 유일신이라면 영광과 숭배를 원하지 않을 것이다. 또 일반적 영들도 우리가 행복해하기만을 바랄 뿐, 인간을 유희로 활용하지 않을 것이기 때문이다.[195]

여하튼 그런 관계로 사람들은 그동안 성령을 극히 개인적이고 감성적인 사태라고 생각하여 그 모순을 덮어 두었다. 나아가 성령은 증명될 수 없으리라 생각하여 그 문제점을 발전적으로 파악하지도 않았던 것이다.

따라서 성령의 '미끼성'에 대해서는 가능한 한 거시적으로 보면 좋을 것이다. 그 이유는 위에서 말한 대로 성령의 모호성 때문에, 개별적으로 본다든지 짧은 기간을 조망하면 성령의 모순과 문제에 대한 증거

---

195) 필자는 《신과 나눈 이야기》(닐 도날드 월쉬 저)의 신처럼 대부분은 선하거나 중립적이라고 생각한다.

가 뚜렷해지지 않기 때문이다. 그리하여 어렵더라도 거시적으로 지속적인 연구를 계속하여, 성령의 미끼를 극복하고 보편적 이성을 확충하여야 할 것이다.

　B.C. 1446년경 모세는 이스라엘 자손을 이끌고 더디어 출애굽을 감행한다. EXODUS! 그것은 하나님의 명령이었고, 아브람과의 약속이었다. 성경에는 다음과 같이 쓰여 있다.

> "여호와께서 아브람에게 이르시되 너는 정녕히 알라 네 자손이 이방에서 객이 되어 그들을 섬기겠고 그들은 사백년 동안 네 자손을 괴롭게 하리니 그 섬기는 나라를 내가 징치할찌며 그 후에 네 자손이 큰 재물을 이끌고 나오리라"
> 창 15:13-14

　모세는 애굽 왕 바로Pharaoh 앞에서 '10가지 재앙'이라는 기적을 일으켜, 마지못한 바로에게서 이스라엘 자손의 출애굽을 허락받는다. 나아가 출애굽 후로도 40여 년의 광야 생활을 지나 가나안에 들어가기까지, 이스라엘 자손들은 숱한 하나님의 기적으로 보살핌을 받는다. 홍해의 기적으로 애굽 군대 퇴치, 만나와 메추라기로 식량 해결, 반석의 물로 식수 해결, 아말렉과의 전쟁 승리, 요단강의 갈라짐, 함성만으로 여리고성 함락, 중천에 머문 태양 등등이 그것이다.
　이처럼 하나님은 아브라함을 선택하고 한 민족을 형성시키며, 다윗과 솔로몬 시대에는 유프라테스강까지 진출하여 강성한 나라를 이루게 하였다. 따라서 어떻게 보면 이스라엘 민족은 복이 많다. 하나님으로부터 수많은 은혜를 받은 것이다. 어느 민족이 신으로부터 이러한 기적적 은혜를 숱하게 받았으랴. 그러나 그 기적적 은혜는 반드시 기적적 대가를 감수해야 하는 것이었다.

그런데 이스라엘의 은혜는 세상에서는 전무후무한 일이라 누구도 경험하지 못했고, 또 인간은 연약하여 아무리 지역 영이라도 자신에게 다가오면 잘 넘어가게 마련이다. 그리하여 이스라엘은 그 은혜라는 미끼를 덥석 물어 버린 것이다. 즉 아이들에게 초콜릿을 주면 교회에 잘 나오게 할 수 있었던 것처럼 말이다. 물론 초콜릿을 받아먹고 평생 십일조를 해야 할 텐데 말이다.

여하튼 그러던 하나님이 갑자기 그 민족과 그 나라를 버리게 된다. 그리하여 아시리아, 바빌론, 페르시아, 그리스, 로마, 셀주크튀르크 등의 지배를 받게 하여, 주변 나라들과 온 세상의 조롱거리로 전락시켜 버린다. 도무지 이해할 수 없는 일이 벌어진 것이다. 그토록 오랫동안(아브라함에서 솔로몬까지) 기획하여 줄기차게 기적적 은혜라는 애정을 쏟아부은 하나님이 갑자기 왜 이렇게 돌변하셨을까. 그것이 바로 앞에서 설명한 성령과 은혜의 문제점인 **'대가성'**에 있는 것이다.

이를 위해 이스라엘의 역사를 기간별로 나눠 비교해 보자. 출애굽 하여 이스라엘 민족이 비교적 괜찮았던 시기는 합하여 516년쯤 된다. 즉 B.C. 1446년 출애굽부터 다윗과 솔로몬을 지나 B.C. 930년 나라가 남북으로 분열되기까지이다. 나머지 B.C. 930년부터 이스라엘 민족이 다시 나라의 독립을 발표한 A.D. 1948년까지의 기간인 2,877년 동안은, 그야말로 하나님으로부터 철저하게 버림받은 형극의 세월이었다. 그 형극은 앞의 '증거 1 우상숭배의 모순'에서 간략하게 설명하였으므로 더 부가 설명이 없어도 이해할 수 있으리라 생각된다.

그리하여 이 형극의 기간을 비교적 괜찮았던 시기와 비교해 보면 약

5.58배에 이른다. 물론 한 민족의 행불행의 정도를 물리적인 기간으로 계량하기는 다소 애매하다. 그러나 다른 방법이 마뜩하지 않은 가운데 보통 사람이 살아가는 것이 비슷하다고 본다면, 민족과 나라의 주요한 역사적 사건과 기간을 기준으로 하는 것은 그리 틀린 기준은 아닐 것이다.

그러므로 저주를 받은 것은 은혜를 받은 것의 5배 이상이라는 말이다. 그리고 사실 비교적 괜찮았던 시기도 나머지 형극의 시기와 비교해서 좀 나았다는 것이지, 그 기간도 지정학상 항상 전시상태에 가까운 것이었다. 즉 배가 부르면 은혜를 망각하리라는 것이다.

어떻든 주위 큰 나라들 틈바구니에서 아무것도 갖추지 못했던 이스라엘 민족이, 독립된 나라를 세우고 그런대로 잘살게 된 것이었다. 따라서 이스라엘 민족이 인정하듯이 하나님의 큰 은혜라는 것이다.

그러나 이스라엘 민족은 이러한 큰 은혜에 보답하지 못한 것이다. 즉 간헐적인 우상숭배와 인간적인 삶을 너무 도모하여, 은혜의 대가를 제대로 치르지 않은 것이다. 이에 화가 난 하나님이 그 형벌로 5배 이상의 기간을 나라를 쪼개고, 민족을 뿔뿔이 흩어지게 하여 형극의 세월을 보내게 하였던 모양이다.

사실 이스라엘 민족도 굉장히 현명한 민족인 만큼, 웬만하면 하나님으로부터 계속 버림받을 일은 하지 않았을 것이다. 그러나 아브라함으로부터 시작된 특별한 하나님의 은혜는, 인간이 대가를 치르기에는 너무 무리하게 큰 것이었다. 즉 이스라엘 민족이 하나님의 기대에 부응하기에는 역부족이었던 것이 아니었나 생각된다. 왜냐하면 하나님은 이스라엘 민족에게 그와 같은 큰 은혜를 주었으니, 이스라엘 민족이 이 세상을 내려놓고, 하나님에게만 모든 초점을 맞추어 사는 것을 기대하였기 때문이다.

그러나 인간이 인간 세상을 포기하는 것은 사실상 불가능한 것이다. 더군다나 민족의 구성원이 보편적으로 그렇게 하는 것은 있을 수 없는 일이다. 왜냐하면 '물질회유'의 역사를 볼 때 생물과 인간은 아주 생물과 인간적으로 살도록 진화되었기 때문이다.

그리하여 대가를 치르지 못한 이스라엘 민족에 대해 화가 난 하나님은, 이스라엘을 괴멸시켜 은혜의 5배 이상 고난받도록 한 셈이다. 이것은 바꾸어 말하면 하나님이 너무 무리한 은혜를 이스라엘 민족에게 내렸고, 그 요구하는 대가도 너무 무리한 것이었다. 즉 하나님의 '영광과 유희'라는 욕심이 너무 크게 작용하였다는 말이다.

그냥 주변 족속들과 비슷한 은혜를 받았으면 주변 나라들과 비슷하게 어울렸을 것이고, 오늘날까지 주변 나라들과 지나친 분쟁은 없었을 것이다. 그리되었으면 세계는 더욱 평화로웠고 더욱 발전하였을 것이다. 그러므로 은혜는 무서운 것이다. 즉 대가 없는 은혜란 없는 것이다.

## 3 대성령, 소성령

이어서 계속 성령의 '미끼성'에 대하여 알아보자. 필자는 지난날 교회 생활을 열심히 하면서도 성경의 앞뒤가 맞지 않는 것 같아 무척 당혹스러웠다. 즉 앞에서 거론하였듯이, 하나님이 다른 나라와 민족도 많은데 왜 하필 무리하게 이스라엘 민족에게 매진하였으며, 또 왜 갑자기 그 은혜를 끊어 버렸을까 하고 궁금해했었다. 물론 조직신학 등에 따르면 하나님이 이스라엘을 택한 이유는 가장 연약한 인간을 통하여 자기의 능력을 최대한 알리기 위한 것이라고 한다. 또 이스라엘을 저버린 이유로도 우상숭배 등 주요 이유가 있다는 것이다. 그러나 그것만으로는 납득하기 어려웠다.

왜냐하면 이스라엘 민족뿐만 아니라 주변 족속들도 유일신의 같은 자녀이며, 또 하나님이 여타 민족과 마찬가지로 이스라엘의 우상숭배 가능성을 모르셨을 리 없었기 때문이다. 그리고 선민이 주변 나라들에 당한 굴욕은 하나님 자신의 굴욕일 것이다. 나아가 그만큼 고난을 주었으면, 이제 용서하실 때도 되었건만, 왜 예수를 보내 유대교와 분리되게 하였을까?

그리고 신약시대는 '세계복음화'가 속히 이루어지도록 왜 뚜렷한 기적을 베풀지 않는 것일까? 즉 옛날처럼 홍해나 요단강을 가르고, 해를 중천에 머물게 하고, 함성만으로 여리고를 함락시키는 등의 기적 말이다. 이렇듯 앞뒤가 맞지 않는 것이 여간 궁금한 것이 아니었다.

그리하여 신실한 성도들이 성경을 모두 무오류無誤謬로 받아들이듯이, 성경을 어느 정도의 사실이라는 가정하에서, 전반적으로 성경의 논리를 위해 여러 퍼즐을 생각해 본 적이 있다. 즉 개인적으로 조직화를 다시 해 본 것이다. 즉 아브라함으로부터 현재까지 하나님이 하신 동일 언행으로 보기에는 크게 어긋나는 것들을, 모두 포괄적이고도 합리적으로 설명할 수 있는 그림을 꾸준히 그려 본 것이다.

왜냐하면 앞에서 웨슬리가 말한 것처럼 '비이성적인 종교는 거짓 종교'이기 때문이다. 즉 이러한 포괄적 합리성이 없다면 종교적이든 철학적이든 모든 논리는 무의미하게 되는 것이고, 우리의 미래도 신비에 갇혀 합리적으로 나아갈 수 없을 것이다.

그리하여 앞에서 여러 증거로 말했듯이 하나님과 예수는 상상신조와 운집에너지에 의한 악령이라는 결론에 이른 것이다. 그러나 하나님과 예수가 악령이라 하더라도 조각난 개개의 논리로는, 전체적인 비합리성을 바로잡기가 여간 어렵지 않다. 이러한 어두운 면이 있어 사람들이 성령과 은혜를 계속 갈구하여 미끼를 물어 대는 것이다.

여하튼 앞의 '카나드'를 적용하여 성경과 성령의 비합리적이고 비논리적인 부분에 대하여, 다음과 같은 이야기 형식을 빌려 그 내막을 표현해 보았다. 따라서 이렇게라도 표현하는 이유는 우리는 이제 유일신에 대한 인식의 전환을 심각하게 고려해 봐야 한다는 것이다.

생물의 역사에서 인간이 나타난 후, 이제 인류의 역사도 많이 진행되었다. 그러나 인간의식은 아직도 많이 부족하여 그 합리성에서 오류가 많이 나타난다. 그리하여 중동의 유대인들이 그들 주변의 어떤 '운집에너지'를 '상상신조'와 결합해 새로운 신으로 섬기게 된다. 그런데 이 새로운 신은 여러 사람에 의해 점점 발전적으로 조직화하게 되고, 종국에는 그 진행을 성서나 코란이라는 책으로 엮어 낼 정도로 발전한다.

그러나 이 신비주의적인 성서와 코란의 내용은 보편적인 인류의 실존으로 볼 때 모순으로 가득 찬 것이다. 그리하여 그 논리적인 모순들에 대하여 다음과 같이 구성해 봄으로 말미암아, 그 전체적인 전모를 논리적으로 파악해 볼 수 있을 것이다. 여기서는 대표적으로 '야훼'와 이스라엘 민족과의 모순을 구성해 보자.

이 새로운 신은 유대인들로부터 '야훼'라 불리며, 점점 유일신으로 옹립되어진다. 그런데 이 야훼는 점점 많은 사람이 따르게 되지만, 질적으로 문제가 많은 것이었다. 특히 야훼는 다른 영들 앞에서 자신의 존재를 크게 드러내고 싶어 한다. 그리하여 점점 인간들을 모아 쥐락펴락하며 인간 세상에 세력을 넓히기 시작한다. 나아가 인간들로부터 큰 영광을 받고 유희를 즐길 심산으로, 자신의 선한 의식보다 악한 의식을 많이 사용하게 된다. 즉 악인들이 악한 의식을 많이 사용하는 것처럼 말이다.

그런데 주의할 점은 선한 의식보다 악한 의식을 많이 사용하면 운집 에너지의 규모가 속히 와해 돼[196], 급속히 미약하게 될 가능성이 크다. 즉 인간들의 다른 문제들과 마찬가지로 종래에는 부정하고 불합리한 것을 회피하고자 하여, 대부분의 정상적 사람들이 그 대열에서 이탈하게 되는 것이다. 그 예로 현재 유럽에서는 기독교인들의 수가 급감하는 것이다. 반면 선한 의식을 사용하면 더욱 그 에너지의 규모가 커지는 장점이 있다. 새로이 선한 사람들이 동조하여 합류하기 때문이다.

그런데도 야훼는 점점 이러한 '악의식'(惡意識. 악한 의식)이 발동하여 특별히 아브람을 불러내어 새로운 민족을 하나 만들고, 모세를 세워 무리할 정도로 기적을 베풀었다고 자랑하는 것이다. 또 무리하게 아무 죄 없는 아말렉 족속을 도말하고 가나안 족속들을 거세하면서, 전혀 기반 없는 이스라엘 자손을 가나안에 안착시킨다. 그리고 계속해서 주변 나라를 복속시키게 하는 큰 은혜를 내리게 된다.

이처럼 야훼가 많고 많은 부족 중 이스라엘을 새로이 민족으로 만들어 키우고, 많고 많은 땅 중에서 가나안에 나라를 안착시킨 이유는 자명

---

196) 동조하던 의식들의 와해. 즉 인간의 동조 와해.

하다. 첫째, 오로지 야훼의 힘에 따라 민족이 형성되었음을 과시하는 것이었고, 둘째, 그곳이 지정학적으로 가장 분쟁이 유발되기 참 좋은 장소라는 것이다. 그래야만 전적으로 야훼를 의지할 것이고, 그래야만 야훼의 영광과 유희가 두드러지게 되는 것이다.

즉 팔레스타인 지역은 악령의 '병약놀이' 전략이 가장 잘 먹힐 수 있는 곳이다. 즉 전쟁에서 한 나라의 패배와 승리를 손쉽게 뒤집어 주기도 하고, 흥하게도 하다가 망하게도 할 수 있는 곳이다.

그러나 이스라엘 민족에 대한 은혜의 사업은 만족할 만한 성과를 거두지를 못했다. 그리하여 결국 야훼는 이스라엘 민족을 주변 나라들에 의해 망하게 내버려 두었다. 즉 야훼는 뚜렷이 큰 역사로 성령과 은혜를 베푼 만큼, 이스라엘 민족이 두드러지게 야훼만을 의지하고 그 뜻에 부응하여 큰 영광을 돌릴 것으로 기대했었다. 그러나 그들은 야훼의 기대에 부응하지 못한 것이다. 즉 이스라엘 민족은 우상숭배를 계속했고, 인본 정치를 그치지 않았다.

그러나 근본적인 이유로는 악령 야훼의 기대는 인간의 실존적 한계를 넘어선 과도한 것이었기 때문이다. 또 다른 영들의 견제와 방해 때문이기도 했다.

여하튼 야훼는 이스라엘 민족의 우상숭배에 대하여 전전긍긍하면서, 여러 사태를 온전히 파악하지 못하고 나선 자신을 점점 후회하게 된다. 그리고 야훼는 이스라엘 민족에게 화가 나서 자신도 굴욕과 나락으로 떨어지면서까지, 차제에 이스라엘 민족을 형극으로 몰아넣게 된 것이었다.

앞에서 말했듯이 그 지역은 지정학적으로 야훼의 보살핌이 없으면 주변과의 이질적인 약소 민족으로서는 견딜 수 없는 곳이다. 즉 당시 주변 나라 모두는 굴러온 이스라엘 자손을 공동의 적으로 삼고 있던 터였다. 따라서 결국 이스라엘 민족은 타민족에게 짓밟히고 흩어지면서, 은혜의 5배 이상 고난의 대가를 치르게 된 것이다.

그 후 야훼는 자신의 의도가 실패에 이르자 반성하기는커녕, 오히려 더 교묘한 방법을 찾기 위해 전력을 다한다. 그리하여 야훼는 체면을 구긴 채로 가만히 있을 수는 없어, 다시 새로운 아이디어를 내게 된다. 즉 이제는 예전의 실패에 따라 민족 단위의 은혜를 크게 사용할 엄두는 내지 못한다.

그리하여 야훼는 세상과 다른 영들 앞에서 스케일이 줄어드는 체면 문제가 있지만, 가능한 한 개인 단위의 **소성령**小聖靈을 시도하게 되는 것이다. 물론 예전에도 사안의 때와 방법에 따라 모세, 기드온, 삼손, 사무엘, 엘리야, 엘리사, 이사야, 예레미야 등 소성령으로 일을 처리한 적은 있었지만, 기본은 민족적 단위의 **대성령**大聖靈이었던 것이다.

그런데 이 소성령제로 전환하기 위해서는 누구 하나를 희생시켜, 억지로라도 어떤 논리적 구실을 만들어야 했는데 그가 바로 예수이다. 즉 인간들을 눈속임하기 위해 예수를 그리스도로 만들어 그것을 매개로 자신의 관심 즉 영광과 유희를 지속하는 것이었다. 어찌 보면 예수도 그야말로 야훼의 '희생양'이었던 것이다. 즉 인간을 위한 희생양이 아니라 악령을 위한 희생양이라는 것이다.

그리하여 야훼의 사주에 따라, 예수는 기존의 유대교를 부정하고 대성령을 부정한다. 즉 예수가 유대교를 따돌려 대성령을 폐기하지 않고서는, 야훼는 그동안 벌인 일 때문에 한 발짝도 나갈 수 없는 것이었다. 그런데 이 유대교와 대성령 부정은 논리적으로는 사실 야훼 자신을 정면으로 부정하는 셈이다. 왜냐하면 이스라엘 민족이라 하면 처음부터 끝까지 야훼와 동고동락했으며 야훼에 의해 존재해 온 것이기 때문이다.

그런 연고로 유대교인들과 기독교인들이 같은 야훼을 믿으면서도 민족적 대성령이 폐기되는 과정에서, 서로 다른 길을 가게 되고 논리상으로도 상호모순이 생기게 된 것이다. 즉 '증거 6'에서와 같이 야훼의 실수와 예수의 한계가 노출되고, 유대인의 구원에 관한 모순이 뚜렷하게 나타난 것이다.

여하튼 이렇게 그리스도가 된 예수는 유대교에서 뛰쳐나온 사람들(기독교인들)을 중심으로, '세계복음화'라는 억지 논리를 얼버무리게 하고서는 소성령을 강행할 수밖에 없었다. 즉 세계복음화에 가장 큰 장애는 팔레스타인을 전쟁터로 만든 바로 그들의 야훼인데도 말이다.

그러나 논리적으로도 비겁하고 스케일도 양에 차진 않지만, 그래도 이제 현실의 민족적 메시아를 기대하는 유대교를 무시하고, 세계복음화라는 명목으로 개별적인 은혜, 개별적인 구원, 개별적인 천국 등의 소성령으로 가는 것이었다.

그런데 소성령은 대성령의 실패의 부산물이기는 하지만은 시간이 지날수록 그 재미가 여간 쏠쏠한 것이 아니게 되었다. 즉 다음과 같이 야훼의 책임회피가 가능해지고 소기의 성과도 꽤 괜찮은 것이었다.

첫째, 악령의 책임소재가 뚜렷하게 나타나지 않는다는 것이다. 왜냐하면 소성령제를 하다 보니 대성령 때의 홍해나 요단강 가르기, 전쟁 승리 등의 큰 기적을 베풀 필요가 없어졌기 때문이다. 즉 성령과 은혜가 민족 단위에서 개개인으로 잘게 쪼개져 야훼의 직접적인 노출을 크게 줄일 수 있었다. 그리하여 책임소재가 불분명하게 돼 버린 것이었다. 그렇게 되면 아무래도 불합리로 인한 세상 사람들의 이탈을 지연시킬 수 있다.

예를 들면 잉카제국을 어떡하든 정복해야만 하는데, 옛날 가나안을 거세하던 대성령의 방식으로 하다 실패하는 날엔, 책임소재가 뚜렷하여 인간들의 이탈이 크게 나타날 수밖에 없을 것이었다.

그러므로 소성령을 교묘히 이용하면 기독교도들이 잔혹한 짓을 저질러도 민족적 단위가 아닌 개인적 잘못으로 넘겨 버릴 수 있게 된 것이었다. 즉 이제는 한 민족을 통째로 이용하여 그 민족과 야훼가 같이 엮여 노출되는 방식이 아니라, 개별적인 기독교도로 소기의 목적을 달성해 가는 것이었다.

즉 기독교도 개인들은 어느 나라 어느 민족에게든 있을 수 있는 것이므로, 잔혹함을 저질러도 민족적 비리가 될 수 없고 '**점조직**'으로 될 수밖에 없어 야훼의 악의식이 잘 드러나지 않는 것이다.

그리하여 이제 은혜와 대가는 개별적으로 뒤에서 계산하면 되는 것이다. 즉 만약 개인에게 소성령을 내렸는데 응당한 영광과 유희를 돌리지 않으면 소리소문없이 그 개인만 집중적으로 괴멸시키면 되는 것이었다. 따라서 민족 공동의 죄를 개인의 죄로 바꾸어 자신은 면탈하기 꽤 좋은 것이다. 그리고 그 개인적인 괴멸은 대개 거짓 선지자로 몰아가는 것이다.

둘째, 성과적으로 본다면 개인들도 워낙 성령의 미끼를 잘 물어 주어, 이스라엘 민족이 거국적으로 영광을 돌리는 것보다 부족함이 없을 뿐만 아니라 훨씬 발전적으로도 된 것이다. 즉 이젠 중동의 한 지역을 떠나서 세계적으로도 영광과 유희를 즐길 수 있게 된 것이다. 더 재미난 사실로는 전체 아메리카 대륙을 정복하기 위해 인디언이나 인디오 등의 원주민들을 잔혹하게 도살하고 착취하였는데도 영국, 스페인, 포르투갈 등의 정복자들만 모든 도의적, 정치적 책임을 지고 물러났다는 것이다.

즉 야훼와 예수의 이름이 그 잔혹한 정복자들의 배후에 있었다는 사실은 거의 잊힌다는 것이다. 그렇기에 그나마 남은 원주민들과 메스티소 후손들은 야훼와 예수의 책임을 거론하기는커녕, 아무 일 없었다는 듯이 현재 성령의 미끼를 너무도 잘 물어 영광을 돌리고 있다는 사실이다. 이것이 소성령의 기막힌 점조직의 성공 사례이다.

예를 들면 브라질은 포르투갈로부터 독립한 백 주년 기념으로 리우데자네이루 '코르코바도' 산에 큰 예수상(구세주 그리스도상)을 세웠다. 그런데 그것은 사실 기독교도들의 침략과 착취를 크게 기뻐하고 기념해 주는 의미까지 내포하게 되는 셈이다. 이에 뒤질세라 볼리비아의 코차밤바에도 40m 이상의 가장 높은 '평화의 그리스도'라는 예수상을 세워, 기독교도들의 정복과 도살에 대한 영광을 기념하고 있다. 그리고 에콰도르의 수도 키토 등 수많은 도시에서도 거대한 성모상(파네시모 성모상 등)을 세워 경배를 드린다.

더욱이 조상들이 기독교도들의 도살과 착취를 피해 '침보라소' 산 등 안데스산맥 깊숙이 숨어 살던 인디오의 후손들이, 요즘 성령에 너욱 감동하고 있다는 것이다. 즉 그들에게서 예수나 '과달루페 성모[197]'의 펜던트가 줄기차게 유행하고 있다. 그것이 기독교도들의 악행을 기념하는 증표가 되는 셈인데도 말이다.

나아가 멕시코에서는 매년 12월 12일이 되면 여느 국경일보다 더욱

---

197) 눈물 흘리는 검은 성모로 남미에서 가장 추앙받는다.

더 분위기가 달아오른다. 과달루페 성모를 기리는 축제일이기 때문이다. 그리고 콜롬비아의 보고타에서는 바랑키야, 칸델라리아 축제, 에콰도르의 키토에서는 '라따꿍가' 축제 등으로 성모마리아에게 경의의 표를 다하고 있다. 더불어 멕시코의 '오악사카'에서는 '성 산티아고'(야고보) 축제, 볼리비아의 포토시에서는 '성 바르톨로메오' 축제 등이 있다.

더욱 주지할 것은, 현재 남미 최대 순례라 할 수 있는 페루의 '코이루리티'라는 성역 순례이다. 원래 '코이루리티'란 인디오들이 숭배하던 산신이었다. 즉 오래전부터 인디오 각 부족은 수확기를 마치면 쿠스코(잉카제국의 수도)의 시나카라 골짜기에 모여 산신을 위한 축제를 벌였다. 그러나 스페인 침략 이후 한 목동이 그곳에서 예수의 현현을 보았다 전하게 되고, 사람들이 그곳 큰 바위에 예수상을 새기게 되면서 '코이루리티'는 토착 신앙과 천주교가 융합된 신으로 변하게 된다.

매년 부활절에서 58일이 지나는 날부터 9만 명이 넘는 인디오와 메스티소들은 멀리서부터 이 골짜기로 와 순례와 축제를 벌이는 것이다. 이들이 '코이루리티'에 올리는 주된 기도는 가난의 탈피이다. 가난은 기독교도들의 선물인데도 말이다.

다시 말하지만, 아메리카 대륙에서 영국, 스페인, 포르투갈 등 정복자들은 비인간적이거나 잔혹하다는 불명예를 안고 모두 죽었거나 철수하였지만, 오직 야훼와 예수와 성모와 성자들만 살아남아서 찬란히 빛나고 있는 셈이다. 특히 중남미의 어떤 나라라도 가 보라! 원주민들이 자신들의 나라를 침략하고 자신들의 조상들을 도살하기 위해, 정복자들이 앞세우고 활용하던 야훼와 예수를 잘 따르지 않는 나라가 있는지. 이제 원주민과 메스티소의 후예들도 소성령의 미끼에 그만 넋을 잃고 만 것이다.

셋째, 믿음이라는 말을 강조해 성령에다 인간을 개입시켜, 은혜를 주고 그 대가를 받을 때 책임을 인간에게 떠넘길 수 있게 된 것이다. 예를 들면 대성령의 대가가 부족하여 그 은혜의 5배 이상 괴롭혔지만, 이스라엘의 민족신으로서 야훼도 엄청난 타격을 입은 것이었다. 즉 세상 사람들의 이탈로 인해 자신의 에너지도 많이 줄어든 것이다.

그러나 소성령제에서는 은혜의 대가가 부족한 한 인간을 괴멸시키더라도 그 책임이 야훼에게 있는지, 믿음이 부족한 개인에게 있는지 모호하게 속일 수 있는 것이었다. 설령 야훼의 책임과 모순이 드러나도 점조직의 효과로 크게 증폭될 리 없는 것이다. 즉 사람들에게 야훼의 '병약놀이'를 거의 눈치채지 못하게 만들어 버린 것이다.

넷째, 성령을 개별적으로 잘게 쪼개 놓았기 때문에 대성령제의 큰 기적에 비하면, 소성제는 사실 불합리와 무보편이라는 큰 위배는 없기에 뚜렷이 잘잘못이 가려지지 않는다는 것이다. 그러므로 인간들의 이탈 시간도 많이 지연시킬 수 있는 것이다. 만약 대성령제처럼 아메리카 전체를 정복하기 위해 대서양이라도 갈랐다면, 합리와 보편의 위배가 너무 노출되어 오래가지 못해 그 에너지가 모두 소진될 수 있었던 것이다.

그러나 이러한 소성령의 교묘한 인간희롱은 인간으로서는 그 진실 규명이 거의 불가능하거나 많은 시간이 걸리겠지만, 얼마 못 가 보편적 '선의식'의 흐름에 역류한 대가로 그 반대 흐름이 세차게 되돌아올 것이다. 아마 그것을 야훼도 모를 리 없을 것이다.

그리하여 자신의 지나친 욕심에서 비롯되었지만, 야훼도 큰 국제적 영인데 앉아서 그냥 쉽게 당할 수만은 없다는 생각이다. 즉 소성령제로 시간을 좀 벌면서 비위에 거슬리더라도 사탄 같은 다른 악령들과도 연대하여, 오랜 소망이던 더 큰 영광을 이루어 보겠다는 것이다. 즉 지구의 인간들을 온전히 장악하여 '영광놀음'을 더 크게 하는 것이다.

그러나 사실 야훼는 이제 악의식을 사용할 시간이 별로 없다. 아마 큰 욕심은 대박 아니면 쪽박이 될 것이다. 아브라함으로부터 예수까지 2천 년의 세월을 대성령으로 탕진했고, 예수 이후 2천 년의 시간을 소성령에 사용하면서, 도합 4천 년 이상의 긴 시간을 악의식으로 소비해 버린 것이다. 그리하여 야훼는 열심히 대비한다고는 하였으나 보편적 선의식의 흐름에 역행하는 악의식의 한계로 인해, 세상을 완전 장악하기에는 너무 부족하다는 것을 느끼는 것이다. 그리하여 야훼는 가끔 자신의 부질없는 욕심에 후회하기까지 한다.

여하튼 인류가 점점 진화하면서 지적인 수준과 보편적 이성이 가파르게 확충되고 있다. 그리하여 점점 선의식의 흐름이 언제 야훼를 붕괴시킬지 모르게 다가온다는 것이다.

이렇듯 위에서 밝힌 이야기는 성령과 은혜라는 미끼의 대가는 반드시 있는 것으로서 얼마나 무서운 것인지를 보여 준다고 하겠다. 이제 여러분들은 가능한 한 악령들의 미끼를 덥석 물지 않도록 해야 할 것이다. 왜냐하면 악령들의 미끼를 허용한 사람들은 자신의 삶을 자신 뜻대로 살지 못하게 되기 때문이다.

그런데도 삶이 너무도 팍팍하여 '파우스트'[198]처럼 자신의 영혼을 선뜻 팔아서라도 악령의 미끼를 받고 싶어 하는 사람들도 많을 것이다. 그러나 그 미끼는 그야말로 미끼일 뿐 절대로 온전한 결말에 이르지 못

---

198) Faust. 독일 전설 속의 인물. 쾌락을 위해 악마에게 영혼을 팔지만, 결국 영원한 저주를 받게 된다. 토머스 만, 괴테의 작품 등에도 등장.

함을 알아야 한다. 앞에서 설명했듯이 역사상 그 미끼를 문 사람들 대부분은 인생의 결말에서, 자신의 인생과 정신을 몰락시키고 파멸되었기 때문이다.

## 4 개인의 미끼

앞에서 보듯이 민족적 대성령보다도 개인적인 소성령에 대하여 논리적으로 논한다는 것은 사실 금기시될 정도로 더 어려운 것이다. 그만큼 각 사람에게 나타나는 성령의 모양과 정도가 다양하고, 그 출몰 시기와 결과도 다르다. 그리하여 그 미끼의 일관성을 규정하기 어렵다. 나아가 그 미끼의 일관성이 규정된다고 하더라고 일정한 해답을 찾기도 어려운 것이다.

그러나 현재 기독교인들은 체계적이지 않지만, 어렴풋이 기독교에는 뭔가 이상하며 기독교의 과거 악행이 꺼림칙한 것도 사실이다. 왜냐하면 필자가 교회에서 열심일 때도 그렇게 느꼈기 때문이다.

필자의 그때 소회를 잠깐 나누어 보자. 필자도 한때 큰 은혜를 받았다고 생각했다. 그리하여 그에 비례하여 기뻐하고 섬겼다. 그러나 어느새 그 은혜도 사그라지고 기쁨도 사라졌다. 그리하여 과거 은혜를 받았던 것에 견주어 더 기도하고 헌금하고 봉사하고 노력하였다. 그러나 더는 은혜를 받지 못했다.

즉 사업이 잘되어서 큰 은혜를 받은 것으로 여겨, 하나님께서는 '나를 특별히 생각하시는구나.'라고 했는데, 얼마 못 가 사업이 피폐해져서 처음보다 못하게 되어 버렸다. 그래서 이전의 모든 방식을 동원하여 은혜를 열심히 구했으나 거의 수포로 되었다.

그런데 사실 은혜라는 것은 아무리 신의 선물이라고는 하나, 인간의 입장으로는 무엇을 어떻게 해야 할지 기준이 전혀 없는 것이다. 즉 모호함 속에 그냥 구걸하면서 버티는 수밖에 없는 것이었다.

그래서 열심인 교인들은 다른 교인들이 은혜를 받은 기도원이 있다고 하면 그곳으로 몰려가고, 또 다른 교인이 새벽기도나 금식, 봉사나 교회 프로그램에서 은혜를 받았다고 하면 그쪽으로 달려가서 그 모든 것을 다 해 보려는 것이다. 그러나 그리하더라도 필자에게는 다른 교인들의 방법으로는 대부분 약효가 신통치 않았다. 그렇지만 다른 이들과 마찬가지로 필자도 다음과 같은 착각으로 기독교와 성령의 문제점을 들추어내거나 입에 담지 않았다.

- 혹시 교회의 문제점을 잘못 건드리다 나만 천벌을 받을 수 있다.
- 정말 우리가 미처 알지 못하는 천국이 있을지도 모르는 일이다. 그래서 파스칼의 내기처럼 예수를 믿는다는 것은 나쁘지 않을 것이다.
- 사회적, 문화적으로 기독교라는 큰 종교에 편승하는 것이 좋다.
- 교회라는 집단에 들어가 있으면 외로움을 덜 느낀다.
- 여태 믿어 온 것을 흔들면 가족의 정체성 혼란과 금단현상이 심하다.
- 다른 사람들이 하나님을 믿다 실패하든 말든, 여하튼 나만 축복받으면 될 것이다.

### 은혜 없는 대가

현재 대부분 기독교인은 사실 그리 큰 은혜도 받지 못한 채, 교회에 빠져 예배와 헌금, 봉사와 구제 등 셀 수 없는 대가만 치르고 있다. 그런데도 일반인들이 기독교인들에게 '평생 신통치 않은 은혜를 받기 위해 너무 큰 대가를 치르지 않느냐'고 질문하면 기독교인들은 이런 자랑을 할 것이다. '예수님의 구원과 천국보다 더 큰 은혜가 어디 있습니까?' 아마 기독교인으로서는 이것이 정답일 것이다. 그러나 앞의 '증거 4'와 '증거 5'에서 이미 구원과 천국이 허구임을 자세히 밝힌 바 있다.

### 신앙의 기복성

대부분 기독교인은 자신과 가족들의 현실적인 위로나 도움을 받기 위해 처음 교회를 다니게 된다. 즉 자신과 가족들이 직면한 현재의 문제 해결을 위해 하나님을 믿게 되는 것이다. 처음부터 천국에 가기 위해 혹은 세계평화를 위해 교회에 다니는 것은 아니라는 말이다. 자신부터 시작해서 부부, 부모, 자녀 학업, 직장, 결혼, 출산, 건강, 사업, 인간관계, 우울증, 외로움 등의 수없이 많은 문제를 교회에서 해결하려는 것이다.

극히 일부가 교제나 상담받기 위해 혹은 하나님의 벌이 무서워 교회에 다니는 사람들도 있다는데 그것도 일종의 자신을 위한 것이다. 또 필자처럼 모태신앙이라고 하는 분들도 어려서부터 교회를 접했다는 것뿐이지 성인이 되면 스스로 새롭게 판단하게 된다. 즉 그들도 하나님의 존재를 수시로 점검하면서 하나님으로부터의 위로나 도움을 기대하면서 믿는 것이다. 그러므로 인간의 신앙은 일단은 기복적祈福的일 수밖에 없고, 천국의 존재 여부는 사실 부차적이다.

  그런데도 일부 거룩하다는 목사들은 기독교계가 너무 기복적 신앙이라고 비판하며 천국만을 바라보라고 한다. 물론 그러한 비판은 물욕이 팽배한 교계를 정화하자는 뜻으로도 이해할 수 있지만, 사실은 인간의 실존을 무시하는 뜬구름 같은 말이다. 만약 대개의 종교가 그렇듯이 인간의 기복신앙이 없으면, 종교의 생명력이 떨어져 그 종교가 존재할 수조차 없고 존재할 필요도 없는 것이다. 앞의 '증거 5'에서도 설명했듯이 천국과 지옥은 존재하지도 않지만, 전혀 우리의 믿음과 판단과 잘잘못으로 가는 곳이 아니다.

  여하튼 전도를 받았든 모태신앙이었든 사람들이 교회에 다니게 되면, 성령과 은혜라는 얘기에 가장 솔깃해지는 것이다. 왜냐하면 그것은 바로 자신과 가족의 문제를 해결하려는 목적에 부합하기 때문이다. 즉 많은 교인은 한 번 은혜에 솔깃해지면 그것을 받기 위해, 그때부터 가만 놔둬도 평생 이리저리 뛰며 은혜받을 궁리만 한다.

  그리하여 다른 교인들의 은혜받은 경로를 어떻게든 알아낸 뒤, 하나님에게 정성이 상달되도록 헌금과 금식기도를 물불 가리지 않고 하는 것이다. 즉 은혜를 받지도 않았는데 미리 대가를 지불하고 있다는 것이다. 참으로 이상한 거래가 시작되는 것이다. 즉 보지도 받지도 않은 물건에 대해 먼저 대가를 치르는 셈이다.

이러니 교회가 부흥되지 않을 수 없는 것이다. 물론 그것은 교회 목사들과 지도자들이 성령을 철저한 미끼로 사용한 결과이기도 하다. 그런데 사실 대가를 선불하는 측으로는, 은혜는 선물이 아니라 당연히 받아야만 하는 몫이다. 그런데도 그 뒤 선불한 물건을 받고 못 받고는 전적으로 개인 책임으로 돌아간다. 누구에게도 책임을 물을 수도 없다. 한마디면 끝이기 때문이다. '당신의 믿음이나 기도가 부족하니 더 열심히 정성을 다하라.'

따라서 살아온 인생 전체를 조망할 나이가 되면, 교인들은 그러한 자기의 삶을 한번 뒤돌아볼 필요가 있을 것이다. 그리하면 극소수의 성공한 목사들[199]을 제외하고는 성직자나 교인들 대부분은 하나님의 은혜보다 자신의 대가가 훨씬 크고 심했음을 느낄 수 있을 것이다.

그러나 후회한다고 해도 그때는 이미 인생의 후반기여서 급히 돌아서기에는 아마 너무 늦을 것이다. 또 사실 대부분 사람은 죽을 때까지도 그것을 깨닫지도 못하는 것이다. 필자가 이렇게 단언할 수 있는 것은, 필자도 은혜에 속아 어느덧 70세를 바라보게 되었지만, 돌아가신 부모님도 그러했기 때문이다. 즉 대대로 속은 것이다.

### 은혜의 엉터리 순서

그렇다면 위에서 말한 극소수의 '성공목사'들의 얘기부터 해 보자. 물론 이러한 성공목사들의 성공은 악령의 궤변을 내세워 인간들을 착취

---

[199] 그들의 성공 간증에 많은 교인이 몰린다.

한 것이다. 그렇지만 여기서는 만약 은혜와 천국에 관한 기독교 논리를 따르더라도 더 큰 문제가 있음을 알게 되는 것이다.

먼저 기독교식으로 말하자면 그러한 성공목사들이 대형교회를 세워 성공한 것은, 분명 하나님의 큰 은혜일 것이다. 왜냐하면 만약 성공목사들의 성공 요인이 하나님의 은혜가 아니라면, 그 성공목사들의 인격적인 특별함 때문으로 귀결되기 때문이다.

그런데 성공목사들이 인격적인 어떤 특별함이 있어 성공하게 되었다는 논리는 별로 공감이 가지 않는다. 왜냐하면 뒤에서 이어지지만, 성공목사 대부분은 오히려 일반인들보다 더 저급해 보이기 때문이다.

그렇다면 왜 하나님이 그런 저급한 성공목사들을 출세시키는 것일까? 그 이유를 우리는 알아야 한다. 즉 그런 성공목사들이 가장 신실하므로 천국에 우선 보내기 위해 성공시키고 있는 것이 아니란 것이다. 즉 그런 성공목사들은 더 많은 대중을 하나님의 영광과 유희로 끌어들이기 위한 '선전용'이다. 따라서 그들 또한 자신도 모르는 사이 영혼을 저당 잡힌 미끼에 불과한 사람들일 것이다. 즉 **'선전용 미끼'**이자 '광대'에 불과한 것이다.

그러므로 앞에서 성령의 순서는 신실함과 상관없다고 말했었다. 만약 그런 성공목사들이 선전용 미끼가 아니라면, 그들보다 모든 것을 내려놓고 봉사와 기도에 열중하는, 더 신실한 시골 목사와 수도사들과 교인들이 부지기수로 많은 현실을 도무지 설명할 길이 없는 것이다. 즉 신실한 순서로 은혜가 내려진다면, 더 신실하신 분들이 대부분 방치되어 끼니 걱정을 하는 사이, 그런 수준 이하의 탐욕적인 성공목사들만 입신양명할 리가 없다는 것이다.

그렇다면 그런 비리목사들의 신실함이 수준 이하라는 것을 어떻게 알 수 있을까? 그러한 증거는 이루 말할 수 없이 많다. 우선 저급한 성취를 위한 그들의 욕망은 끝이 없다. 그들은 교회 건물을 더욱 크게 확장하기 위해 교인들에게 건축헌금을 하라고 교묘히 닦달한다. 또한 십일조를 하지 않는 신도들을 제적해야 한다고 하는 교회도 있다. 또한 교회 재산을 빼돌려 자녀들에게 편법으로 재산을 물려주거나, 자녀에게 세습하여 목회를 맡긴다. 또한 비싼 외제 차를 타고 과시하거나, 알게 모르게 정치에도 관여하려 한다.

그리고 영향력 있는 개신교 목사들의 지속적인 여신도 성폭행[200]과 가톨릭 신부들의 마약과 섹스 파티[201]도 심심찮게 이어진다. 그러면 지면 관계상 그중 대표적으로 국내의 사례와 외국의 사례 하나씩만을 들고 넘어가자.

먼저 국내의 사례로 2011. 9. 20. MBC 〈PD수첩〉에서는 '나는 야간이 아니다'라는 제목으로, 단일교회로는 세계 최대로 부흥시킨 한국 여의도의 한 교회 원로 목사의 비리를 방영한 적이 있다. 그 목사는 한때 국내에서 제일 신령하다는 말을 들었다.

그 방송에서 그 목사는 교회가 설립한 일간지 신문사를 큰아들에게 경영케 하고, 추가로 교회 재정[202]으로도 그 아들의 뒤를 밀어주었다. 그

---

200) 만민중앙교회의 담임목사 이재록은 여러 명의 여신도를 성폭행한 죄로 16년 형 수감 중 사망했다. 또 기독교복음선교회(JMS)의 정명석 목사 또한 수많은 여신도를 성폭행하여 감옥을 들락거리고 있다.
201) 2018. 8. 14. 미 펜실베이니아 대배심은 주 내 6개 교구 300여 사제들이 70여 년간 1,000여 명에게 성폭행을 하였고, 나아가 바티칸에서는 조직적으로 이를 은폐하였다는 조사 결과를 발표했다. 이에 교황청은 '부끄럽고 슬프다'는 성명을 발표했다.
202) 할머니들이 폐지를 주워 한 십일조도 있다.

리고 설교할 때 신도들에게는 그 신문의 평생 구독권을 반강요하여, 평생 구독을 신청하는 신도들에게는 '특별 안수기도'를 해 준다고도 했다.

또 그 목사 사모는 외국에 부동산을 매입하기 위해 외환을 잘게 쪼개 불법으로 송출했다고도 했다. 그리고 현재 부모와 자식 간의 금전적인 문제로 서로에 대해 고소, 고발이 난무하고 있다고도 방송했다.

나아가 2013. 6. 7. 〈MBC 뉴스〉 등에서는 그 원로 목사는 배임 혐의로 불구속기소 되었다는 사실을 보도했다. 그 배임 혐의는 2002년 큰아들이 운용하는 사업체 주식 25만 주를 교회가 적정가보다 4배 이상 비싸게 사들이게 해 교회에 150억대 손해를 입혔다는 것이다. 이와는 별도로 그 아들은 35억 원을 회사 이름으로 무단대출 받아 유용한 혐의를 받는 중이다.

나아가 그 아들은 자녀가 있는데도 당시 청와대 여성 대변인과의 통정으로 다른 아들을 낳았고, 그 원로 목사 손자의 양육비 문제로 그 여성 대변인이 고소한 일이 밝혀져 세상을 경악시키기도 했다.

나아가 여러 지저분한 소문이 계속되는 가운데 2013. 12. 17. 〈PD수첩〉은 그 원로 목사의 금전 횡령, 여자관계, 교사모(교회를 사랑하는 모임) 출교 조치 등 줄기찬 의혹들을 다시 방영한다. 마침내 2014. 2. 20. 서울중앙지법 형사 합의 23부는 원로 목사 부자의 혐의를 대부분 인정해, 원로 목사는 징역 3년에 집행유예 5년과 벌금 50억, 큰아들에게는 징역 3년의 법정구속을 선고했다.

더군다나 실증적인 잘잘못을 떠나 이 정도의 추문이면 시정잡배라도 자신의 부덕을 문제 삼아 모든 것을 내려놓고 자숙하며 조용히 살아야 한다. 그런데도 그 원로 목사는 원로로 강단 있게 설교하고, 그 가족들

은 가족들대로 뉘우침 없이 계속해서 내로라하고 있다.[203]

다음 외국의 사례로 J.K. 갈브레이드 교수의 《불확실성의 시대》라는 책에 나오는 미국 유명 목사의 비리를 소개해 보자. 1860~70년대에 미국에서 제일 부유한 교구의 하나였던 브루클린의 플리머드교회 담임 헨리 워드 비쳐 목사에 관한 이야기다.

> "비쳐는 부자 교구민에게 그들의 재산에 대한 정당성을 설파해서 호감을 사는 동시에 그들의 아내들을-적어도 그들 가운데 몇인가를-침대에 끌어들여 즐겁게 해 주었다. 마침내 그중의 하나인 엘리자벳 틸턴은 비쳐가 구원을 받는다 할지라도 자기는 어떻게 될 것인지 알 수 없는 노릇이라고 걱정했다. 그러므로 그녀는 신한테 해야 할 것을 남편에게 참회했기 때문에 남편은 비쳐를 고소했다."〈#37〉

영적으로 불미스러운 이러한 일들에 대해, 기독교 이론가들은 사탄의 사주를 받은 '거짓 선지자론'을 또 들고나올 것이다. 그러나 앞에서 누누이 강조했듯이 사탄은 고사하고, 거룩한 자신의 이름을 더럽히는 거짓 선지자들을 제대로 처리하지 못하고, 폐지를 주워 십일조 하는 불쌍한 영혼들을, 예수는 어찌 구원한다고 할 수 있겠는가.

그러므로 앞의 사례들은 하나님이 진정 그런 비리목사들을 사랑하여 천국으로 데려가기 위함이 아니라, 일회용으로 이용하고 용도폐기하려는 분명한 증거이기도 하다. 또 그 비리목사들이나 비리신부들도 기실 천국을 믿지 않는다는 증거이기도 한 것이다. 왜냐면 부족한 필자

---

203) 그 원로 목사는 2021. 9. 14. 소천하였다.

의 생각에도 천국 문턱도 밟지 못할 저급한 목사들과 신부들을, 하나님이 천국으로 데려간다면 하나님마저 정상이라고 볼 수 없을 것이기 때문이다.

예를 들어 종교와 목사들에 대한 우리들의 정상적인 생각을 말해보자. 만약 하나님이 그런 성공목사들을 사랑하여 천국으로 데려갈 요량이라면, 또 그들이 정녕 천국이 있다고 믿는다면, 최소한 다음 수준 정도는 돼야 할 것이다. 그들은 한 교회의 교인 수가 최대한 1,000명 정도에 이르면, 속히 후배 목사에게 맡기고 시골로 내려가 또 다른 교회에서 봉사하거나 새로이 개척해야 한다.

혹 일부에서는 큰 선교와 큰 봉사를 하기 위해선 대형교회가 필요하다고 변명한다. 그러나 전지전능한 하나님이 교회의 대소에 따라 선교나 봉사에 영향을 받는다는 것은 어불성설이다. 더군다나 만약 선교나 봉사를 위해서라면 예전에 그 큰 '예루살렘 성전'이 불신자들에 의해 파괴되거나, '성 소피아 사원'이 이교도에 넘겨져 훼손되도록 해서는 안 될 것이다. 그리고 대형교회는 현재 그 사회적 폐단으로 전도나 선교에 도움이 되기보다 오히려 방해되는 실정이다. 그 사례로 유럽은 수많은 대형성당과 교회가 있지만, 현재 신자가 점점 줄어들고 있다.

나아가 자녀들에게 교회 재산을 빼돌려 물려주기는커녕, 최소한의 양육만을 하고 그들의 미래를 하나님의 뜻에 맡기며, 외제 차는 물론 자전거나 양복 두 벌도 안타깝게 생각해야만 될 것이다. 또 가톨릭 신부가 마약과 섹스 없이 못 산다면, 속히 하나님을 망신 주는 신부직을 그만두고 자신에 맞는 클럽을 운영해야 할 것이다.

그러므로 그런 수준의 판단과 그에 따른 삶이 되지 못한다는 것은, 천국 문턱은커녕 그들이 일회용으로 이용당하고 용도폐기 됨을 의미한다. 따라서 성경에 나오는 신실한 엘리나 사무엘과 다윗과 솔로몬 같은 지도자들도 자식과 손자 대에서는 모두 용도폐기 되었는데, 앞의 수준 이하의 목사나 신부들은 다시 말해 무엇 하겠는가? 성경에 어떻게 기록되어 있는지 보자.

"엘리의 아들들은 불량자라 여호와를 알지 아니하더라 (중략) 먼저 기름을 태운 후에 네 마음에 원하는대로 취하라 하면 그가 말하기를 아니라 지금 내게 내라 그렇지 아니하면 내가 억지로 빼앗으리라 하였으니 (중략) 엘리가 매우 늙었더니 그 아들들이 온 이스라엘에게 행한 모든 일과 회막문에서 수종드는 여인과 동침하였음을 듣고 (중략) 내 아들아 그리 말라 내게 들리는 소문이 좋지 아니하니라 너희가 여호와의 백성으로 범과케 하는도다 사람이 사람에게 범죄하면 하나님이 판결하시려니와 사람이 여호와께 범죄하면 누가 위하여 간구하겠느냐 하되 그들이 그 아비의 말을 듣지 아니하였으니 이는 여호와께서 그들을 죽이기로 뜻하셨음이었더라 (중략) 소식을 전하는 자가 대답하여 가로되 이스라엘이 블레셋 사람 앞에서 도망하였고 백성 중에는 큰 살륙이 있었고 당신의 두 아들 홉니와 비느하스도 죽임을 당하였고 하나님의 궤는 빼앗겼나이다 하나님의 궤를 말할 때에 엘리가 자기 의자에서 자빠져 문 곁에서 목이 부러져 죽었으니 나이 많고 비둔한 연고라 그가 이스라엘 사사가 된지 사십년이었더라"삼상 2:12-4:18

"사무엘이 늙으매 그 아들들로 이스라엘 사사를 삼으니 장자의 이름은 요엘이요 차자의 이름은 아비야라 그들이 브엘세바에서 사사가 되니라 그 아들들이 그 아비의 행위를 따르지 아니하고 이를 따라서 판결을 굽게 하니라 이스라엘 모든 장로가 모여 라마에 있는 사무엘에게 나아가서 그에게 이르되 보소서 당신은 늙고 당신의 아들들은 당신의 행위를 따르지 아니하니 열방과 같이 우리에게 왕을 세워 우리를 다스리게 하소서 한지라"삼상 8:1-5

"여호와께서 솔로몬에게 말씀하시되 네게 이러한 일이 있었고 또 네가 나의 언약과 내가 네게 명한 법도를 지키지 아니하였으니 내가 결단코 이 나라를 네게서 빼앗아 네 신복에게 주리라 그러나 네 아비 다윗을 위하여 네 세대에는 이 일을 행치 아니하고 네 아들의 손에서 빼앗으려니와 오직 내가 이 나라를 다 빼앗지 아니하고 나의 종 다윗과 나의 뺀 예루살렘을 위하여 한 지파를 네 아들에게 주리라 하셨더라" 왕상 11:11-13

모세, 여호수아, 기드온, 히스기야 등 기라성綺羅星 같은 이들도 마찬가지이다. 이처럼 극소수의 은혜 수혜자들도 다음 대를 넘기기 어려운 것이다. 따라서 영광의 효과가 떨어지든 대가가 부족하든, 다음 대에서 가차 없이 용도폐기 되는 것이, 과거 하나님의 일반적인 처리 과정이었다. 왜냐하면 그들에게서는 자신의 영광과 유희를 위한 단물을 모두 뽑았고, 자식 세대는 다른 의식들로 구성되기 때문에, 자신의 영광과 유희를 효과적으로 보장받을 수 없기 때문이다.

결국 은혜의 수혜는 신실한 순서와는 상관없이 성령의 목적, 즉 영광과 유희를 얼마나 효과적으로 달성할 수 있느냐가 관건이라는 것이다. 즉 하나님은 경쟁 관계에 있는 다른 영들보다 영광과 유희에서 앞서기 위해, 말을 잘하거나 잔머리를 잘 굴리는 사람들부터 은혜를 내려야만 하는 것이다.

따라서 비리목사들의 유창한 설교를 듣다 보면, 그 목사의 설교대로 살지 않으면 당장에라도 목숨이 위험하거나 축복에서 소외되리라는 생각이 든다. 즉 인간의 연약함을 교묘히 파고들어 신자들을 흔들어 대는 것이다. 나아가 앞에서도 말했듯이 특히 건축비와 십일조와 전도에 앞장서라고 다그치는 것이다. 그런데 만약 진실로 천국 갈 자격 있는 목사라면, 하나님은 큰 교회가 필요할 리 없다고 외치며, 가능한 한 사람들을 위로하고 유일신의 사랑만을 설파해야 하지 않을까?

### 운명의 미끼

여기서 예언이나 점(占, 사주, 별자리, 타로 등) 등에 대하여도 잠깐 짚어 보자. 귀납적인 통계나 자료에 따른 예상이 아닌, 예언이나 점 등은 그 적용법칙 자체가 근본적으로 아무런 근거나 증거가 없는 자의적인 운명론이나 결정론에 속한다. 그것은 인간의 통상적 예상을 확대해석하거나, 애니미즘이나 샤머니즘 정도의 원시적인 미신이다. 따라서 동양에서 발달한 '사주'四柱, '역'易, '태극도설', '주역', '토정비결' 등에 등장하는 '음양오행'陰陽五行은, 그런 통상적인 예상이나 미신의 연장선에 속할 것이다. 즉 복잡한 세상과 인간들의 행로를 단순한 음양과 오행(목, 화, 토, 금, 수)에 대입시킨다는 것은 아무런 근거가 없는 것이다.

먼저 음양에 대해 알아보자. 음양의 이론적 근거는 우주에서 음극과 양극, 달과 해, 암컷과 수컷 같은 이원적인 가치가 번갈아 변화해 간다는 데 있다. 이것은 **'구조주의'**[204]라 하여 현대의 서양철학에서도 나타난다.

그러나 우주는 반드시 이원적이지 않고 다원적이다. 현대과학에서는 달과 해는 은하의 극히 일부인 항성과 위성일 뿐이고, 그 외에도 무수한 은하와 항성, 암흑물질과 암흑에너지, 블랙홀과 중력파와 힉스입자 등

---

204) 構造主義. 레비스트로스 등이 주장한 인류학의 결정론. 즉 각 인종의 삶과 문화는 그들이 처한 여건과 환경에 따라 결정된다는 것.

이 훨씬 다양하고도 큰 에너지를 형성하고 있다. 나아가 음극과 양극은 세부적인 표현이며, 더 큰 에너지의 행로에 종속되어 있으며, 암수는 진화상의 건강 편의[205]를 위해 일시적으로 나누어진 것이다.

그리고 다음으로 오행은 우주가 '보통물질'로만 이루어진 것으로 맞춰 본 것이다. 그러나 우주는 다섯 가지 보통물질만으로는 이루어지지 않는다. 현대의 천문학에서 밝히듯이 우주는 보통물질[206] 외에 대부분 미지의 암흑물질[207]과 암흑에너지[208]가 96%에 이른다고 한다.

나아가 오행과 생년월일을 꼭 그 자리에 대입시키는 것도 아주 자의적이다. 예를 들어 1957년생에 정유丁酉년을 적용하는 것은 아무런 근거가 없는 것이다. 서양의 별자리 운세나 '타로'도 마찬가지이다. 모두 정신적 유희이다. 선인들이 이것저것 상상하고 모아 임의로 법칙을 만들고, 후세들은 그 법칙이 효과가 있는 것처럼 받아들여 큰 '천기누설'인 것처럼 적용하려는 것이다.

그런데 백번 양보하여 혜안이 있는 선인들이 점괘의 법칙을 잘 만들었다는 가정하에서도, 점괘가 좋지 않음을 안다고 해도 사실 우리에게는 특별히 뾰족한 방법이 없다. 무슨 방법이 있는가. 부모와 자식과 가족과 친척과 주변 환경들을 모두 바꾸거나 버려야 한다는 말인가. 그럴 수는 없을 것이다. 기껏해야 모든 것을 조심해야 할 뿐일 것이다.

그리고 대개 점괘를 바꾸려고 발버둥 치면 칠수록 더 깊은 수렁에 빠

---

205) 양성은 건강한 후손 생산을 위한 분리 기작. 즉 양성은 교배(유전자교차) 시 돌연변이율을 낮출 수 있다.
206) 우리에게 보이는 원자로 된 물질. 우주의 약 4%를 구성.
207) 우주의 약 23%를 구성.
208) 우주의 약 73%를 구성.

질 가능성이 클 것이다. 나아가 사실 자신의 점괘를 알게 되어 어떡하든 그 팔자가 고쳐지게 된다면, 역설적으로 그 점괘는 이미 허구였던 셈이다.

그리고 꿈에 대해서도 알아보자. 우리가 잘 때 꾸는 꿈에는 좋은 꿈, 나쁜 꿈이 있다고 한다. 즉 예지몽豫知夢으로는 주로 용, 돼지, 두꺼비 등을 꾸면 길하다 하고, 개나 고양이 등을 꾸면 비교적 불길하다고 한다. 필자도 이러한 해몽에 대하여 굳이 부정하지는 않는다. 왜냐하면 생명의식을 가진 인간의 뇌에는 진화상의 오랜 경험에 기반한, 선험적 '**직관**'[209] 능력이 어느 정도 발현되어 있다고 보기 때문이다. 그러나 우리는 이런 좋은 꿈을 꾸기 위해 매일 잠만 잘 수는 없다. 열심히 살아가다 보면 좋은 꿈도 꾸게 되는 것이다. 그러므로 스스로 행복을 찾아 <u>대견하게 사는 것</u>이 제일이다.

물론 인간 실존으로서는 운명과 불공평은 분명히 존재한다. 왜냐하면 지구라는 작은 행성에서 인류가 북적이며 살아가는 것과 우리 인간이 부족한 의식을 가지고 태어나야만 하는 것도 운명적이고 불공평할 수 있을 것이다. 그리고 아무리 행운과 부를 다 가진 듯이 보이는 사람들도, 대부분 자신은 외롭고 불행하며 어떤 면에서는 다른 사람들보다 짐이 더 무겁다고 생각하는 것이다.

따라서 사실 모든 것이 잘나고 모든 것이 공평하다면 그것이 인류에게는 오히려 불행이 될 수도 있다. 즉 잘난 고독과 공평한 권태가 지속되는 것은, 견디기 어려운 더 큰 괴로움일 수 있는 것이다. 따라서 모든 존재는 어떤 어려운 상황에서도 행복을 추구할 수가 있다. 왜냐하면 행

---

209) 直觀. 경험이 아닌 사유만으로, 새로운 인식에 이르는 것.

복은 주변의 환경석 문제보다 감성적인 문제가 더 크기 때문이다.

　나아가 사실 결정론(운명론)과 자유의지는 대립 관계가 아니다. 그 둘은 시간의 연속선상에서 이루어지는 일련의 과정이다. 즉 앞 '증거 4'에서 말했듯이 인간은 '물질회유'와 진화의 과정에 있듯이, 결정론처럼 보이는 운명은 과거 조상들의 고뇌에 찬 최선의 선택이 누적된 것일 뿐이다. 따라서 운명이라 생각되는 것도 사람들을 옭아매고 죽이려고 있는 것이 아니다. 즉 물질회유 과정의 실존적 다양성으로 인해 불공평이 있을 수 있지만, 자유의지와 행복추구로 미래를 새로이 선택하고 개척하는 것이다. 따라서 과거의 조상으로 인해 오늘의 내가 있는 것이고, 오늘의 나는 새로운 선택과 개척으로 자신에게 맞는 진정한 행복을 성취하는 것이다.

　그러므로 우주는 개별적인 카나드의 행복추구와 자유로운 선택에 따라 그때그때 진행되어 누적되고 변화하는 것이다. 따라서 결국 창조론, 물질주의, 영원회귀, 윤회, 환생, 점괘 등의 <u>모든 전체주의와 결정론은 잘못된 것</u>이라 할 수 있다.

　이제 '은혜 없는 대가'를 마무리해 보자. 아무리 능력 있는 신이라 할지라도 카나드의 '선택원리'[210]를 무너뜨릴 수 없다. 즉 세상의 주어진 보편타당성을 넘어설 수는 없다는 말이다. 아주 일부에서 일시적으로 그 보편타당성이 무시되는 것 같아도, 다시 제자리로 돌아갈 수밖에 없다는 것이다. 그것이 영의 한계이자 영에게는 구원이 있을 수 없는 이유이다.

　그러므로 은혜의 수혜는 기독교인들의 신실한 순서와는 전혀 상관

---

210) 행복을 위해 개개의 카나드 단위로 선택하는 것.

없이, 하나님의 영광과 유희라는 목적을 가장 효과적으로 달성할 수 있느냐가 관건이다. 왜냐하면 영에게도 주어진 에너지의 한계 내에서만 자신의 은혜를 행사할 수 있기 때문이다. 따라서 교인들이 아무리 많은 십일조와 건축헌금과 금식기도 등, 간장肝腸을 다 내어주더라도 성령과 은혜를 전혀 받지 못하는 이유가 바로 여기에 있는 것이다. 즉 하나님과 예수가 효과적이지 않다고 생각하게 되면 아무 소용이 없는 것이다.

이처럼 하나님도 더욱 많은 사람에게 은혜를 내려 자신의 영광과 유희를 확대하고 싶겠지만, 성령에너지의 한계라는 말 못 할 사정이 있는 것이다. 즉 최소한의 은혜로 최대한의 효과를 내야 하기에, 극히 소수의 사람에게만 그리고 아주 일시적으로 성령과 은혜를 내릴 수밖에 없는 것이다.

### 은혜 있는 대가

필자는 과거 교회에 속할 동안 거의 매주 다른 신자들로부터 성령과 은혜를 받았다는 간증을 귀가 아프도록 들어 왔다. 이는 듣고 싶어서 들었던 적도 있었지만, 교회에 다니면 자동으로 듣게 되어 있다. 왜냐하면 그것이 교인들의 주목적이고 제일 큰 관심사이기 때문이다. 또 필자도 스스로 은혜받은 간증을 한 바도 있다. 교회에서는 늘 그 같은 간증 집회를 자랑스럽게 생각한다. 왜냐하면 간증의 효과와 수입이 비례하기 때문이다.

그러나 그 성령과 은혜의 대부분이 플라시보 효과이거나 신변잡기에 관한 것이어서, 잠시 후엔 곧 일상으로 사라져 버리는 아무것도 아닌 것들이었다.

예를 조금 들자면 어떤 목사는 '산플라티나'[211]라고 하는 치아 보철물을 가지고, 자신이 기도만 하면 진짜 금으로 바뀌게 된다고 하며, 그 증거로 여러 사람의 입을 벌리게 해, 번쩍이는 이빨을 보여 주던 것이 생각난다.[212] 또한 어떤 연예인은 너무 외로워서 처음으로 교회에 나가 자신과 소통할 수 있는 좋은 매니저를 구하게 해 달라고 기도했는데, 일주일 만에 기적같이 마음에 드는 매니저를 구하게 되었다고 간증했다.[213]

## 은혜의 착각

그런데 만약 이런 조그만 은혜라도 받았다 싶으면, 그들은 앞으로도 자신에게 하나님의 역사가 계속될 것이며, 더 큰 은혜를 내려 자신을 위대하게 쓰실 것이라는 착각을 하게 된다. 그리하여 자신의 은혜를 간증하며 교회에도 그리 충성할 수가 없다.

그러나 그것들은 아주 일시적인 조그만 미끼에 불과한 것이다. 그리하여 그것이 인생에 아무런 도움도 안 된다는 것을, 죽어서도 모르는 경

---

211) 일명 산뿌라. 크롬과 철을 합금한 치아 보철물.

212) 그러나 그 당시에는 산플라티나가 진짜 금같이 반짝였는지 모르겠지만, 그 후에 내가 만난 그 증인들 이빨은 다시 산플라티나일 뿐이었다.

213) 그러나 그 연예인은 아마 그 조그만 미끼에 빠져 앞으로의 인생을 저당 잡히고 살 것이다.

우가 대부분이다. 이렇듯 기독교뿐만 아니라 지구상의 내로라하는 종교가 대부분 원시적이고 저급한데도, 그런 종교들이 번성하는 것을 보면, 사람들의 무턱 댄 영적 집념이 얼마나 무서운 것인가를 잘 보여 주는 것이다.

그러한 예로 필자의 간증을 조금 해 보자. 필자는 그저 평범하게 교회를 다니다가, 한때 사업이 부실하게 되어 하나님 앞에 무척 매달린 적이 있었다. 즉 새벽기도는 물론이고 3일 금식을 몇 차례인가 하였고, 거의 모든 교회 프로그램에 참석하였으며, 성경을 두어 번 통독하고, 십일조 등 헌금을 많이 하려고 노력하였다. 나아가 구역장은 물론이고 찬양대나 주일학교 교사 등 봉사활동에도 겸손하게 앞장섰다.

즉 앞에서 말한 아무런 은혜를 본 바도 없고 받은 바도 없이, 남들에게서 들은 대로 남들 따라 그냥 대가를 먼저 선불한 셈이다. 아마 그때 평신도로서 할 것은 거의 해 보았다고 표현하는 것이 쉬울 것 같다. 그래서 그즈음 성경을 많이 파악해 본 것이다.

아무튼 그래서 그랬는지 사업도 많이 나아졌다. 그리하여 아하! 하나님께서 이제부터 본격적으로 계속 은혜를 부어 주시어, '나를 크게 쓰시겠구나.' 하는 생각이 들었다. 그것은 당해 본 사람이면 누구나 그런 생각을 안 할 수가 없다. 왜냐하면 부족한 인간이 희미한 영적 체험이라도 하게 되면, 놀라움으로 그것을 확대해석하기 마련이기 때문이다. 따라서 그것은 일종의 '영적 교만'이라고 할 수 있다.

이처럼 영적 체험이나 은혜를 조금이라도 맛보면 겉으로는 겸손한 척해도, 속으로는 자신이 하나님과 직접 교통한다고 생각하게 된다. 그리하여 자연스레 일반 교인들뿐만 아니라 성직자들의 신앙까지도 아래로 보는 교만이 생기는 것이다. 물론 나중에 안 사실이지만, 실상은 그것이

배설물보다도 못한 것인데도 말이다.

여하튼 필자가 그런 엉터리 영적 체험이라도 있기에, 이 책의 제목이 '하나님은 없다'가 아니라 '유일신은 없다'라는 것이고 '성령과 은혜는 없다'가 아니고 '성령과 은혜는 미끼'라고 하는 것이다. 나아가 하나님과 성령이 있다고 생각해야, 수준 이하의 비리목사와 그 교회가 성공하고 번창하는 이유도 더욱 잘 설명되는 것이다. 물론 그러한 교회가 번창하는 만큼 그 교인들은 반비례하여 가난해지지만 말이다.

본론으로 돌아가서 그런데 얼마 못 가 더욱 크게 쓰시기는커녕, 필자의 사업도 줄어들고 성령도 시들해져 버렸다. 그래서 모든 것이 나의 부족함 때문이겠거니, 내가 잘못 믿거나 행실을 잘못해서 생긴 일이겠거니 하여, 예전의 은혜를 회복하기 위해 다시 더욱더 배가의 노력을 하였다.

그러나 예전의 은혜는 결국 돌아오지 않았다. 그런데도 이제 모든 것을 걸고 순수하게 하나님의 온전한 섭리에 맡겨 보려고, 빚이 많은데도 적정한 가격에 소유한 집을 팔지 않고 버텼다. 즉 모든 것을 내려놓고 하나님의 온전한 뜻을 알고 행동하기를 기도했다.

그렇지만 결국 그 집은 경매로 넘어가게 되고, 그 집에서 쫓겨나게 되었다. 즉 '여호와의 증인'들이 여호와의 뜻을 온전히 알고 따르기 위해, 죽어 가면서도 수혈을 거부하듯이 말이다. 이처럼 죽도록 내려놓으라는 예수님의 뜻에 따르려 한번 해 본 것이다.

2012. 2. 11. 각 방송의 머리 뉴스에, 전남 보성 어느 교회 목사의 세 자녀가 한꺼번에 사망한 후 방치된 기사가 전국을 강타했다. 그 목사 부부는 감기에 걸린 세 자녀에게, 기도로 낫게 하겠다고 시작하여 점점 도를 더해 갔다. 이에 신음하는 아이들을 병원에 데려가기는커녕, 음식도

주지 않고 참기를 강요하여 매질로 죽게 한 것이다. 더군다나 수 주일 동안 부활을 기대하며 비밀히 문을 걸고 기도만 한 것이었다. 결국 그들은 쇠고랑을 찬 후에야 후회의 빛을 보였다고 한다.

이러한 사건을 보면 우리의 합리적인 사고와 발전된 의술을 어디다 쓰려고 그러는지 안타까울 뿐이다. 즉 모든 합리적 이성과 발전된 의술은 그 시대에 맞춰 인류가 잘 사용하라는 것이 진정한 유일신의 뜻일 것이다. 왜냐하면 그러한 발전을 그 시대에 맞춰 사용하라고 하락하지 않았다면, 애초에 그러한 발전이 나타났을 리 만무하기 때문이다.

### 은혜의 결말

여하튼 앞에서 예기한 간증이 여태껏 필자가 신앙생활 하며 성령과 은혜를 받아 온 전부다. 따라서 이러한 '은혜 있는 대가' 또한 앞의 '은혜 없는 대가'와 마찬가지로, 은혜를 받지 못한 기준은 필자의 부족한 정성에 있었던 것이 아니었다. 즉 지나고 보니 하나님의 영광과 유희라는 목적을, 더는 효과적으로 달성할 수 없으리라는 데 있었다고 생각된다. 즉 신의 목적에 부합하지 않으면, 인간의 노력으로는 그 은혜를 받을 수 없다는 것이다.

이렇듯 거의 반평생을 어찌하든 열심히 믿어 보려고 발버둥질한 사람이 받은 성령과 은혜치고는 무력하기 짝이 없는 것이었다. 즉 그렇게 미리 대가를 선불하면서 열심을 내었고, 예전의 은혜를 생각하여 추가적 대가를 치르도, 더 이상의 은혜는 받을 수가 없었다. 그래도 이왕 믿은 것 죽을 때까지 열심히 해 보자 하는 생각도 한편 들었다. 그러나 대를 이어 자녀들에게까지 후유증을 물려주며 무지몽매하게 만들 수는 없는 노릇이었다.

결론적으로 말해 설령 성령과 은혜가 있어도 그 은혜를 얻기 위한 대가는 너무도 큰 것이었다는 것이다. 즉 은혜를 얻기 위해 미리 대가를 선불하였고, 아주 잠깐 은혜를 맛본 관계로 그 은혜를 다시 회복하기 위해 더 큰 대가를 치르는 악순환이 계속된 것이다. 따라서 성령과 은혜를 위해 앞뒤에서 대가를 치르다 다 늙은 꼴이다.

그런데 지나와서 생각해 보면 이런 어리석은 거래를 어떻게 했나 싶다. 물론 반대로 하나님과 교회는 참 재미난 거래를 했지만 말이다. 그리고 필자가 수십 년을 보아 온 다른 기독교인들도 극히 일부 성공목사들 외에는 필자의 간증과 별로 다르지 않다는 것을 확신한다.

그러나 필자의 이러한 간증과 그 결말을 읽고서도 대부분의 신실한 교인들은, 여전히 다른 사람들은 어찌 되었건 자신만은 하나님께서 놀라운 은혜를 주셔서, 명예나 부가 크게 될 것이라고 믿을 것이다. 또 자신의 인생은 앞 필자의 간증 결말처럼 되지 않고, 장밋빛으로 결말이 되리라고 생각할 것이다. 나아가 하나님이 악령이건 아니건 나에게 은혜만 내려주신다면 무슨 짓이라도 할 것이리라 생각할 수도 있다.

그리하여 아직 자신이 부족하여 하나님께서 크게 쓰시지 않지만, 더 신실하다 보면 자신을 '정금'正金같이 만들어 위대하게 쓰실 것이라고 기대를 한다. 필자도 그 심정을 누구보다 잘 이해한다. 왜냐하면 필자도 아래와 같은 성경 구절로 위로 삼아, 늘 그렇게 생각하며 버티다 이렇게 늙고 피폐해져 버렸으니까. 그리고 두꺼운 성경이나 목사들의 무수한 설교에는 자신이 기대할 수 있는 위로가 분명 한 마디는 있는 것이다.

"나의 가는 길을 오직 그가 아시나니 그가 나를 단련하신 후에는 내가 정금 같이 나오리라" 욥 23:10

그러나 이제라도 여러분은 한 번쯤은 계산을 좀 해 보고 믿을 수 있었으면 한다. 즉 사회에서는 조금도 손해 보지 않으려고 철저히 계산하는 분들이, 자신의 인생이 저물어 가는데도 믿음의 결산 한 번 하지 않는다는 것은 이상한 일이 아니겠는가. 그리고 만약 여러분이 정금같이 단련된 후에 하나님이 크게 쓸 것이라고 굳게 믿는다면, 하나님이 지금 크게 쓰는 대형교회 비리목사들은 정금같이 완전히 단련되었다고 보는가. 그래서 불신자들도 저지르기 어려운 상상도 못 할 부도덕한 짓을 저지른다는 것인가.

### 내려놓음의 인간성 말살

앞에서 필자는 죽도록 내려놓으려 한 적이 있었다고 하였다. 그런데 근래에 《내려놓음》《더 내려놓음》이라는 책이 베스트셀러가 되었다. 이 책은 미 하버드대를 나온 한국인 선교사 부부가, 몽골에서 모든 것을 내려놓고 선교활동을 하면서 하나님의 인도함을 경험하여 쓴 간증이다.
그 주 내용은 하나님을 올바르게 믿으려면 자기의 뜻을 완전히 내려놓고 하나님의 뜻을 기다려서 그 인도함을 따라 행하라는 것이다. 그리하면 하나님이 역사하여 앞길을 평탄하게 인도한다는 것이다. 즉

"지렁이가 밟으면 꿈틀하는 것은 제대로 꽉 밟지 않았기 때문이다."
"아무것도 하려고 하지 마십시오."
"나 하나만으로 만족할 수 없겠니? 라는 말처럼 하나님 앞에 꿈틀하지도 못할 정도로 내려놓아야 한다는 것이다."〈#38〉

이 책에서 말하는 이러한 간증들은 지난 인류 역사의 도처에 널려 있다. 그리고 이러한 간증들은 모두 하나님의 놀라운 역사를 증명하는 것임이 틀림없다. 필자도 그것을 부인할 생각이 없다. 그러나 더 내려놓다 보면 어디까지 내려놓아야 할까? 결국 인간이기를 포기하라는 말인가. 꿈틀하지도 못할 정도로 완전히 죽어지내라는 말인가.

그런데 이상하다. 하나님이 인간을 창조할 때는 언제고, 왜 인간이기를 포기하라는 것인가. 태초에 아담에게 준 자유의지는 원죄 외에 아무 짝에도 쓸모없는가. 따라서 이것은 중세 암흑기와 마찬가지로 인간성을 말살시키는 악령의 되풀이되는 미끼일 뿐이다.

그런데도 우리는 지난 인류의 역사에서 조금도 배우지 못하고 있다. 즉 기독교인들은 역사는 역사일 뿐이라고 생각하여, 자신에게 던지는 악령의 조그만 미끼에 현혹되어 죽도록 내려놓는 것이다. 나아가 내려놓는 사람들이 계속 나타나고 있어 '개인적인 암흑기'가 되풀이되고 있는 셈이다.

좀 더 깊이 알아보자. 현실적으로 인간이 죽도록 내려놓는다는 것 자체는 모든 사람에게 있어 '보편적 실천'이 어려운 것이다. 즉 하나님의

은혜가 모든 이에게 보편적으로 나타나지도 않을 뿐 아니라, 죽도록 내려놓는 것 또한 보편적 인간의 삶에 나타나서는 안 되는 현상이다. 왜냐하면 모든 사람이 인간이기를 포기하고 죽도록 내려놓으면, 이 인간 세상이 창조된 의미가 완전히 사라지기 때문이다. 즉 이 세상은 인간이 인간적으로 살아야 창조된 대로의 인간 세상이 되는 것이다.

오늘도 불교계나 기독교계 등에서 수많은 산등성이나 골짜기에서, 승려나 수도사들이 모두 내려놓기 위해 하염없이 '용맹정진'[214] 하고 있다. 그렇다면 만약 불교에서 바라듯이 모두 부처가 되고, 기독교에서 바라듯이 모두 내려놓아 보자. 그러면 이 세상은 어떻게 될까.

그렇게 되면 이 세상은 다양하기는커녕, 결혼과 출산까지 무시되고 결국은 배려와 사랑도 무너져 모든 조화가 깨어지게 되는 것이다. 이처럼 다양성과 사랑이라는 인간 행복의 기본이 모두 무너져 버리면, 유일신이 이 세상을 창조한 의미도 사라지게 되는 것이다. 따라서 창조의미 상실은 유일신을 스스로 부정하는 일이므로 그런 일은 절대 일어나서는 안 되는 것이다.

### 보상의 허상

더 나아가 이 같은 극단적인 간증문은 이 세상을 사랑하지 않고 죽도록 내려놓으면 후세에 천국이 보장되리라는 것이다. 즉

---

214) 勇猛精進. 동안거 또는 하안거의 마지막 일주일 동안 잠도 자지 않고 좌선하는 것.

> "이 세상이나 세상에 있는 것들을 사랑치 말라 누구든지 세상을 사랑하면 아버지의 사랑이 그 속에 있지 아니하니 이는 세상에 있는 모든 것이 육신의 정욕과 안목의 정욕과 이생의 자랑이니 다 아버지께로 좇아 온 것이 아니요 세상으로 좇아 온 것이라 이 세상도, 그 정욕도 지나가되 오직 하나님의 뜻을 행하는 이는 영원히 거하느니라" 요1 2:15-17

그러나 앞 '증거 5 천국의 허구성'에서도 말했지만, 기독교의 천국은 인간이 아니라 영들만의 천국이다. 그러한 천국은 특히 악령들만을 위한 것이어서, 인간으로서는 아무 쓸모 없는 곳이다. 양보하여 설령 보편적 인간이 갈 수 있는 천국이 있어, 모두 꿈틀대지도 못할 정도로 내려놓아 천국으로 갈 것이었다면, 사랑의 하나님이 애초에 천국만을 두었어야만 하는 것이다.

이처럼 자연과 인간이 얼치기 창조물이 아니라면, 그런 이율배반적인 일은 있을 수 없다. 그러한 사태는 진정한 유일신에게는 가당치 않은 말이다. 그리하여 역설적으로 인간의 모든 것을 내려놓는다는 것은 유일신을 우롱하고 폄훼하는 것이다.

그러므로 만약 유일신이 있다면 인간의 보편적 삶을 사는 것이 그의 뜻을 가장 잘 따르는 것이다. 즉 인간의 보편적 삶을 사는 것이 진정한 유일신교라는 말이다. 따라서 이제 인류에게는 실존대로의 '보편적 은혜'만이 의미가 있다는 것을 알게 되었을 것이다. 그런데 이처럼 지속되는 보편적 은혜를 우리는 '일상'이라고 부른다. 그리하여 우리는 인간이기 때문에 인간의 일상적 삶만이 진정 의미가 있다. 그것은 과거부터 조상들이 '물질회유' 하여 그렇게 구성해 온 것이다.

따라서 신의 일시적 은혜, 일시적 기적, 종말적 소망 등은 넓게 보아 인간에게는 오히려 독이 된다. 설령 그 은혜가 나에게 일어난다 해도 아주 일시적인 현상일 뿐이고, 그 대가는 영육 간에 톡톡히 치러야만 하는 것이다. 그리고 이렇듯 인간적 삶을 팽개치고 가만 누워 신의 도움만 바라는 자체가 대가를 치르는 것이다. 즉 행복을 추구할 권리를 팽개치는 것이다.

그러므로 앞의 '증거 1'에서부터 '증거 7'을 보면 알 수 있듯이, 하나님은 인류 역사에서 큰 범죄자이다. 그는 보편적 은혜를 무시하고 일시적 미끼로 인류를 교란해 온 장본인이다. 따라서 필자가 살펴본 바로는 하나님 그가 '사탄'이다. 즉 자신의 영광과 유희를 위해 인류를 황폐화하고, 그곳에 선전용 몇몇 사람들에게만 은혜를 내리던 것이었다.

이제 '증거 8'을 마무리해 보자. 앞에서 전체적으로 설명했듯이 샤먼에게는 소지역의 영이 나타나듯이, 앞의 나이트클럽 사장님처럼 언제라도 하나님의 성령이 우리에게 다가올 수 있을 것이다. 따라서 연약한 우리로서는 아픈 증상을 이겨 낼 도리가 없어, 그 영들의 바람대로 할 수밖에 없는 일도 현실적일 수 있다. 즉 인간보다 우월한 능력을 보이면서 구슬리는데, 그러한 영과 대견하게 맞서기가 쉬운 일은 아니다.

그러나 우리는 자신과 가족들의 미미한 문제를 상담하고 위로받기 위해 먼저 성령을 사모하여서는 안 된다. 즉 악령들이 던져 준 미끼를 물어서도 안 되겠지만, 미끼를 던지지도 않았는데 미끼를 달라고 졸라 대서는 더더욱 안 된다는 말이다. 그런데 인간은 심정이 답답하면 무언가에 먼저 정성을 올려서 그 답을 얻고 싶어진다. 그리하여 현재 대개의 교인이 전체적인 삶에 대한 고려 없이 우선 미끼를 던져 달라고 졸라 대고 있다. 나아가 남보다 먼저 미끼를 물어보려고 아우성친다.

이처럼 지구촌 방방곡곡의 교회나 기도원에 가 보라. 은혜를 받기 위해 사업과 식음을 전폐하는 사람들이 얼마나 많은지. 나아가 어떤 교인들은 예수 따라 40일 금식하다 세상을 떠나기도 한다.[215]

그러나 그렇게 열심히 기도한 사람들조차도 다소 괜찮은 은혜를 받기 어렵다. 필자가 보기에는 1%도 안 될 정도의 사람들이 은혜를 받는 경우이고, 그 은혜라는 것 대부분도 플라시보 현상이거나 아주 일시적인 신변잡기에 관한 것들이다. 또 그중에서도 방언이나 희열 등 정신적인 위로에 상당히 국한되어 있는 것이다. 필자도 그랬으니까. 따라서 우리가 보편적 이성을 속히 확충해야 하는 이유가 절박한 것이다.

앞의 '은혜 없는 대가'에서도 밝혔듯이 하나님과 예수도 가능한 한 많은 사람에게 충분한 성령과 은혜를 주고 싶지만, 자신들도 처리할 수 있는 에너지의 한계가 있는 것이다. 그 분량 내에서 최대한의 효과적인 영광과 유희를 달성하기 위해서, 은혜를 신실한 순서대로 내리기는 어려운 것이다. 하나님과 예수의 이러한 처지를 사람들이 오히려 잘 이해할 필요가 있을 것이다.

그러므로 우리는 미리 성령과 은혜를 대망하여 불나방처럼 무모하게 뛰어들지 말아야 한다. 즉 앞이 안 보이고 노력해도 어려운 현실 때문에, 부족한 예수에게라도 매달릴 수도 있다. 그래도 정신을 차려 현실에서 최선을 다해 스스로 발전을 위해 대견하게 사는 것이, 그나마 스스로에 큰 은혜를 내리는 첩경임을 알아야만 할 것이다.

그리고 결정론과 자유의지는 시간의 연속선상에서 이루어지는 일련의 과정이다. 인간의 과거는 조상들의 '물질회유'로 결정된 것이지만, 미

---

215) 짐바브웨 모잠비크 복음주의 목사 프란시스코 바라하는 40일을 금식하다 죽음에 이르렀다.(2023. 2. 16. BBC를 인용한 〈SBS 뉴스〉)

래의 '물질회유'는 자신의 자유의지에 따라 스스로 선택하는 것이다. 즉 과거의 결과를 바탕으로 앞으로는 스스로 극복하여 새로운 행복을 가꾸는 것이다.

그러므로 타인의 행복만을 우러러보지 말고 자기의 행복을 소중하게 가꾸어야 한다. 그것이 '대견한 삶'이다. 따라서 이제 은혜를 미끼로 사용하는 하나님과 예수의 마지막 변명, '구원'과 '천국'이라는 허무맹랑한 거짓말을 더는 믿어서는 안 될 것이다.

'하늘은 스스로 돕는 자를 돕는다'는 익히 아는 말이 있다. 우리 부모들도 빈둥대는 자녀보다 열심히 살려고 하는 자녀를 더 돕고 싶을 것이다. 따라서 대견하게 살 때 진정하고도 보편적인 은혜(행복)가 나타날 수 있을 것이다. 그리고 역설적으로 우리가 보편타당한 삶을 사는 것이야말로 유일신을 가장 잘 따르는 유일신교도라는 사실을 다시 인식하면 좋을 것이다.

끝으로 신인神人이라고까지 일컬어지는 인도의 라마크리슈나Ramakrishn. 1836~1886가 신을 만나는 순간을 소개하면서 마무리하자.

> "내 존재 위로 밀려온 빛의 파도는 산산이 부서져 내리며 나를 완전히 삼켜 버렸다. (중략) 형용할 수 없는 희열의 바다가 내 주위에서 출렁거렸다. 그리고 나는 내 존재의 깊고 깊은 심연 속에서 성스러운 어머니의 현존을 느꼈다."⟨#39⟩

라마크리슈나는 아마 그리도 원하던 어머니 신 '칼리'를 어렵게 만난 듯하다. 그러나 그것으로 끝이다. 그는 51세라는 보통 나이에 후두암으로 임종했다. 그가 자신과 인류에 어떤 이로움을 가져왔는지는 의문이다. 우리가 신을 만나고 싶은 이유에는 크게 두 가지가 있을 것이다.

첫째는 전 인류적인 의미로 인류의 정체성 확립을 위한 것이다. 즉 우리는 모두 누구이고 어디서 와서 어디로 가는 것인가에 대한 존재론적인 대답을 위한 것이다. 이러한 정체성이 확립되면 삶의 가치가 달라지고 허무도 훨씬 극복될 수 있을 것이다.

둘째로는 개인적인 삶의 개선이다. 우리는 허투루 신을 만나고 싶은 것이 아니라, 우리가 좀 더 잘살고 행복해지기를 바라는 것이다. 즉 개인적으로는 신을 만난다는 것 자체만으로는 큰 의미를 부여할 수는 없다. 그것이 우리 삶의 개선으로 이어져야 진정한 의미가 있다는 말이다.

그러나 아이러니하게도 인간의 보편적 삶을 위해서는 이러한 영들을 만나서는 안 된다. 특히 악령들을 만난다는 것은 보편적 삶의 개선이 이루어지는 것이 아니다. 그것은 특별한 삶의 개선이다. 특별한 삶의 개선은 악령들의 미끼 이외는 아무것도 아니다. 즉 특별한 미끼는 반드시 특별한 대가를 치러야 한다.

그러한 미끼는 잠시 좋았다가도 금세 사그라지면서 전체 삶이 저당 잡히는 것이다. 이렇듯 신이나 영들은 인간들의 보편적 삶의 개선을 이루려 해도 이룰 수 없다. 즉 보편적 삶의 개선은 카나드의 선택원리 내에서 인간의 노력만으로 가능하다. 생물의 진화에서 생명의식이 해 온 치열한 '물질회유'처럼 말이다. 덧붙여 보편적 실천이 어려운 것(믿음, 초인, 해탈, 자살 등) 또한 인간의 정상적인 길이 아닐뿐더러, 인류에게도 별로 도움이 되지 못하는 것이다. 그러한 것은 모두 정신적 유희이다.

# 마침글

## 마침글

　앞에서 우리는 야훼와 알라는 유일신이 아니며, 오히려 악령이라는 증거를 크게 8가지로 나누어 알아보았다. 나아가 그에 대한 세부적인 증거는 거론할 수조차 없을 정도로 많다는 것도 알아보았다. 이처럼 부족한 인간의 이성에도 합리성을 갖추지 못한 신이, 만물을 창조하고 운행하는 유일신이 될 수 없다는 것은 자명한 일이다. 하나님은 무늬만 그럴듯하게 유일신으로 행세하고 있을 뿐이다. 그런데도 그동안 많은 사람이 하나님의 문제점들을 느끼면서도, 자신에게 해가 될까 하여 고발하기를 대개 꺼렸다고 생각된다.

　여하튼 종교란 좋게 보아도 다양한 영(상상신조 + 운집에너지)을 믿는 것이다. 만약 유일신이 있었다면 세상에 다양한 종교가 나타나지도 않았을 것이다. 왜냐하면 가장 합리적인 유일신으로 수렴될 것이기 때문이다. 또 유일신이 있었다면 기도한다고 해서 어떤 특정인에게 특별한 은혜를 베풀지도 않았을 것이다. 왜냐면 특별한 은혜는 유일신이 세운 이성의 합리성과 보편타당성을 스스로 무너뜨리는 것이기 때문이다.

　그런 관점에서 불교에서 말하는 해탈解脫도 보편성에 무리가 있다. 불교는 인류가 성취한 수준 높은 철학이거나 종교에 속한다고 말할 수 있으며, 타 종교와 비교해 비폭력적이었다는 것은 평가할 만하다. 그러나 인생의 고통 즉 생로병사는 인간이라면 누구나 가질 수밖에 없는 보편적 삶의 행로이다. 그러한 고통은 생물의 물질회유에 따른 것으로 오히려 생물의 행복추구의 기회이자 바탕이다. 따라서 삶의 진정한 행복을 위해 마음의 여유와 조화를 갖자는 정도라면 모를까, 모두 해탈하여 열반에 이르자는 것은 과도한 논리이다.

따라서 열반이 최고의 과제라면 '실레노스적 지혜'[216], 즉 아예 자녀를 생산하지 않아 인류가 사라지는 것이 열반의 첩경일 것이다. 그러므로 고통에만 과도하게 집착하여 행복을 적극적으로 추구하지 않는 것은 잘못된 일이다.

사실 존재론적으로 볼 때, 인생은 우주적인 영겁의 고독과 권태로부터 해탈하기 위한 것이다. 즉 이승은 행복하기 위해 저승으로부터 해탈 중인 것이다. 따라서 이승에서 해탈하라는 것은 '이중 해탈'로 다시 영겁의 고독과 권태로 돌아가라는 것이다.

그리고 인간은 신 앞에서 아무런 죄가 없다. 그런데 앞에서 말했듯이 명예살인은 말을 잃게 한다. 예를 들어 2013. 10. 25. 세계경제포럼 World Economic Forum은 예멘에서 친아버지가 15세 된 자기의 딸이 약혼자와 전화 통화를 했다는 이유로 소녀를 불태워 살해했다고 전했다. 그러한 명예살인을 한 남성들에게는 보통 1년 미만의 징역이나 벌금형이 선고된다.

그리고 우리는 우리의 생명과 우리 앞에 펼쳐진 아름다운 자연에 대하여 거의 무심코 살아간다. 이 모든 것이 우주의 의식에너지들이 진행해 놓은 것이지만, 이에 대해 우리가 그들에게 감사하지는 않는 것이다.

---

216) 태어나지 않는 것이 최선이고, 온 곳으로 빨리 돌아가는 것이 차선이다. (소포클레스 희곡 중)

그러한 일상적인 은혜는 당연하다고 받아들일 뿐, 그 대가를 지불하지도 않는다.

그러므로 가장 좋은 종교는 보편적 은혜의 진행대로 살아가는 종교이다. 이러한 우주 자연의 종교는 특별히 은혜라는 미끼에 매몰되지 않는 종교이다. 또 그러한 자연 종교는 아무 대가를 요구하지 않는다. 그러나 악령의 은혜를 조금이라도 받는다면 그것은 감사한 일이고 그 대가를 반드시 지불해야만 하는 것이다.

그런데 정신이 있는 한 인간도 신이라 할 수 있다. 따라서 신이라면 스스로 모든 것을 해결해야 한다. 즉 인간은 더욱 '물질회유' 하여 대견하게 행복을 향해 나아가야만 하는 것이다. 나아가 양심과 사랑을 더욱 올바르게 진화시켜, 전쟁과 악으로부터 인류 스스로 지켜 내야만 하는 것이다.

그러면 필자가 '증거 4 카나드'에서 밝힌 과거 신학과 철학에서 높이 옹립된 유일신(야훼, 알라, 하느님, 하나님)의 문제점을 다시 정리해 보자. 앞 머리글 초두에서 이미 주요한 네 가지를 말하였으므로 이제 다섯 번째부터 아홉 번째까지를 거론하고 마무리하자.

5) 무보편성: 기독교 교의는 하나님과 예수를 믿는 자들만 구원되고, 나머지 사람들은 심판받을 것이라고 한다. 그러나 그리되면 결국 하나님이 내리는 사랑과 은혜 등이 편향성을 띠게 되어 보편성에 문제가 생기는 것이다. 그런데 유일신의 창조는 선한 것이어야 하고, 불편부당不偏不黨해야 한다. 왜냐하면 우리네 부모의 보편적인 내리사랑은 유일신의 모상模像이어야 하며, 우리가 편협하고 악한 신을 특별히 따를 이유가 없기 때문이다. 따라서 하나님의 사랑과 은혜는 보

편적이어야 하므로, 종교와 관계없이 '만인구제'[217]가 되어야만 하는 것이다.

6) 물질과 육체: 기독교 교의는 이 세상의 물질과 육체는 악한 것이므로 경멸해야 하고, 천국만을 바라보라고 가르친다. 그렇다면 하나님이 그 거룩한 손으로 굳이 악한 물질과 육체를 창조하실 필요는 없었을 것이다. 천국만 있으면 될 것이었다. 즉 영광목적론이 옳다면 천국 내에서도 얼마든지 영광 받을 수 있을 것이었다.

7) 양심의 편차: 사람에게는 양심이 본능으로 나타나고 있다. 그런데 사람마다 양심과 도덕심과 정의감에서 편차가 심하다. 그로 인해 세상의 덕과 선이 매몰되고 악덕과 악이 횡행하는 등 윤리적으로 혼란스럽다. 따라서 만약 하나님이 인간을 창조하였다면, 양심에서 이토록 편차가 크게 나타날 수는 없었을 것이다. 즉 전지전능한 하나님은 모든 양심을 '상향평등'上向平等 하게 심었어야 하는 것이었다.

그리고 만약 양심이 유일신에 의해 창조된 것이라면 그것은 결정론에 속할 것이고, 그 피투[218] 된 양심으로는 죄를 물을 수는 없는 것이다. 따라서 이러한 모순 또한 결정론인 창조론이 잘못됨을 의미하는 것이다.

8) 종교전쟁: 하나님과 알라의 이름으로 자행된 '성전'과 '지하드'는 세상의 어떤 전쟁보다도 잔혹한 것이었다. 그것은 민간인뿐만 아니라 부녀자와 아이들까지도 거침없이 살해되었다. 따라서 하나님과 알라는 이 세상에 도움이 되기는커녕 오히려 세상을 어지럽히고 퇴행시키고 있다.

---

217) 믿음과 종교에 상관없이 모든 사람이 구제되는 것.

218) 被投. 세상에 이미 던져짐.

혹자들은 종교가 선한 일도 많이 한다고 한다. 그러나 '선과 악은 상쇄되지 않는다.' 즉 가난한 자들을 돕기 위해서라도, 부자들을 죽여서는 안 되는 것이다. 그뿐만 아니라 종교의 선한 일을 인정한다면, 동등하게 종교의 잔혹함도 인정해야만 공평할 것이다. 따라서 잔혹한 종교전쟁으로 볼 때, 하나님과 알라는 유일신이 아니라 악령이라고밖에 볼 수 없는 것이다.

9) 윤리적 효용: 많은 호교가는 천국이나 심판이 없으면 윤리가 땅에 떨어지고, 선의 실천이 줄어들 것이라고 한다. 그러나 우리는 우리와 우리의 공동체가 더 행복해지기 위해 덕과 선을 행하는 것이지, 심판을 모면하기 위해 덕과 선을 행하는 것은 아니다. 나아가 진정한 덕과 선은 자유의지에 의한 것이어야지, 하나님의 지침에 따른 것은 진정한 덕과 선이 될 수 없다. 그것은 오히려 자신만 빠져나가는 이기적인 행태가 되는 것이다.

더군다나 앞 '상위이성론'에서 설명했듯이, 우리는 심판하는 하나님의 윤리 수준(특히 최고선)을 인식할 수도 없을 뿐만 아니라, 설령 인식한다고 하더라도 그렇게 살아갈 수는 없다. 왜냐하면 동식물들이 인간의 윤리를 깨닫지도 못하지만, 깨닫는다고 해도 주어진 영육의 한계로 인간과 같은 수준으로 살아갈 수 없는 것과 마찬가지이기 때문이다.

이처럼 선과 악이라는 도덕은 신, 인간, 동식물의 삶에서 교차할 수 없을 것이다. 왜냐면 도덕은 실천의 문제이기 때문이다. 따라서 '<u>신의 최고선은 신에게, 인간의 최고선은 인간에게, 동식물의 최고선은 동식물</u>'에게만 적용되는 것이다. 따라서 인간이 동물에게 선악을 거론할 수 없듯이, 신이 인간에게 선악을 거론할 수는 없다는 것이다. 나아가 선악을 거론할 수 없는 신이, 어떻게 심판을 할 수가 있겠는가?

그러므로 다시 말하지만 이제 우리는 '대견한 삶'을 살면서, '올바른 진화'로 인류를 스스로 구원하고 천국을 만들어 가야 할 것이다.

## 〈인용 및 참고도서의 출처〉

〈#1〉: 루드비히 포이어바흐, 《기독교의 본질》, 강대석 역, 한길사, 2019년
〈#2〉: 한영태, 《웨슬레의 조직신학》, 성광문화사, 1994년
〈#3〉: 루드비히 포이어바흐, 《기독교의 본질》, 강대석 역, 한길사, 2019년
〈#4〉: 하워드 블룸, 《집단 정신의 진화》, 양은주 역, 파스칼북스, 2003년
〈#5〉: J.J. 루소, 《에밀》, 강도은 역, 산수야, 2009년
〈#6〉: 성 어거스틴, 《참회록》, 오병학, 임금선 역, 예찬사, 2002년
〈#7〉: 파스칼, 《팡세》, 이환 역, 민음사, 2009년
〈#8〉: 키에르케고르, 《불안의 개념》, 강성위 역, 동서문화사, 2016년
〈#9〉: 헤겔, 《역사철학강의》, 권기철 역, 동서문화사, 2012년
〈#10〉: 딘 셔먼, 《영적전쟁》, 이상신 역, 예수전도단, 2000년
〈#11〉: 데카르트, 《성찰》, 소두영 역, 동서문화사, 2009년
〈#12〉: 뉴톰슨 관주주석성경 편찬위원회, 《뉴톰슨 관주주석성경》, 성서교재간행사, 1985년
〈#13〉: J.J. 루소, 《에밀》, 강도은 역, 산수야, 2009년
〈#14〉: 김세윤, 《구원이란 무엇인가》, 두란노, 2006년
〈#15〉: 김세윤, 《구원이란 무엇인가》, 두란노, 2006년
〈#16〉: J. 힐쉬베르거, 《서양철학사(하)》, 강성위 역, 이문출판사, 2022년
〈#17〉: J.J. 루소, 《에밀》, 강도은 역, 산수야, 2009년
〈#18〉: 릭 워렌, 《목적이 이끄는 삶》, 고성삼 역, 디모데 외1, 2006년
〈#19〉: 《뉴턴》지, 2007. 12월호
〈#20〉: J.N. 가드너, 《생명 우주》 이덕환 역, ㈜까치글방, 2006년
〈#21〉: 에라스무스, 《바보예찬》, 정병희 역, 동서문화사, 2016년
〈#22〉: 아인슈타인, 《나의 인생관》, 최규남 역, 동서문화사, 2011년
〈#23〉: 루드비히 포이어바흐, 《기독교의 본질》, 강대석 역, 한길사, 2019년
〈#24〉: 유발 하라리, 《사피엔스》, 조현욱 역, 김영사, 2023년

⟨#25⟩: 조 찬선, 《기독교 죄악사》, 평단문화사, 2000년

⟨#26⟩: J.J. 루소, 《에밀》, 강도은 역, 산수야 2009년

⟨#27⟩: 조 찬선, 《기독교 죄악사》, 평단문화사, 2000년

⟨#28⟩: 장 메이메, 《흑인노예와 노예상인》, 지현 역, 시공사, 2009년

⟨#29⟩: 바르똘로메 까사스, 《인디아스 파괴에 관한 간략한 보고서》, 최권준 역, 북스페인, 2007년

⟨#30⟩: 바르똘로메 까사스, 《인디아스 파괴에 관한 간략한 보고서》, 최권준 역, 북스페인, 2007년

⟨#31⟩: 재레드 다이아몬드, 《총, 균, 쇠》, 김진준 역, ㈜문학사상사, 2005년

⟨#32⟩: EBS 〈다큐프라임〉 등에서 소개

⟨#33⟩: 파스칼, 《팡세》 이환 역, 민음사, 2009년

⟨#34⟩: 에리히 프롬, 《소유냐 존재냐》, 정한희 역, 민중서관, 1986년

⟨#35⟩: 파스칼, 《팡세》 이환 역, 민음사, 2009년

⟨#36⟩: EBS 〈다큐프라임〉 등에서 소개

⟨#37⟩: J.K. 갈브레이드, 《불확실성의 시대》, 김태선 역, 청조사, 1981년

⟨#38⟩: 이용규, 《더 내려놓음》, 규장, 2006년

⟨#39⟩: 로맹 롤랑, 《라마크리슈나》 박임, 박종택 역, 정신세계사, 2006년